Amazon Redshift

Amazon Redshift

레드시프트 구축부터
성능, 쿼리, 비용 최적화까지 마스터하기

김현준 · 이성수 지음

에이콘

___ 지은이 소개

김현준

SK C&C, 삼성 반도체, 쿠팡에서 근무하는 동안 다양한 데이터 플랫폼 구축 경험을 쌓았다. 현재는 쿠팡의 데이터 인프라 팀에서 아마존 레드시프트와 EMR 데이터 플랫폼 구축 및 관리 업무를 맡고 있다. 최대 관심 분야는 분산 시스템, 분산 캐시 등의 기술로 데이터베이스 성능과 사용자 경험을 향상시키는 기술을 연구하고 있다. 여유 시간에는 RPi, FPV 드론, RC 자동차의 컨트롤러를 개발하며 미래형 메카닉을 꿈꾸고 있다.

이성수

한국테라데이타, 쿠팡에서 데이터 엔지니어로 근무하며 지난 10년 동안 데이터 웨어하우스, 데이터 엔지니어링, 데이터 분석에 관한 많은 프로젝트를 수행했다. 현재 쿠팡에서 시니어 데이터 엔지니어로 근무하면서 데이터 플랫폼 뿐 아니라 다양한 원천 데이터에서 의미있는 정보를 추출해서 의사결정을 위한 레포트를 만드는 업무를 하고 있다. 업무 외 시간에는 가족과 함께 시간을 보낸다. 최근에는 IoT에 관심을 갖고 스마트 홈 구축에 흥미를 가지고 있다.

레드시프트를 구축하고 관리하면서 관리자와 사용자로부터 다양한 시행 착오를 겪었다. 데이터 웨어하우스 전반적인 지식이 부족하기도 했고, 아마존 레드시프트 사용 경험과 자료도 부족했기 때문이다. 이 책을 출판하기 전만 해도 국내 서점과 온라인에 아마존 레드시프트 관련 자료를 찾아보기 힘들었다. 그러다 보니 레드시프트를 OLTP 데이터베이스와 같은 방식으로 사용하는 사용자도 많았고, 클러스터를 확장하기 전 관리자와 사용자 교육이 더욱 시급했다. 레드시프트는 사실 매우 빠르면서도 저렴한 OLAP 분석용 데이터베이스다. 물론 제대로 활용했을 경우에 그렇다. 레드시프트를 용도에 맞지 않게 사용하는 경우 오히려 쿼리 수행 성능이 느려지고, 느려진 성능을 고 사양 노드로 대체하면서 클러스터 비용이 비싸지는 악순환이 반복된다. 이러한 레드시프트에 대한 오해를 풀고, 레드시프트를 20%가 아닌 120% 활용하길 바라는 마음에, 사용자 교육과 운영 경험을 토대로 이 책을 쓰기로 결심했다.

이 책은 레드시프트에 익숙하지 않은 입문자를 위해 작성됐다. 레드시프트에 쿼리를 실행하는 사용자와 데이터를 제공하는 데이터 관리자, 레드시프트를 운영하는 클러스터 관리자에게 필요한 내용을 모두 담았다. 사용자, 데이터 관리자, 클러스터 관리자의 역할과 지식이 크게 다를 거라고 생각할 수도 있지만, 사실 레드시프트에선 이들이 학습해야 할 내용은 공통적인 부분이 많다. 레드시프트에서 실행되는 쿼리는 데이터와 클러스터 구성에 따라 성능이 크게 달라지기 때문에 최적화된 쿼리를 작성하기 위해선 데이터와 시스템 구성을 이해해야 한다. 데이터와 클러스터 관리자도 사용자 쿼리에 최적화된 데이터와 클러스터를 제공하기 위해서 사용자 쿼리 유형을 파악하고 있어야 한다. 아마존 레드시프트 매뉴얼의 내용은 최대한 배제하고 실전에 활용할 수 있는 내용과 노하우를 위주로 담았다. 자동차 매뉴얼에는 차를 수리하는데 사용하는 정비 매뉴얼이 있고, 차를 안전하게 운전하고 차의 기능을 100% 활용하기 위한 운전자 매뉴얼이 있다. 이 책은 운전자 매뉴얼과 같이 레드시프트 클러스터를 안정적이면서도

100% 활용하는 드라이브 방법을 설명한다. 독자에게 이 책이 큰 도움이 되길 바라며 최고의 성능을 자랑하는 레드시프트 클러스터를 만들어가기 바란다.

마지막으로 오랜 시간 기다려준 에이콘출판사 관계자분들에게 감사드리며, 항상 옆에서 격려해주고 응원해준 아내에게 고마움을 표현하고 싶다.

2019.9.1

김현준

처음 회사에서 모든 서비스를 AWS 로 이관하고자 했을 때 막막함을 감출 수 없었다. 이미 수 천개의 원천 테이블이 수 백개의 마트 테이블을 생성하고 있었고, 이 많은 데이터를 그때 당시 처음 들어보는 데이터베이스에 데이터 뿐 아니라 모든 파이프라인까지 이관해야 했기 때문이다. 아마존 레드시프트와 기존에 사용하던 데이터 웨어하우스 장비는 여러 방면에서 다른 특징이 있었으며, 모든 이관 작업을 진행하면서 얻을 수 있는 정보가 아마존 문서 밖에 없었기 때문에 시행착오를 겪을 수 밖에 없었다. 그러한 시행착오 가운데에서 동료들과 많은 의견을 나누고 때로는 AWS의 도움을 받아가면서, 여러 직접 몸으로 부딪히며 하나하나 경험을 얻게 됐고 현재는 안정적으로 클러스터를 운영하고 있다. 이 경험을 바탕으로 레드시프트를 처음 접하고 우리와 같은 고민을 하고 있는 엔지니어에게 경험을 공유할 수 있는 책을 만들고자 결심했다.

과연 클라우드 환경에서 데이터 웨어하우스를 잘 구축할 수 있을까라는 걱정이 있었지만 아마존 레드시프트는 AWS에서 데이터 웨어하우스를 클라우드 환경에서 최적화해 사용할 수 있게 돼 있다. 또한 지속적인 업데이트와 다양한 추가 기능을 제공하기 때문에 이제는 안정적이고 빠른 퍼포먼스를 제공하는 중요한 서비스로 자리매김했다. 특히 클라우드로 서비스가 넘어감에 따라 점차적으로 데이터베이스 관리자와 데이터 엔지니어가 해야하는 일의 경계가 허물어 지고 있는 시점에서 데이터 웨어하우스 개발자와 빅데이터 엔지니어를 모두 포괄할 수 있는 서비스를 제공하고 있다. 이제는 엔지니어가 클러스터를 관리하고, 관리자는 데이터를 알고 최적화할 수 있는 능력이 요구되게 된다. 이 책을 읽는 많은 독자들이 엔지니어와 관리자의 경계를 서로 넘나들며 AWS에서 데이터 웨어하우스를 성공적으로 구축할 수 있기를 바란다.

먼저 이 책을 함께 집필해보자고 제안해주고 바쁜 일정에도 기다려주고 함께 해준 동료이자 친구인 저자 김현준님께 진심으로 감사드리고, 오랜 시간 동안 책의 완성을 기다려주시고 지원해주신 에이콘출판사 관계자분들께 감사드리며, 책을 집필하는 것을 자랑스러워하신 아버지, 어머니, 장모님, 가족들 그리고 항상 기도와 격려로 지원해준 아내 경선이와 책이 완료되기까지 기다려준 아들에게 사랑한다고 말하고 싶다. 마지막으로 이 책의 시작과 끝을 주관하시며 함께하신 하나님께 감사드린다.

2019.9.1
이성수

아마존 레드시프트는 AWS에서 구상하는 데이터 레이크 아키텍처에서 데이터 웨어하우스와 대용량 분석 쿼리 처리 역할을 담당한다. AWS에서 데이터 웨어하우스 구축을 계획하는 사용자라면 큰 어려움 없이 레드시프트 클러스터를 생성해봤을 것이다. 클라우드 특성상 레드시프트 클러스터를 생성하는 것은 어렵지 않지만 안정적인 고퀄리티 데이터 서비스를 구축하고 가격 대비 높은 쿼리 성능을 유지하는 것은 쉽지 않다. 독자가 이 책을 선택한 것도 같은 이 때문일 것이다. 이 책은 바로 이러한 독자들을 위해 저술했으며, 안정적인 데이터 웨어하우스와 마트 데이터를 구성하고, 분석 쿼리를 튜닝하고, 클러스터 구성을 최적화하는 내용을 담았다.

이 책의 구성

각 장에서 다루는 내용은 레드시프트 클러스터 구축 과정 순서로 구성했다. 독자의 역할에 따라 필요한 장만 읽어볼 수도 있지만 설치형 데이터 웨어하우스와 다르게 클라우드 데이터 웨어하우스에서는 시스템 관리자와 데이터 제공자, 분석가의 경계가 미미하다. 시스템 관리자와 데이터 제공자는 분석가의 쿼리를 잘 알고 있어야 하며, 분석가는 클러스터와 데이터 구성을 잘 이해하고 있어야 최적화된 쿼리 성능을 발휘할 수 있다. 따라서 사용자 역할에 상관없이 처음부터 끝까지 읽기를 권장한다.

1장. AWS 소개
아마존 레드시프트를 접하기 전에 AWS 서비스의 간략한 소개와 출시 배경을 다룬다.

2장. 레드시프트 시작하기
AWS를 처음 접하거나 레드시프트 클러스터를 처음 생성한다면 생성 과정에 등장하는 용어와 옵션이 생소할 것이다. 레드시프트 시스템 아키텍처를 설명하고 AWS 클라우드와 데이터 레이크에서 레드시프트의 역할을 이해한 다음 대용량 데이터 분석 환경에 맞춤화된 레드시프트 클러스터를 구성하는 과정을 설명한다.

3장. 데이터 최적화

레드시프트 클러스터가 준비됐다면, 데이터 웨어하우스와 마트 데이터를 구성할 단계다. 데이터 적재부터 데이터 최적화까지의 내용을 다룬다. 레드시프트에서 데이터 최적화는 쿼리 성능을 결정하는 가장 중요한 단계다. 많은 레드시프트 입문자가 어려워하는 테이블 분산 방식과 소트키를 설명한다. 3장에서 적재한 실습 데이터는 이후 학습 과정에서 활용한다.

4장. 쿼리 최적화

레드시프트와 같이 대용량 데이터를 대상으로 쿼리를 처리하는 데이터베이스 시스템에서 쿼리를 튜닝하는 작업은 매우 중요하다. 1만 레코드를 대상으로 한 쿼리가 튜닝을 통해 1초 빨라졌다고 가정하면 데이터가 백만, 천만, 1조 건으로 늘어나는 경우 튜닝의 결과는 백 배 천 배로 빨라질 수 있다. 4장에서는 쿼리를 분석하고 프로파일링한 다음 쿼리를 튜닝하는 노하우를 소개한다.

5장. 클러스터 최적화

2장에서 생성한 클러스터를 관리하고 시스템과 데이터 안정성을 높게 유지하는 방법을 설명한다. 또한 많은 레드시프트 입문자가 어려워하는 WLM 구성과 VACUUM 작업을 설명한다.

6장. 레드시프트 보안

레드시프트 클러스터를 관리하고 확장하려면 정보 보안을 간과할 수 없다. 6장에서는 레드시프트 관련 AWS 네트워크 기능을 소개한다. 그 후 사용자 인증과 권한 설정을 통해 데이터 접근을 통제하고, 클러스터와 S3에 저장되는 데이터 암호화로 정보 보안 수준을 높인다. 마지막으로 SSL 클라이언트 연결을 설정해 클라이언트와 클러스터 간 데이터가 안전하게 전송되게 한다.

7장. 레드시프트 스펙트럼

레드시프트 스펙트럼은 AWS S3 데이터 레이크와 레드시프트를 연결해주는 연결 고리다. 레드시프트 스펙트럼으로 S3에 저장된 데이터를 쿼리하고 분석하는 방법을 설명하며, 스펙트럼 관련 요금과 비용 절감 방법을 소개한다.

8장. 부록

일래스틱 리사이즈, 컨커런시 스케일과 같이 레드시프트에 새롭게 추가됐지만 학습에 빠트릴 수 없는 기능을 다룬다. 일래스틱 리사이즈를 사용해 클러스터를 재생성하지 않고 클러스터 크기를 변경할 수 있으며, 컨커런시 스케일은 레드시프트 고질적인 컨커런시 제한 문제를 해결해준다. 추가로 레드시프트와 연동되는 AWS 서비스인 AWS Glue와 AWS Athena를 소개한다. 마지막으로 AWS 사용자의 최대 관심사인 레드시프트 요금과 비용 절감 방법을 설명한다.

이 책의 대상 독자

AWS에서 레드시프트를 처음 들어본 사용자부터 레드시프트를 사용해 AWS 내에서 데이터 웨어하우스를 구축하고자 하는 데이터 엔지니어까지 모두 참고할 수 있다. 기존 데이터베이스 관련 지식이 있다면 아마존 레드시프트에서 다른 아키텍처를 어떻게 사용해야 성능의 이점을 최대화할 수 있는지 참고할 수 있다. 데이터베이스 관련 지식이 부족하더라도 기본적인 쿼리 사용법부터 레드시프트 구조까지 자세히 설명하기 때문에 기초 사용자가 레드시프트를 사용할 때의 길잡이가 되어줄 것이다. AWS 클라우드에서 데이터 웨어하우스 및 데이터 레이크를 구축하고자 하는 엔지니어라면 기본적인 레드시프트의 특징을 기반으로 저자의 많은 시행착오와 경험에서 나오는 팁들을 참고할 수 있으며, 이 책이 앞으로 겪게 될 폭풍 속의 등대가 되어줄 것이다. 또한 이 책은 클라우드에 시스템을 구축하는 만큼 얼마나 적은 비용으로 최대한의 효과를 낼 수 있는가에 초점을 맞추고 있다. 아마존 레드시프트를 사용할 때의 여러 팁을 사용자의 환경에 맞춰서 적용함으로써 비용 효율적인 시스템을 구축할 수 있도록 안내해줄 것이다.

정오표

정오표는 에이콘출판사의 도서정보 페이지 http://www.acornpub.co.kr/book/amazon-redshift에서 확인할 수 있다.

질문

이 책과 관련해 질문이 있다면 이 책의 지은이(learn.redshift@gmail.com)나 에이콘출판사 편집 팀(editor@acornpub.co.kr)으로 문의해주길 바란다.

에이콘출판의 기틀을 마련하신 故 정완재 선생님 (1935-2004)

AWS 소개

AWS^Amazon Web Services^는 2006년 Amazon.com, Inc.(이하 아마존)에서 출시한 온디맨드 On-Demand 클라우드 컴퓨팅 플랫폼이다. 이 책의 독자라면 누구라도 알고 있듯이 1994 년 미국 시애틀에서 제프 베조스^Jeff Bezos^가 인터넷 책가게로 창업한 회사지만 어느덧 성장하여 글로벌 대표 E-Commerce 업체로 자리를 잡았으며, 각종 비디오 및 음악을 스트리밍하는 서비스도 출시했다. 아마존의 대표적인 자회사로는 Alexa, Twitch, Whole Foods Market 등이 있다. 겉만 책가게이지 미국 초규모 대기업이다. 하지만 아마존에서 가장 큰 영업이익을 달성하는 부서는 AWS이다. 2017년에는 약 2,500억 원 리테일(전자상거래) 사업 손실에 비해 AWS는 4조8천억 원의 영업이익을 달성했다. AWS가 아마존에서 얼마나 큰 비중을 차지하는지 가늠해 볼 수 있다.

그림 1-1 아마존 리테일 & AWS 영업이익[1]

AWS는 이미 백만 명 이상의 실사용자 수를 보유하고 있는데, 이처럼 수많은 고객들이 AWS에 열광하는 이유는 무엇일까? AWS 서비스의 특징을 살펴보자.

1.1 클라우드 서비스

AWS의 가장 대표적인 특징은 온디맨드 퍼블릭 클라우드 플랫폼이다. PaaS^Platform-as-a-Service와 SaaS^Software-as-a-Service처럼 고객이 원하는 스펙의 플랫폼이나 시스템을 필요한 시간만큼 서비스로 제공해 주는 서비스이다. IT 프로젝트를 경험해 본 엔지니어는 인프라 구축의 어려움을 알고 있을 것이다. 서버 업체 선정, 장비 사양, 성능 검증, 가격 산정, 서버 랙과 네트워크 디자인, 결제, 발주, 배송의 한없는 기다림, 데이터센터 계약, 장비 입고, OS 구성까지 프로젝트를 시작하기 전부터 이미 지쳐있을 것이다. 이마저도 팀에 경험이 풍부한 인프라 엔지니어가 없다면 소프트웨어와 플랫폼 엔지니어에게는 배보다 배꼽이 더 큰 일이다. 간단한 개발 및 테스트 장비를 구성하는데도 비슷한 절차가 필요하다. 인프라 구축 절차가 길어지고 투입되는 인력도 많아지다 보니 시행착오도 많이 겪게 된다. 이러한 시간적 낭비는 결국 비용으로 연결된다. AWS는 IT 인프라

---

1   www.sec.gov

를 클라우드 서비스로 제공해, 소프트웨어와 플랫폼 엔지니어에게 편의와 시간 절감을 제공한다. 고객의 문제 해결이 필요한 경우 전문 엔지니어를 온/오프라인으로 지원해준다. 간단한 문제인 경우 15분 이내로 답변이 온다. 소프트웨어 엔지니어는 더 이상 깊은 인프라 경험 없이 IT 시스템 구축이 가능해졌으며, 앞서 설명한 인프라 구축 절차를 단축시킬 수 있게 됐다.

1.2 클라우드 요금 제도

온디맨드 퍼블릭 클라우드 사용자는 요청한 서비스 사양과 사용 시간 만큼의 비용만 지불한다. 인프라 구축은 서버를 구입하고 이더넷 케이블을 연결하는 것만으로는 해결되지 않는다. 서버, CPU, 메모리, 스토리지는 기본으로 구입해야 하고 서버 랙, 네트워크 스위치, 광케이블 리시버, UPS, HVAC 장비에 A/S 계약, 소프트웨어 라이선스까지 예상치 못한 곳에서 비용이 물 흐르듯이 빠져 나간다. 데이터센터에 구축된 인프라를 가상화된 자원으로 대여하는 방식이기 때문에 사용자는 물리적인 인프라 구축 비용을 고민할 필요없이 클라우드 서비스 사용 시간만 걱정하면 된다. 마치 만화방에서 책들이 어떤 경로로 유통됐는지 걱정할 필요없이 시간제 요금을 지불하고 작품을 감상하는 것과 같다.

다만 이러한 시간제 요금 제도는 양날의 검이 될 수 있다. 퍼블릭 클라우드의 서비스는 물리적인 장비 비용과 구축 시간을 줄일 수 있지만 매 시간 비용이 발생한다. 데이터센터나 서버룸에 설치된 인프라는 엔지니어가 마음껏 사용할 수 있다. 하지만, 퍼블릭 클라우드에서 부하 테스트를 자칫 잘못 실행하면 막대한 비용이 발생할 수 있다. 서버 대여 비용과 스토리지, 네트워크 비용이 발생할 수 있기 때문인데, AWS 사용자는 기술적 지식뿐만 아니라 AWS 요금 제도를 잘 알고 있어야 한다. 이제는 엔지니어도 회계 전문가가 돼야 할 시대가 온 것이다. 레드시프트 관련 요금 제도는 각 장별로 고르게 설명되며, 특히 8장, '부록'에서는 레드시프트 클러스터 관리 비용을 절감하는 방법을 연구해 볼 계획이다.

1.3 고객 지원과 마케팅

AWS는 고객의 특성과 사업적 위치를 잘 알고 있다. 특히 개발자를 상대로 하는 마케팅이 뛰어나다. AWS는 개발자를 위한 다양한 행사와 커뮤니티를 제공해 개발자 커뮤니티와 밀접한 관계를 유지한다.

AWS re:Invent

클라우드에 관심이 있는 독자라면 한 번쯤 들어봤을 행사다. 매년 연말 미국 라스베이거스 14곳 이상의 대표적인 호텔에서 1주일간 열리는 대규모 행사다. 개발자, 파트너, 아키텍트, 사업가 등 클라우드 관련 종사자들이 참가해 분야별 전문가들을 만나고 다양한 교육과 세미나를 통해 신기술과 트렌드를 배울 수 있다. 개발자 문화에 맞춰 지루한 주입식 교육 방식보다는 참여자가 직접 AWS 서비스를 경험하고 실습할 수 있는 핸즈-온-랩Hands-on-Lab, AWS 애플리케이션을 즉석으로 개발해 다른 참여자와 경쟁하는 해커톤Hackathon 대회, 모든 참여자와 네트워크를 구성할 수 있는 소셜 파티가 준비돼 있다. 이벤트가 끝나면 참여자들은 현업으로 돌아가 습득한 AWS 기술과 트렌드를 실험해 보고 입소문을 낸다.

AWS Summit

미국 현지와 전 세계 주요 도시에서 열리는 또 하나의 중요한 행사다. AWS re:Invent와 같이 향후 AWS 발전 계획을 공유하고 다양한 교육과 세미나, 핸즈-온-랩을 제공하지만 1~2일 동안 짧게 진행된다. 미국 외 지역에서 누구나 무료로 부담없이 참여할 수 있는 좋은 기회이며 국내에서도 매년 4월 서울 코엑스에서 열리고 있다.

AWS TechConnect

미국 주요 도시에서 한 달에 한 번 클라우드 관련 주요 트렌드를 공유한다.

AWS Transformation Days

AWS를 경험하지 못한 고객과 이미 AWS를 사용하고 있으나 신규 사업 발굴을 원하는 업체를 대상으로 다양한 AWS 적용 사례를 공유한다.

AWS Online Tech Talks

AWS에서 제공하는 온라인 기술 세미나다. 분야별 AWS 기술 적용 사례를 공유하고 AWS 전문가와의 질의응답 방식으로 진행된다.

 자세한 AWS Online Tech Talks 일정은 여기서 확인해 보자.

https://aws.amazon.com/about-aws/events/monthlywebinarseries/

 전체적인 AWS 일정은 여기서 확인할 수 있다.

https://aws.amazon.com/about-aws/events/

AWS는 이미 엔지니어 커뮤니티에 깊게 자리잡고 있고, 이는 AWS 성공의 가장 큰 원동력이 됐다. AWS re:Invent 등 다양한 행사와 커뮤니티를 제공함으로써 엔지니어 간 자연스러운 입소문 효과를 톡톡히 보고 있다.

오픈소스

엔지니어 입소문 효과는 행사와 커뮤니티를 제공하는 방법만 있는 게 아니다. AWS는 다양한 오픈소스 프로젝트에 참여하면서 전 세계의 수준 높은 엔지니어들과 협업한다. 이는 AWS에게 서비스 인지도를 높이고 현재 클라우드 기술의 동향과 문제를 정확히 파악할 수 있는 기회를 제공한다. AWS에서 오픈하는 서비스를 자세히 보면 최신 오픈소스 기술과 사용자 수요를 최대한 반영한 것을 엿볼 수 있다.

API & SDK

AWS는 서비스마다 시스템을 자동화할 수 있는 API와 SDK 개발자 인터페이스를 제공한다. 개발자 인터페이스는 HTTP(REST), Java, Python, .NET, Go 등으로 구현 가능하다. 5장, '클러스터 최적화' '클러스터 자동화'에서 레드시프트 개발자 인터페이스를 활용해 클러스터 관리와 설정 변경을 자동화하는 방법을 살펴본다.

AWS 교육과 자격증

AWS에서 자체적인 기술 자격증을 발급한다. AWS에서 교육을 이수하고 시험을 합격한 엔지니어는 AWS 공인 자격증을 받게 된다. 자격증에는 클라우드 활용Cloud Practitioner, 솔루션즈 아키텍트Solutions Architect, 시스템 운영 관리자SysOps Administrator, 개발/운영 엔지니어DevOps Engineer, 빅데이터, 심화 네트워크, 보안 과정 등이 있다.

1.4 지속적인 서비스 진화

AWS가 성공할 수 있었던 가장 큰 요인은 기술 동향에 빠르게 적응하고 기술 경쟁에서 뒤쳐지지 않은 것이다. 2005년 이후로 AWS 서비스를 뒷받침해 줄 수 있는 기술 공급과 고객 수요가 크게 늘어났다. 네트워크 시장 확장, 하드웨어 가격 저하, 가상화와 분산 시스템 기술이 향상됨에 따라 기술적인 장애물이 없어지면서 자연스레 모바일과 소셜 미디어 시장이 크게 성장했다. 닷컴 버블 현상으로 크고 작은 글로벌 IT 서비스 업체가 늘어났고, 이러한 업체들은 서비스 규모에 상관없이 폭발적으로 늘어나는 고객들을 놓쳐서는 안되었다. 전통적인 IT 시스템으로는 이런 트렌드를 수용할 수 없었고, 신속하게 확장할 수 있는 시스템이 필요했다. 이 갈증을 해소하기 위해 2006년 출시된 서비스가 AWS 클라우드 서비스다. 2004년을 시작으로 크리스 핑캄Chris Pinkham, 크리스 브라운Chris Brown, 벤자민 블랙Benjamin Black이 EC2, S3, SQS 서비스를 개발했고 2006년 AWS CEO 앤디 제시Andy Jassy의 리더십 아래 출시했다. 이후 다음과 같은 주요 서비스들이 출시됐다.[2]

- 2006: EC2, S3, SQS

- 2007: SimpleDB

- 2008: ElasticIP, Elastic Block Store(EBS), CloudFront

- 2009: Elastic MapReduce(EMR), Elastic Load Balancing(ELB), Auto Scaling, CloudWatch, Relational Database Service(RDS)

- 2010: Simple Notification Service(SNS), CloudFormation, Route 53

- 2011: Elastic Beanstalk, Simple Email Service(SES)

- 2012: DynamoDB, Glacier, Redshift

- 2013: CloudTrail, Kinesis

- 2014: Aurora, EC2 Container Service(ECS), Lambda

- 2015: Snowball, Internet of Things(IoT), Elastic Container Registry(ECR), Elasticsearch Service(ES)

- 2016: AWS 서울 리전(Region) 론칭

- 2016: Elastic File System(EFS), Snowmobile, Snowball Edge, LightSail, Polly, Pinpoint, Step Functions

- 2017: Athena, AppSync, CodeCommit, SageMaker

---

2   https://en.wikipedia.org/wiki/Timeline_of_Amazon_Web_Services

- 2018: Blockchain, Lex, Sumerian, DeepLens, Neptune, QuickSight, Elastic Kubernetes Service(EKS)

출시된 서비스를 자세히 살펴보면 AWS는 오늘도 트렌드에 맞춰 진화하고 있다. 클라우드 서비스는 애즈-어-서비스^{as-a-service} 패턴으로 작명되고 있는데 인프라^{IaaS}, 플랫폼^{PaaS}, 데이터베이스^{DBaaS}, 소프트웨어^{SaaS}, 함수^{FaaS}, 인공지능^{AIaaS} 등의 트렌드로 AWS 아키텍처를 진화시키고 있다. AWS는 고객의 요구사항을 놓치지 않고 서비스를 개발하고 있다.

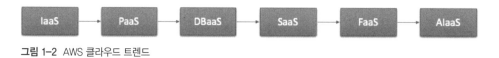

그림 1-2 AWS 클라우드 트렌드

1.5 글로벌 가용성

AWS의 기술적 특징으로 글로벌 가용성을 빠트릴 수 없다. AWS의 데이터센터는 전 세계에 퍼져있는데 특정 지역을 리전^{Region}이라 부르고, 리전 내 세부 지역을 가용 영역^{Availability Zone}이라 부른다. 리전 간 데이터 전송은 거리에 따라 전송 지연이 발생할 수 있지만 가용 영역 간에는 전용 네트워크로 연결돼 5Gbps에서 25Gbps의 네트워크 대역폭을 기대할 수 있다. 가용 영역은 데이터센터로 구축하거나 IDC^{Internet Data Center}를 임대하여 구축한다. 보안과 가용성을 위해 지리상 독립된 위치에 구성한다.

그림 1-3 AWS 리전과 가용 영역

다행히 한국은 2016년 1월 서울에 리전이 론칭됐으며, 현재 3개의 가용 영역이 있다. 이전에는 AWS 서비스를 이용하려면 도쿄 리전을 사용해야만 했기 때문에 상대적으로 접속 속도나 데이터 전송 속도가 느렸다.

리전과 가용 영역을 잘 활용하면 고가용 시스템 또는 DR^{Disaster Recovery} 시스템을 구축할 수 있다. RDS의 오로라^{Aurora} 데이터베이스를 예로 들면, 오로라는 기본적으로 하나의 마스터 서버에 여러 개의 읽기전용 노드^{Read-replica}를 추가할 수 있는데, 추가하면서 동작할 리전과 가용 영역을 선택할 수 있다. 읽기전용 노드를 여러 리전 또는 가용 영역에 구성할 경우, 한 노드에 문제가 생겨도 다른 노드를 통해 지속적인 서비스 제공이 가능하다. 이를 고가용성^{High Availability}이라고 한다. 레드시프트 클러스터는 아쉽게도 단일 가용 영역에만 구성 가능하지만 스냅샷을 활용해 복제 클러스터를 다른 리전 또는 가용 영역에 구성 가능하다. 레드시프트 스냅샷은 5장, '클러스터 최적화'에서 다룬다.

1.6 시스템 보안

AWS 사용 계획을 수립하다 보면 데이터 보안에 문제가 없는지부터 고민하게 된다. AWS의 시스템 안정성과 가용성은 앞서 설명했듯이 이미 보편적으로 신뢰할 수 있지만 데이터 **안전**과 **안정**은 의미 차이가 크다. 많은 기업들이 데이터 보안을 이유로 AWS 시스템 사용을 기피하고 있지만 반대로 AWS로 이전하는 기업들도 상당 수 늘어나고 있다. 대표적으로 삼성 중공업[3]과 쿠팡[4], 대한항공[5]이 AWS 활용에 적극적이다. 쿠팡은 2017년 하반기 모든 사내 인프라 시스템을 성공적으로 AWS로 옮겨 큰 화두가 됐다. 쿠팡에도 완벽한 보안을 요구하는 고객정보, 상품 구매 내역, 매출 데이터 등이 반드시 있을 것이다. 대한한공은 지난 50년간 구축해온 IT 인프라를 앞으로 3년 내에 폐쇄하고 AWS로의 이전 계획을 밝혔다. 삼성 중공업은 선박 운항 데이터를 AWS의 데이터베이스, 빅데이터, 분석, 예측 서비스에 적재해 원활한 시스템과 서비스를 구축 중이며 AWS 보안 서비스를 기반으로 미국 선급협회^{ABS}의 규정을 준수하게 됐다. 크고 작은 기

---

3   https://www.zdnet.co.kr/view/?no=20180809121547

4   http://www.etnews.com/20170810000274

5   https://www.zdnet.co.kr/view/?no=20181128110108

업들이 AWS로 마이그레이션이 가능한 이유는 AWS가 다양한 보안 서비스를 제공하기 때문이다. 예로 VPC, IAM, 데이터 암호화, KMS, 모니터링, 로깅, 감사 등이 있다. 추가로 고객 아키텍처를 검토해주는 Well-Architected Framework, 시스템 보안을 검토해주는 Amazon Inspector 서비스, AWS에서 침투 테스트를 직접 이행해 보안 취약점을 확인하는 Penetration Test 등의 고급 보안 서비스를 제공한다.

1.7 정리

AWS 출시 배경과 사업 전략을 알아봤다. 1장에서 살펴본 AWS사[社]의 특징은 아마존 레드시프트Amazon Redshift에 고스란히 담겨있다. 레드시프트의 과금 정책, 서비스 지원, 각종 개발자 커뮤니티와 인터페이스, 지속적인 서비스 진화, 글로벌 가용성, 시스템 보안은 모두 AWS 서비스 DNA를 물려받았다고 볼 수 있다. 이 책에서는 아마존 레드시프트를 이해하고 지불한 만큼의 서비스를 최대한 활용하는 방법을 소개하며, 데이터베이스 시스템과 사용자 쿼리를 최적화하는 모범 사례를 집중적으로 소개할 계획이다.

2

레드시프트 시작하기

2.1 Amazon Redshift

Amazon Redshift(이하 레드시프트)는 PostgreSQL과 ParAccel 데이터베이스를 기반으로 하는 데이터 웨어하우스로 대용량 데이터 분석에 최적화돼 있다. SQL을 지원해 데이터 분석을 간편하게 하고 쿼리 최적화 기술과 대량 병렬 처리, 컬럼 기반 스토리지 아키텍처는 대용량 데이터 분석 쿼리를 빠르게 수행한다. 최근 출시한 스펙트럼 기능으로 S3에 저장된 데이터를 별도의 적재 과정 없이 바로 SQL 분석 실행이 가능하다.

전통적인 데이터 웨어하우스는 대용량 데이터 관리에 상당한 시간과 노력이 필요했다. 데이터센터에서 데이터 웨어하우스를 직접 구축하고 관리하다 보면 많은 비용과 시간이 소비되고, 데이터가 갑작스레 늘어나는 경우 시스템 확장성에 취약했다. 그러나 AWS 클라우드 환경에서 제공되는 레드시프트는 간편하게 데이터 웨어하우스를 구축하고 관리할 수 있으며 필요에 따라 클러스터를 확장하거나 축소하는 시스템 탄력성을 제공한다. AWS에서 데이터 웨어하우스와 마트를 구축하려는 사용자에게 필수적인 서비스다. 2장에서는 구체적으로 레드시프트의 특징을 살펴보고 실습에 사용할 레드시프트 클러스터를 생성할 것이다.

레드시프트의 특징

레드시프트의 가장 큰 특징인 MPP 아키텍처부터 알아보자.

MPP란?

MPP^{Massively Parallel Processing, 대량 병렬 처리}는 작업 프로세스 간 시스템 자원을 공유하지 않고 독립적으로 작업을 수행하는 구조를 일컫는다. 이러한 이유로 Shared Nothing 아키텍처로도 불리는데, 작업 프로세스 간 하나의 시스템 자원을 공유하는 SMP^{Symmetric Multi-Processing} 아키텍처와는 상반되는 구조다. SMP 아키텍처는 한 서버에 CPU, 메모리, IO가 서로 공유하는 구조를 가지고 있다. 이러한 아키텍처로 인해 증가하는 데이터 크기와 작업량을 수용하기 위해서는 계속해서 더 높은 사양의 서버로 교체해야만 했다. 또한 제한된 자원을 공유해 작업을 수행하다 보니 프로세스 간에 같은 자원이 경합하게 될 가능성이 높았다. 이러한 문제를 해결하기 위해 비교적 저렴한 서버를 여러 대 연결하여 데이터를 분산해 처리하는 MPP 시스템의 필요성이 대두됐다.

레드시프트의 MPP 아키텍처를 살펴보자.

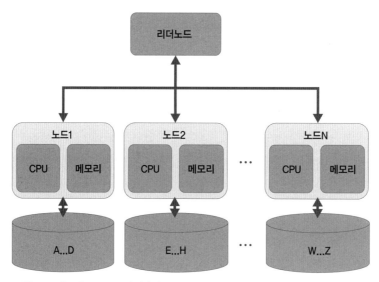

그림 2-1 레드시프트 MPP 아키텍처

그림 2-1과 같이 MPP 아키텍처에서는 요청된 작업(쿼리)을 작은 작업(세그먼트)으로 분리하고, 분리된 작업을 각 서버(컴퓨팅 노드)의 프로세스에서 병렬로 수행한다. 데이터는 모든 노드에 수평적으로 분산되기 때문에 노드에서 관리하는 데이터만 처리하게 된다. 이렇게 MPP 시스템은 대용량 데이터를 병렬로 처리함으로써 큰 성능과 효율성의 이점을 제공하고, 서버 수를 추가할 때마다 선형적인 성능 향상을 기대할 수 있다는 장점을 가지고 있다.

빠른 대용량 쿼리 처리 성능

MPP 시스템 특징을 바탕으로 한 레드시프트의 대용량 쿼리 처리 성능은 매우 빠르다. 그러나 OLTP 데이터베이스처럼 다수의 트랜잭션 쿼리를 동시에 처리하는 용도보다는 적은 횟수의 대용량 쿼리를 빠르게 처리하는 OLAP 데이터베이스로 사용하는 것이 좋다.

컬럼 기반 데이터베이스

레드시프트는 컬럼 기반 데이터베이스다. 컬럼 기반 데이터베이스는 데이터를 저장할 때 행이 아닌 열을 기반으로 데이터를 저장해 GROUP BY와 JOIN과 같은 분석용 쿼리 성능을 최적화한다.

향상된 데이터 압축률

컬럼 기반 데이터베이스는 로우 기반 데이터베이스에 비해 높은 압축률을 자랑한다. 레드시프트는 다양한 압축 방식을 제공해 데이터 타입에 따라 적합한 압축 방식을 선택할 수 있고, 압축된 데이터 블록은 시스템 버스와 네트워크로 전송되는 데이터 크기가 줄어드는 이점이 있다.

W.O.R.M

레드시프트는 W.O.R.M 데이터베이스 특징을 갖는다. Write Once Read Many의 약자로 데이터 업데이트나 삭제 작업보다는 조회와 분석 쿼리 성능에 최적화된 데이터베이스다. 레드시프트를 사용할 때는 데이터를 수정하는 작업은 최소화하고 조회 성능을 최적화하는 방법을 최대한 연구해야 한다.

편리한 운영 환경

레드시프트 클러스터는 손쉽게 관리할 수 있다. AWS에서 지원하는 클러스터 관리 기능 중 주요 기능을 간추려보면 다음과 같다.

- 온라인 사용자 매뉴얼 제공
- 웹 관리 콘솔 제공
- 클러스터 모니터링 & 알림
- 자동 클러스터 백업
- 자동 클러스터 확장
- 클러스터 관리 SDK & API 지원
- 클러스터 보안 지원(데이터와 사용자 접근)
- 자동 데이터 최적화(AUTO VACUUM, AUTO ENCODING, AUTO DISTSTYLE)
- 실시간 기술 지원(통화, 이메일, 채팅)

이렇게 클라우드로 제공되는 레드시프트 관리 기능은 레드시프트 관리자에게 매우 큰 도움이 된다.

레드시프트 포지셔닝

데이터 분석 플랫폼 아키텍처에서 레드시프트의 위치를 선정한다는 의미의 포지셔닝을 연구해 보자.

먼저 레드시프트의 장점을 생각해 보자.

- 데이터 웨어하우스, 데이터 마트를 대상으로 한 분석 쿼리에 최적화됐다.
- 컬럼 기반 스토리지 활용으로 집계 함수 등 컬럼 대상 작업에 최적화됐다.
- ANSI SQL을 지원하고 JDBC, ODBC 연결을 지원해 다양한 분석 툴에서 연결 가능하다.
- 스펙트럼 기능을 활용해 S3에 저장된 데이터를 대상으로 조회가 가능하다.
- 컨커런시 스케일과 일래스틱 리사이즈 기능으로 사용자 수요에 대응할 수 있다.

레드시프트의 단점은 다음과 같다.

- 업데이트 쿼리(Update, Delete) 성능이 느리다.
- 테이블이 특정 쿼리 패턴에 맞춰 디자인되기 때문에 계획된 쿼리 패턴을 벗어나는 Adhoc 쿼리[1] 실행에는 적합하지 않다.
- 컨커런시 스케일은 조회 쿼리에만 적용되고 인서트와 업데이트 쿼리에는 적용되지 않는다.
- 대규모 텍스트 또는 데이터(Text, Blob, Clob) 저장에 적합하지 않다(3장, '데이터 최적화' 대용량 텍스트 저장 방법 참고).
- 데이터 스트리밍, 비즈니스 인텔리전스(BI)와 같이 실시간성을 요구하는 작업에는 적합하지 않다.

장점과 단점을 살펴보면 레드시프트를 어떤 용도로 활용해야 하는지 떠오를 것이다. 저자가 생각하는 데이터 분석 플랫폼에서 레드시프트의 위치는 다음과 같다.

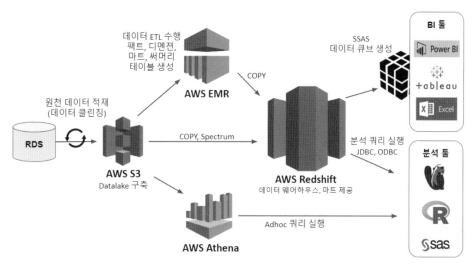

그림 2-2 데이터 분석 플랫폼

---

1   Adhoc(애드혹) 쿼리: 데이터 분석 및 조회를 위해 계획 없이 즉흥적으로 생성된 쿼리

최대한 분석 작업을 최적화하기 위해 다음과 같은 디자인을 고려했다.

- 데이터 변환Transformation 작업은 AWS EMR에서 수행하고 결과로 팩트, 디멘전, 마트와 집계 테이블을 레드시프트와 S3 데이터 레이크에 적재한다.

- 데이터 분석가 또는 분석 애플리케이션은 레드시프트 클러스터에서 데이터 분석을 진행한다. 이때 테이블 분산키와 소트키 스펙을 공유해 최적의 쿼리를 실행한다.

- 데이터 큐브를 이용한 Slice와 Dice 작업 또는 BI 리포트 구성은 Microsoft SSAS와 같은 BI 툴을 사용한다.

- S3에 저장된 데이터 레이크를 대상으로 한 Adhoc 쿼리는 Amazon Athena 서비스를 통해 실행한다.

AWS 데이터베이스 관련 팀은 하나의 제품으로 모든 문제를 해결하기보다 용도에 따라 특화된 Purpose-Built-Database(목적 지향 데이터베이스)를 서비스로 출시하고 있다. 모든 데이터 관련 작업을 레드시프트에서 담당하기보다는 최대한 레드시프트에서 불필요한 작업을 오프로드해서 데이터 웨어하우스와 데이터 마트를 대상으로 한 분석 쿼리에 최적화된 환경을 제공하는 것을 지향한다. 따라서, 레드시프트 성격에 맞지 않는 데이터 ETL[2], Adhoc 쿼리 실행, 실시간 데이터 처리는 적합한 플랫폼으로 옮기도록 하자. 물론 사용자마다 구성하는 플랫폼은 조금씩 다르기 때문에 데이터 플랫폼을 설계하기 전에 AWS Well-Architected Framework 서비스에서 아키텍처 상담을 받아보면 큰 도움이 될 것이다.

팁

AWS Well-Architected Framework은 2018년 11월 출시된 서비스로 아직 서울 리전에는 지원되지 않지만 미국 서부 등의 리전으로 접속해서 영문으로 상담 받을 수 있다.

---

2   ETL: Extract-Transform-Load의 줄임말로 데이터를 추출, 변형, 적재하는 데이터의 처리 과정이다.

2.2 시작하기

지금까지 레드시프트 특징과 활용에 대해 알아봤다. 아직 레드시프트의 활용 용도가 확실하지 않다면 직접 사용해 보는 것도 좋은 방법이다. AWS 웹 콘솔에 접속해 실습에 사용할 레드시프트 클러스터를 생성해 보자. 클러스터 생성 과정에서 낯선 설정들을 마주치게 되는데 자세한 내용은 이 책을 학습하면서 설명하니 지금은 걱정하지 않아도 된다.

AWS 웹 콘솔 접속

첫 걸음으로 AWS 웹 콘솔에 접속해 보자.

노트 　AWS 웹 콘솔 주소: https://aws.amazon.com/

그림 2-3 AWS 웹 콘솔

그림 2-3에서 Sign in to the Console 버튼을 클릭해서 로그인 화면으로 이동하고 AWS 계정으로 로그인하자.

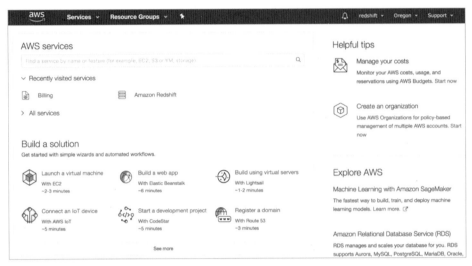

그림 2-4 AWS 웹 콘솔 홈페이지

로그인을 하고 나면 AWS 웹 콘솔 홈페이지가 열린다. 여기서 다양한 AWS 서비스를 확인할 수 있다.

가장 먼저 사용 언어와 리전을 설정하자. 언어는 한글을, 리전은 서울을 선택할 것이다. 언어 변경은 화면 하단 좌측에 있다.

그림 2-5 AWS 웹 콘솔 표시 언어 변경

리전 변경은 화면 우측 상단에 있다.

그림 2-6 AWS 웹 콘솔 리전 변경

언어와 리전 설정은 브라우저 쿠키에 저장돼 설정한 상태를 그대로 유지한다.

> ⚠️ **주의** 브라우저 쿠키가 삭제되거나 다른 리전을 방문하면 리전 설정이 초기화되기 때문에, 원하지 않는 리전에서 실수로 작업할 가능성이 있다. 리전 설정은 접속할 때마다 확인하는 것이 좋다.

레드시프트 클러스터 생성

언어와 리전을 제대로 설정했다면 AWS 서비스에서 Amazon Redshift를 선택해 레드시프트 대시보드로 이동하자. 대시보드는 클러스터를 생성하는 버튼과 여러가지 리소스 사용 현황을 보여준다. 가장 먼저 실습에서 사용할 레드시프트 클러스터를 생성하자.

빠른 시작 클러스터 **클러스터 시작**

좌측 메뉴의 **클러스터**를 클릭하면, **빠른 시작 클러스터**와 **클러스터 시작** 옵션이 있는데 실습에서는 고급 설정인 **클러스터 시작**을 클릭하자. 레드시프트 클러스터 생성 위저드[3] 화면이 나온다.

---

3 위저드: 마이크로소프트 윈도우의 애플리케이션 설치 화면에서 유래된, 순차적으로 사용자한테 애플리케이션 설정을 확인하는 디자인

첫 번째 단계는 클러스터 정보입력이다.

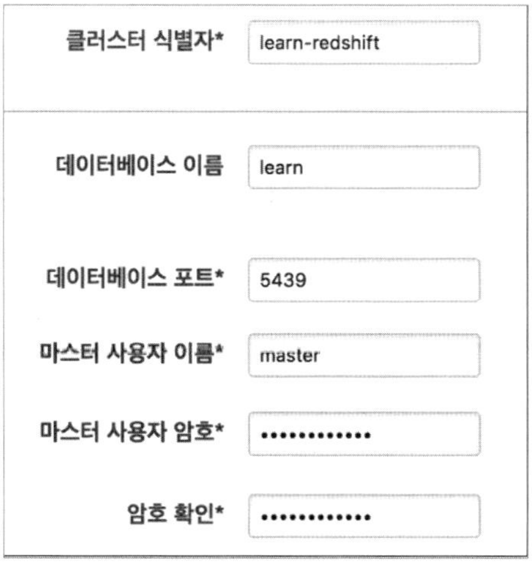

클러스터 식별자*	learn-redshift
데이터베이스 이름	learn
데이터베이스 포트*	5439
마스터 사용자 이름*	master
마스터 사용자 암호*	••••••••••
암호 확인*	••••••••••

그림 2-7 레드시프트 클러스터 생성 화면

- **클러스터 식별자**: 클러스터 이름이며, 클러스터 주소의 접두사가 된다.

- **데이터베이스 이름**: 메인 데이터베이스 이름을 설정한다. 빈칸으로 두면 자동으로 dev 데이터베이스를 생성한다. 앞으로도 데이터베이스를 추가할 수 있으니 크게 고민하지 않아도 된다.

- **마스터 사용자 이름**: 레드시프트 클러스터 로그인에 사용하는 관리자 계정 이름이다.

입력을 완료했으면 **계속**을 클릭하자. 두 번째 단계에서는 노드 설정을 한다.

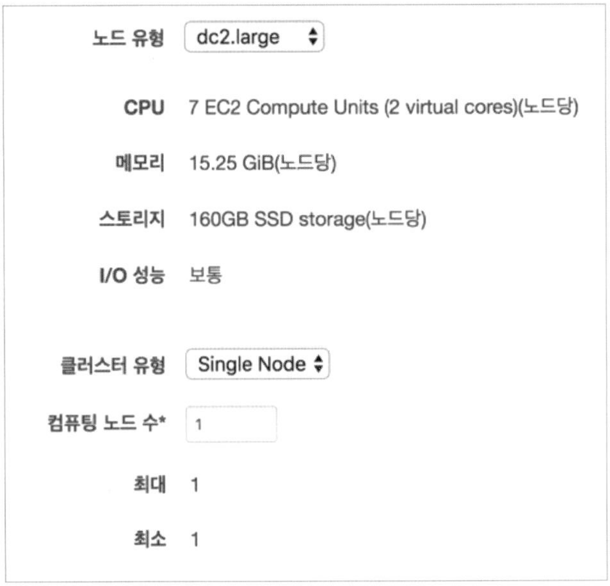

노드 유형	dc2.large ▲▼
CPU	7 EC2 Compute Units (2 virtual cores)(노드당)
메모리	15.25 GiB(노드당)
스토리지	160GB SSD storage(노드당)
I/O 성능	보통
클러스터 유형	Single Node ▲▼
컴퓨팅 노드 수*	1
최대	1
최소	1

그림 2-8 레드시프트 클러스터 생성 화면

- **노드 유형**: 클러스터를 구성하는 컴퓨팅 노드의 유형을 선택한다. 노드 유형에 따라 클러스터 성능이 정해진다.
- **클러스터 유형**: 싱글 노드와 멀티 노드로 선택 가능하다. 싱글 노드는 하나의 EC2 인스턴스에 리더 노드와 컴퓨팅 노드를 같이 설치한다. 멀티 노드는 리더 노드와 컴퓨팅 노드를 분리해 독립된 EC2 인스턴스에 설치한다. 멀티 노드 클러스터 유형에서는 컴퓨팅 노드 수를 변경해 클러스터 성능을 정할 수 있다. 클러스터 유형은 클러스터를 재생성할 때까지 변경할 수 없으므로 신중하게 선택해야 한다. 실습에서는 싱글 노드 클러스터를 선택했지만, 프로덕션 클러스터는 멀티 노드로 구성하도록 하자.

노드 유형

노드의 유형은 크게 리더 노드와 컴퓨팅 노드로 나누어진다. 리더 노드는 사용자와 커넥션을 맺고 쿼리 플래닝 등의 관리 작업을 담당한다. 리더 노드는 무료로 제공되며

AWS에서 노드 유형을 자동으로 선택한다. 컴퓨팅 노드는 쿼리 수행과 연산을 담당한다. 컴퓨팅 노드 유형은 쿼리와 데이터 크기에 따라 사용자가 직접 선택해야 한다. 노드 유형에는 연산 위주의 DC^{Dense Compute} 노드가 있고, 스토리지 위주의 DS^{Dense Storage} 노드가 있다.

DS 노드 유형

노드 이름	vCPU	ECU	메모리	슬라이스	스토리지	확장 가능 노드
ds2.xlarge	4	13	31 GiB	2	2 TB HDD	1~32
ds2.8xlarge	36	119	244 GiB	16	16 TB HDD	2~128

(2019년 9월 기준)

DC 노드 유형

노드 이름	vCPU	ECU	메모리	슬라이스	스토리지	확장 가능 노드
dc1.large	2	7	15 GiB	2	160 GB SSD	1~32
dc1.8xlarge	32	104	244 GiB	32	2.56 TB SSD	2~128
dc2.large	2	7	15 GiB	2	160 GB NVMe-SSD	1~32
dc2.8xlarge	32	99	244 GiB	16	2.56 TB NVMe-SSD	2~128

(2019년 9월 기준)

- **vCPU**: 노드의 가상 코어 수
- **ECU**: 노드의 연산 성능(호스트 서버에서 사용하는 CPU에 따라 vCPU 성능이 다르므로 가중치를 계산한 상대적 단위를 의미함)
- **메모리**: 노드의 메모리 크기(GiB)
- **슬라이스**: 노드가 관리하는 슬라이스 수
- **스토리지**: 노드의 전체 데이터 스토리지 크기
- **확장 가능 노드**: 클러스터에서 확장 가능한 최대 노드 수(예: dc1.large 기반 클러스터는 최대 32대의 노드까지 확장 가능)

DC 노드의 경우 DC1과 DC2 유형이 있는데, DC2가 DC1의 후속 모델로 같은 가격에 더 좋은 성능을 제공하니 DC2를 사용하도록 하자. DC1 대비 DC2는 ECU가 줄었지만, 디스크는 기존 SATA 기반 SSD 대신 데이터 전송 속도가 2배 빠른 NVMe-SSD 디스크를 제공해 전체적으로 향상된 쿼리 처리 성능을 제공한다.

노트 데이터 디스크에 클러스터가 활용하지 못하는 리저브 영역이 있지만 신경 쓰지 않아도 될 크기다. 운영체제(OS) 디스크는 데이터 디스크와 별도로 관리된다.

계속 버튼을 클릭해 **고급 설정** 화면으로 이동하자.

아래에 선택적인 추가 구성 정보를 제공하십시오.

클러스터 파라미터 그룹	default.redshift-1.0 ⬍	이 클러스터에 연결할 파라미터 그룹입니다.
데이터베이스 암호화	⦿ 없음 ○ KMS ○ HSM	데이터베이스 암호화에 대해 자세히 알아보기

네트워킹 옵션 구성:

VPC 선택	기본 VPC(vpc-61504b09) ⬍	클러스터를 만들려는 VPC의 식별자입니다.
클러스터 서브넷 그룹	default ⬍	선택된 클러스터 서브넷 그룹은 가용 영역의 선택을 제한할 수 있습니다.
공개적으로 액세스할 수 있음	⦿ 예 ○ 아니요	클러스터가 퍼블릭 인터넷에서 액세스할 수 있게 하려면 예를 선택합니다. 클러스터가 프라이빗 VPC 네트워크에서만 액세스할 수 있게 하려면 아니요를 선택합니다.
퍼블릭 IP 주소 선택	○ 예 ⦿ 아니요	클러스터의 VPC에 대해 이미 구성된 탄력적 IP(EIP) 주소 목록에서 고유의 퍼블릭 IP 주소를 선택하려면 예를 선택합니다. 대신 Amazon Redshift에서 EIP를 제공하게 하려면 아니요를 선택합니다.
향상된 VPC 라우팅	○ 예 ⦿ 아니요	향상된 VPC 라우팅을 활성화하려면 예를 선택합니다. 자세히 알아보기
가용 영역	기본 설정 없음 ⬍	클러스터가 생성될 EC2 가용 영역입니다.

선택적으로 클러스터를 하나 이상의 보안 그룹과 연결하십시오.

VPC 보안 그룹	default (sg-2208f14f)	이 클러스터에 연결할 VPC 보안 그룹 목록입니다. ↻

선택적으로 이 클러스터에 대한 기본 알람을 만듭니다.

CloudWatch 경보 생성	○ 예 ⦿ 아니요	CloudWatch 경보를 생성하여 클러스터의 디스크 사용량을 모니터링합니다.

필요한 경우에 이 클러스터에 대한 유지 관리 트랙을 선택합니다.

유지 관리 트랙	⦿ Current ○ Trailing	기능과 버그 수정을 포함한 최신 인증 유지 관리 릴리스를 적용하려면 [Current]를 선택합니다. 이전의 인증 유지 관리 릴리스를 적용하려면 [Trailing]을 선택합니다.

선택적으로, 이 클러스터에 IAM 역할을 10개까지 연결할 수 있습니다.

사용 가능한 IAM 역할	역할 선택 ⬍	↻ ⓘ

그림 2-9 클러스터 고급 설정 화면

고급 설정에서는 보안과 유지관리 관련 설정을 할 수 있다.

- **클러스터 파라미터 그룹** : 클러스터 설정을 관리하는 파라미터 그룹을 선택한다.

- **데이터베이스 암호화** : 레드시프트 클러스터 내의 데이터 블록과 메타 데이터를 암호화 한다.

- **VPC** : 클러스터가 실행될 리전의 VPC^Virtual Private Cloud를 선택한다.

- **클러스터 서브넷 그룹** : 서브넷 그룹을 선택한다. 서브넷 그룹으로 노드가 할당받을 IP와 가용 영역을 제한할 수 있다.

- **공개적으로 액세스할 수 있음** : VPC 외부에서 접근 가능한 EIP를 클러스터에 할당해 퍼블릭 네트워크에서 접속 가능하게 한다. **아니요**를 선택해 불필요한 외부 접근을 차단하는 게 옳지만 실습을 위해 **예**를 선택한다.

- **향상된 VPC 라우팅** : COPY와 UNLOAD 작업으로 외부 리소스를 접근할 때 VPC 게이트웨이를 통하도록 설정한다. VPC 게이트웨이를 사용해 모든 COPY와 UNLOAD 트래픽을 모니터링할 수 있다.

- **가용 영역** : 노드가 생성될 가용 영역을 선택할 수 있다. **기본 설정 없음**을 선택하면 같은 VPC 가용 영역 중 하나를 선택한다. 서브넷 그룹을 설정했다면 서브넷 그룹에서 사용하는 가용 영역이 선택된다.

- **VPC 보안 그룹** : VPC 보안 그룹을 선택해 클러스터에 접근 가능한 네트워크를 제한한다.

- **CloudWatch 경보 생성** : 클러스터 전체 디스크 사용률이 임계치를 넘어가면 AWS SNS 서비스로 알람을 보내준다. 프로덕션 클러스터에는 사용을 권장하지만 실습 클러스터에서는 **아니요**를 선택한다.

- **유지 관리 트랙** : 레드시프트 클러스터 버전을 가장 최신으로 유지할지 또는 안정화된 버전으로 유지할지 선택할 수 있다.

- **사용 가능한 IAM 역할** : COPY와 UNLOAD 쿼리에 사용을 허가할 IAM 역할^Role을 선택한다. 3장, '데이터 최적화'에서 IAM 역할을 생성하고 추가할 계획이니 지금은 기본 설정을 선택하자.

실습 클러스터는 변경 없이 다음 화면으로 넘어갈 수 있다. 최종적으로 검토 화면에서 클러스터 설정을 확인하고 **클러스터 시작** 버튼을 클릭하자.

클러스터 시작

클러스터 생성에는 EC2 인스턴스 생성과 설치 작업에 5분에서 10분 정도 시간이 소요된다.

클러스터가 생성될 동안 VPC 보안그룹에 대해 알아보자. 아무런 보안 설정 없이 모든 장소에서 레드시프트 클러스터 접속이 가능하면 아무도 레드시프트를 사용하지 않을 것이다. 독자가 위치한 네트워크 환경에서 레드시프트 클러스터 접속을 허용하는 실습을 해보자.

생성 중인 클러스터를 선택해 클러스터 상세 정보 페이지로 이동하자.

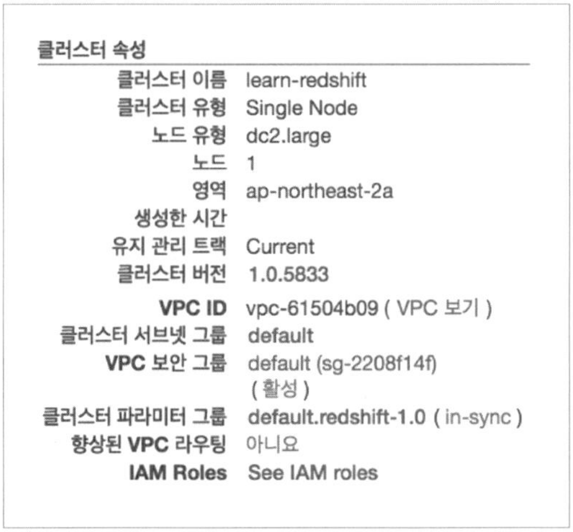

클러스터 속성

클러스터 이름	learn-redshift
클러스터 유형	Single Node
노드 유형	dc2.large
노드	1
영역	ap-northeast-2a
생성한 시간	
유지 관리 트랙	Current
클러스터 버전	1.0.5833
VPC ID	vpc-61504b09 (VPC 보기)
클러스터 서브넷 그룹	default
VPC 보안 그룹	default (sg-2208f14f) (활성)
클러스터 파라미터 그룹	default.redshift-1.0 (in-sync)
향상된 **VPC** 라우팅	아니요
IAM Roles	See IAM roles

그림 2-10 클러스터 상세 정보 화면

위의 화면에서 **VPC 보안 그룹** 우측의 default를 클릭하면 보안 그룹 편집 화면으로 이동한다. 기본 생성된 보안 그룹이 보이면, 화면 하단의 **인바운드 탭**을 선택해 다음 화면을 볼 수 있다.

그림 2-11 VPC 보안 그룹

인바운드는 외부에서 AWS 서비스로 들어오는 트래픽을 관리하고, 아웃바운드는 AWS 내부에서 외부로 나가는 트래픽을 관리한다. 인바운드 기본 설정은 같은 보안 그룹의 트래픽만 허용하고 아웃바운드 기본 설정은 모든 트래픽을 허용한다. 인바운드 규칙에 독자가 사용하는 컴퓨터 IP 주소를 추가해 보자.

 카페나 공항 등의 공용 네트워크에서 접속하면 해킹의 위험이 있다. 특히 암호화되지 않은 무선 네트워크는 누구나 네트워크 패킷을 훔쳐볼 수 있기 때문에 프로덕션 클러스터 접속은 피하는 게 좋다. 또한 공용 네트워크는 IP주소가 자주 변경돼 매번 보안 그룹을 수정해야 하는 불편함이 있다.

인바운드 탭의 **편집** 버튼을 클릭하면 다음과 같은 인바운드 규칙 편집 창이 보인다.

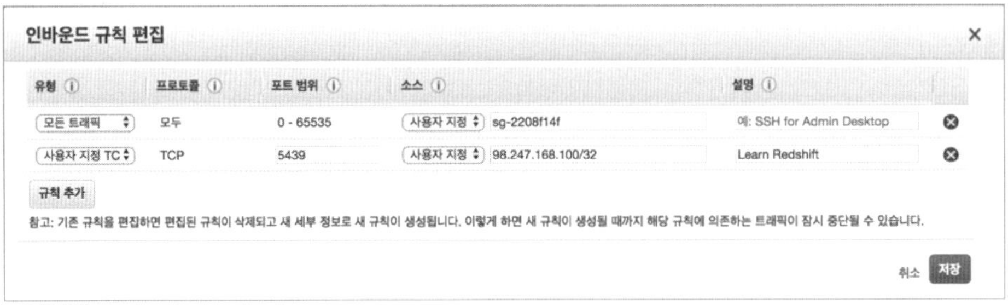

인바운드 규칙 편집   ✕

유형 ⓘ	프로토콜 ⓘ	포트 범위 ⓘ	소스 ⓘ	설명 ⓘ	
모든 트래픽 ⬍	모두	0 - 65535	사용자 지정 ⬍	sg-2208f14f	예: SSH for Admin Desktop	⊗
사용자 지정 TC ⬍	TCP	5439	사용자 지정 ⬍	98.247.168.100/32	Learn Redshift	⊗

규칙 추가

참고: 기존 규칙을 편집하면 편집된 규칙이 삭제되고 새 세부 정보로 새 규칙이 생성됩니다. 이렇게 하면 새 규칙이 생성될 때까지 해당 규칙에 의존하는 트래픽이 잠시 중단될 수 있습니다.

취소   저장

그림 2-12 인바운드 규칙 편집

접속 네트워크를 인바운드 룰에 추가하려면 먼저 자신의 IP 주소를 알아야 한다. **소스** 메뉴에서 **내 IP**를 선택하면 자동으로 사용자 IP 주소가 입력된다. 또 다른 방법으로는 네이버 검색에서 **내 IP 주소 확인**을 검색하여 IP 주소를 확인할 수 있다.

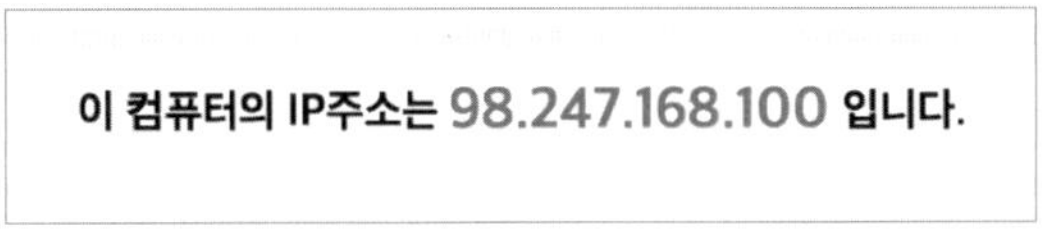

이 컴퓨터의 IP주소는 98.247.168.100 입니다.

그림 2-13 네이버 IP 확인

유형은 Redshift를 선택하고, 소스에는 내 IP주소와 CIDR 대역을 입력한다. 자신의 IP가 고정 IP인 경우 /32를, 유동 IP인 경우에는 네트워크 설정에 따라 /24 또는 /16 대역을 입력할 수 있다. CIDR 값이 확실하지 않은 경우 네트워크 관리자와 상의하거나 안전하게 /32를 사용하면 된다. 저장을 누르면 클러스터 재시작 없이 바로 적용된다. 지금쯤이면 클러스터도 준비가 됐을 것이다.

클러스터	클러스터 상태	DB 상태
learn-redshift	available	정상

그림 2-14 클러스터 생성 완료 화면

2.3 접속하기

클러스터를 생성했다면 이제 레드시프트 클러스터에 접속해 보자. 접속에는 다양한 방법이 있지만 먼저 편리하게 사용할 수 있는 데이터베이스 툴을 사용해 보자.

데이터베이스 툴

데이터베이스 툴은 일반적으로 SQL 에디터 기능을 제공하고 데이터베이스 관리 기능을 포함하는 프로그램이다. 실습에서는 오픈소스 데이터베이스 툴인 DBeaver를 사용하게 된다. DBeaver는 Amazon 레드시프트를 포함한 다양한 데이터베이스와 연동을 지원하고 유료와 무료 버전을 제공한다. 실습에는 무료 버전인 DBeaver Community Edition(CE)을 사용해도 무방하다.

 노트   SQL Workbench/J도 무료로 사용할 수 있다.
https://www.sql-workbench.eu/

DBeaver CE를 https://dbeaver.io/download/에서 다운로드한 후 설치하자.

JRE[Java Runtime Environment]가 설치돼 있지 않다면 JRE가 포함돼 있는 패키지를 다운로드해 설치할 수 있다.

설치가 완료됐으면 DBeaver를 실행한 후 새로운 데이터베이스 커넥션을 생성해보자.

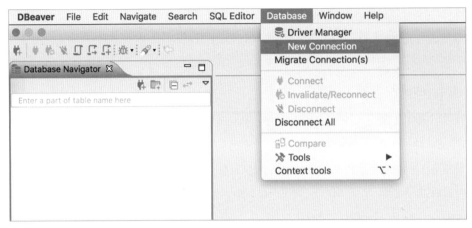

그림 2-15 새로운 DB커넥션 생성

그림 2-15와 같이 데이터베이스 메뉴에서 New Connection을 클릭한다.

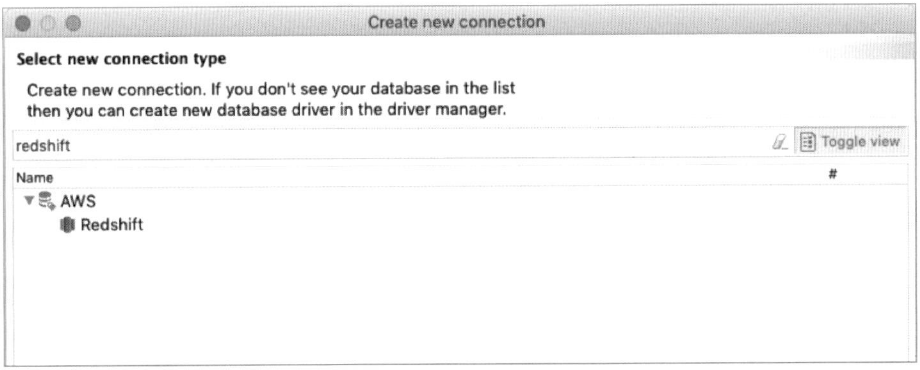

그림 2-16 커넥션 타입 검색

커넥션 타입으로 Redshift를 선택하고 다음으로 넘어가면 클러스터 커넥션 정보를 입력하는 창이 보인다.

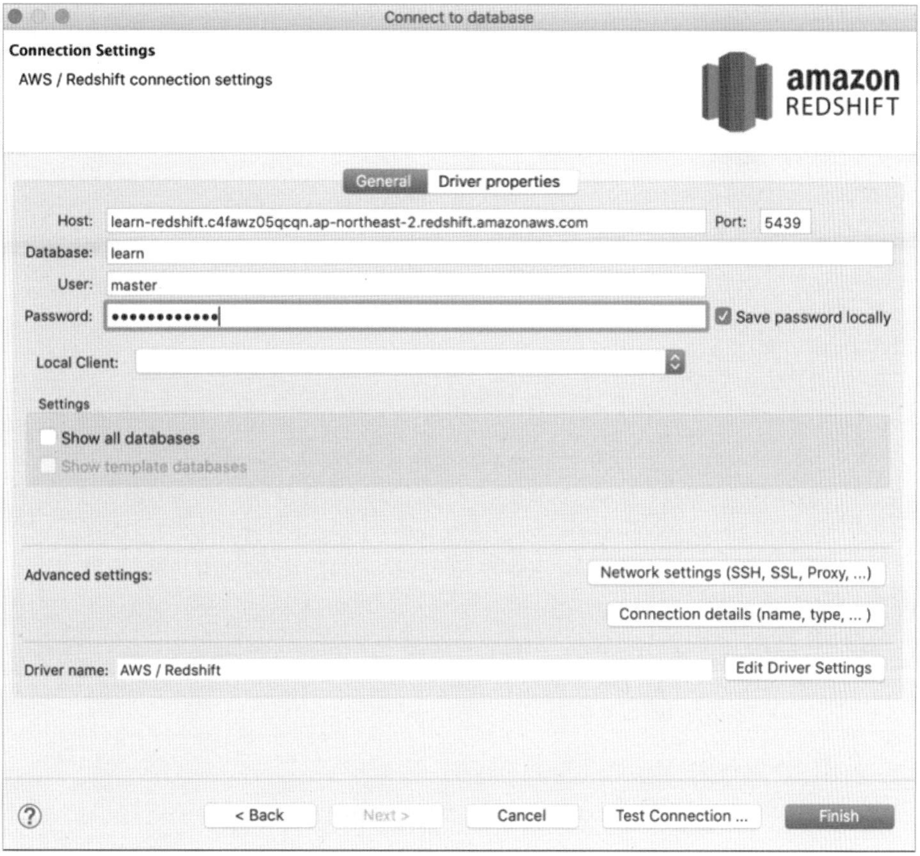

그림 2-17 커넥션 설정

Host, Port, Database, User, Password 칸에는 앞서 생성한 클러스터 정보를 입력한다. 커넥션 자체적으로 JDBC를 사용하기 때문에 고급 파라미터는 아래 JDBC를 참조하자.

모든 정보를 입력했으면 Test Connection을 실행해서 정상 접속이 되는지 확인한 후 Finish 버튼을 클릭해서 레드시프트 접속 생성을 완료한다. 이제 새로운 쿼리 창을 열어 쿼리를 실행할 수 있다.

JDBC 접속

JDBC^{Java Data Base Connectivity}를 이용해 자바 프로그램에서 클러스터에 접속하려면 먼저 JDBC 드라이버를 다운로드해야 한다. 아래의 웹사이트에서 최신 드라이버를 다운로드 하자.

노트

JDBC 다운로드 :
https://docs.aws.amazon.com/redshift/latest/mgmt/configure-jdbc-connection.
html#download-jdbc-driver

실습에서는 JDBC API 4.2 버전을 사용한다.

팁

JDBC API는 JDBC 드라이버가 지원해야 하는 표준 기능 규약이다. JDBC 드라이버는 JDBC API 를 기준으로 구현된다. JDBC API 버전은 4.0, 4.1, 4.2 버전이 있는데, 버전이 높아질수록 지원하는 기능이 많아지는 대신, 지원하는 Java 버전도 높아진다. 버전 4.0은 Java 6, 버전 4.1은 Java 7, 버전 4.2는 Java 8을 지원한다. 사용자가 사용하는 Java 버전과 필요한 기능에 맞는 버전을 사용 하면 된다.

반면 레드시프트 JDBC 드라이버는 새로운 버전마다 많은 버그와 이슈가 해결되기 때문에 레드시 프트 JDBC 드라이버는 항상 최신버전을 사용해야 한다. 다음 링크에서 레드시프트 JDBC 드라이 버 버전 이력을 확인할 수 있다.

https://s3.amazonaws.com/redshift-downloads/drivers/Amazon+Redshift+JDBC+Release+N
otes.pdf

클러스터 접속에 사용할 JDBC URL을 살펴보자.

```
jdbc:redshift://[endpoint]:[port]/[database]
```

- jdbc: 연결 프로토콜

- redshift: 하위 연결 프로토콜

- endpoint: 레드시프트 클러스터 주소

- **port**: 클러스터 접속 포트(레드시프트는 5439를 사용한다)

  (PC, 네트워크 또는 VPC에 방화벽이 설정된 경우 클러스터 포트가 열려있어야 한다)

- **database**: 접속 데이터베이스 명

 노트 PostgreSQL 이전 JDBC URL 형식인 jdbc:postgresql://[endpoint]:[port]/[database] 또한 사용 가능하다.

다음은 레드시프트로 연결하는 JDBC URL의 예이다.

```
jdbc:redshift://learn-reshift.c4fawz05qcqn.ap-northeast-2.redshift.amazonaws.com:5439/
learn
```

JDBC URL은 AWS 레드시프트 콘솔의 클러스터 속성 화면에서 확인 가능하다.

그림 2-18 레드시프트 클러스터 속성

ODBC 접속

분석 툴에서 ODBC[Open DataBase Connectivity] 접속을 요구할 때가 있다. SAS, R, PowerBI, MS Excel 등이 해당된다. ODBC 드라이버는 리눅스와 맥에서도 지원되지만 MS 윈도우에서 주로 사용되기 때문에 MS 윈도우를 기준으로 설명하겠다.

아래 경로에서 최신 버전의 ODBC 드라이버를 다운로드할 수 있다. ODBC를 사용하는 애플리케이션이 64비트면 64비트 드라이버를, 32비트면 32비트 드라이버를 설치해야 한다.

- 32-bit: https://s3.amazonaws.com/redshift-downloads/drivers/odbc/1.4.3.1000/AmazonRedshiftODBC32-1.4.3.1000.msi
- 64-bit: https://s3.amazonaws.com/redshift-downloads/drivers/odbc/1.4.3.1000/AmazonRedshiftODBC64-1.4.3.1000.msi

시작에서 ODBC를 검색해서 맞는 버전의 ODBC Data Source를 실행하자. 실습에서 사용할 R은 64비트 버전이기 때문에 64비트 ODBC Data Source를 선택했다.

그림 2-19 ODBC Data Source

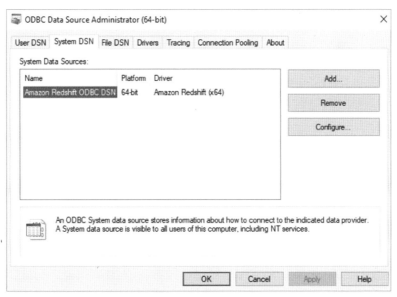

그림 2-20 ODBC Data Source 관리 화면

ODBC Data Source 관리 화면에서 System DSN[Data Source Name]4을 확인해 보면 Amazon Redshift ODBC DSN이 설치돼 있다. **Amazon Redshift ODBC DSN**을 더블 클릭하면 레드시프트 클러스터 설정 화면이 보인다.

---

4 System DSN: MS 윈도우 사용자간 공유되는 시스템 DSN

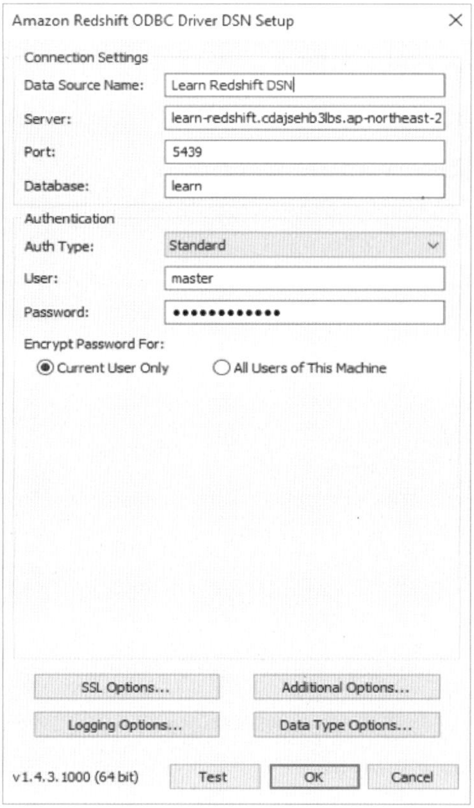

그림 2-21 레드시프트 ODBC 설정 화면

모든 클러스터 정보가 입력되었으면 Test 버튼을 클릭해 SUCCESS 메시지를 확인하고 OK 버튼을 클릭하자. DSN을 사용해 BI 툴과 분석 툴에서 레드시프트 클러스터로 연결할 수 있다. 다음은 R 코드를 사용한 레드시프트 접속 예제다.

```
install.packages("DBI")
install.packages("RODBCDBI")
library(DBI)
library(RODBCDBI)
conn <- dbConnect(RODBCDBI::ODBC(), dsn = "Learn Redshift DSN")
dbGetQuery(conn, "
  SELECT bicycle_cnt
  FROM data.seoul_public_bicycle_rental_place_info
  WHERE rental_place_num=2331
```

```
    LIMIT 10
")
```

ODBC 사용에 필요한 라이브러리를 설치하고 로드했다. 그 다음 생성한 DSN으로 conn 커넥션 변수를 생성하고 이를 이용해 간단한 실습 쿼리를 실행했다. 실습 쿼리는 3장에서 생성할 실습 테이블을 대상으로 작성했다. 코드를 실행해 보면 자전거 대여 수 결과를 확인할 수 있을 것이다.

Python 접속

레드시프트에 접속하는 방법은 JDBC와 ODBC뿐 아니라 Python의 PostgreSQL 패키지인 pyscopg2로도 가능하다.

아래는 psycopg2 라이브러리를 사용해 레드시프트 클러스터에 접속하는 Python3.6 예제다.

```python
import sys
import psycopg2
conn=psycopg2.connect(
  host='learn-reshift.c4fawz05qcqn.ap-northeast-2.redshift.amazonaws.com',
  port='5439',
  dbname='learn',
  user='master',
  password='****'
)
try:
  cur = conn.cursor()
  cur.execute("""SELECT bicycle_cnt
  FROM data.seoul_public_bicycle_rental_place_info
  WHERE rental_place_num=2331
  LIMIT 10;""")
  print(cur.fetchall())
except Exception as e:
  print("ERROR: %s" % e, file=sys.stderr)
else:
  conn.close()
```

먼저 psycopg2 라이브러리를 사용해 레드시프트 커넥션을 생성했다. 접속하려는 레드시프트 클러스터의 접속 정보를 커넥션 파라미터에 입력해야 한다.

```
conn=psycopg2.connect(
  host='<클러스터 주소>',
  port='<클러스터 포트>',
  dbname='<DB명>',
  user='<사용자 계정>',
  password='<사용자 암호>'
)
```

그 다음은 앞서 생성한 커넥션으로 커서를 생성한 뒤 사용해서 쿼리를 수행할 수 있다.

```
cur.execute("SELECT … FROM … WHERE … ;")
```

쿼리가 성공적으로 수행되면 데이터를 가져오는 방법을 지시해야 한다. 데이터가 적은 경우 커서의 fetchall() 함수로 전체 데이터를 추출할 수 있다.

```
cur.fetchall()
```

데이터가 많은 경우 fetchone() 또는 fetchmany() 함수와 for-loop을 사용해 결과를 순회하면서 조회할 수 있다.

모든 작업이 끝나거나 오류가 발생할 경우 try-except-else 문으로 커넥션을 종료하는 것을 잊지 말자.

```
conn.close()
```

파이썬 프로그램이 정상 수행되면 결과를 출력하고, 오류가 발생하면 오류 메시지를 출력할 것이다.

CLI 접속

고급 사용자 또는 관리자를 위한 CLI^Command-Line Interface 접속 방식을 살펴보자. 일반 사용자는 반드시 사용할 필요는 없다. 쿼리를 자동화하거나 한 번에 여러 쿼리를 실행해야 할 경우 DBeaver와 같은 쿼리 툴보다 CLI 환경을 선호하는 사용자가 있다. 물론 JDBC연결이나 파이썬 패키지로도 같은 목적을 달성할 수 있으나 매번 코드를 작성하고 테스트를 해야 하는 번거로움이 있다. 레드시프트는 PostgreSQL과 같은 CLI 인터페이스를 사용하기 때문에 PostgreSQL에서 제공하는 psql 명령으로 접속 가능하다.

Mac

MacOS를 사용하는 사용자라면 별도의 설치 과정이 필요 없다. MacOS 10.7부터 MacOS Server가 기본 운영체제에 탑재돼 출시되는데 이때부터 PostgreSQL이 MacOS Server에 사용되기 시작했으며 psql CLI 클라이언트도 함께 제공된다. psql 설치가 필요하다면 https://postgresapp.com/에서 Postgres.app 패키지를 다운로드해서 큰 어려움 없이 설치할 수 있다. Homebrew 패키지 관리자를 선호하면 brew install postgresql 명령으로 설치할 수 있다. 아쉽게도 두 방식 모두 PostgreSQL 데이터베이스를 함께 설치하며 CLI 클라이언트만 설치하는 방법은 제공하지 않는다.

Ubuntu

Debian 계열의 우분투에서는 apt 패키지 관리자를 이용해 클라이언트만 설치 가능하다.

```
sudo apt install postgresql-client
```

RedHat

레드햇 계열의 Redhat, CentOS, Fedora의 경우 yum 패키지 관리자를 이용해 클라이언트만 설치 가능하다.

```
sudo yum install postgresql
```

MS Windows

MS 윈도우 용 클라이언트는 EDB에서 제공하는 윈도우 인스톨러를 사용해 큰 어려움 없이 설치 가능하다.

https://www.enterprisedb.com/downloads/postgres-postgresql-downloads

psql 클라이언트 버전은 원칙상으로는 레드시프트가 사용하는 PostgreSQL 8.0.2 버전과 동일한 버전을 사용하는 것이 가장 좋으나 오래된 8.0.2 버전의 psql은 찾아보기 힘들다. 저자는 맥에 기본 설치된 10.3 버전을 사용해도 문제 없었다. psql의 버전은 다음과 같이 확인 가능하다.

```
$ psql --version
psql (PostgreSQL) 10.3
```

psql 클라이언트를 사용해 실습 클러스터에 접속해 보자.

```
psql -h learn-redshift.cdajsehb3lbs.ap-northeast-2.redshift.amazonaws.com -U master -d
learn -p 5439
dev=# SELECT …
```

psql 터미널 명령어를 보려면 \? 입력 후 엔터키를 누르면 된다. 기본적으로 다음 명령어를 자주 사용한다.

- \d 테이블, 뷰, 시퀀스를 나열한다.

- \dn 스키마를 나열한다.

- \l 데이터베이스를 나열한다.

- \q psql 터미널을 종료한다. Ctrl-D를 입력해서 종료할 수 있다.

나머지 명령어는 \? 도움말을 이용해서 알아보자.

2.4 레드시프트 아키텍처

레드시프트 클러스터에 접속했다면 잠시 레드시프트 아키텍처를 살펴보자.

시스템 아키텍처

다음은 간략한 레드시프트 시스템 구조다.

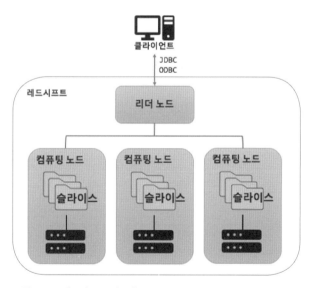

그림 2-22 레드시프트 시스템 구조

레드시프트는 그림 2-22와 같이 리더 노드와 컴퓨팅 노드로 구성된다. 하나의 리더 노드가 있고, 여러 대의 분산된 컴퓨팅 노드가 연산을 수행한다.

리더 노드의 역할

리더 노드의 역할은 다음과 같다.

- 클라이언트와의 통신(JDBC/ODBC) 관리
- 컴퓨팅 노드와 통신 관리
- 테이블과 컬럼 및 관리용 메타 데이터 보관
- 관리 쿼리와 메타 데이터 조회 쿼리 등 리더 노드 전용 쿼리 직접 수행
- 슬라이스가 담당하는 데이터 영역 관리
- 쿼리 플래닝(실행 계획 생성, 최적화)
- 컴퓨팅 노드의 결과를 수집하고 클라이언트에게 전달
- WLM, 큐^{Queue}, 쿼리 슬롯 관리
- 작업 스케줄 관리
- 관리 작업(VACUUM, 노드 추가 삭제 등) 실행

컴퓨팅 노드의 역할

- 실행 계획을 전달받아 각 슬라이스에서 작업 실행
- 리더 노드에 결과 전송
- 디스크와 슬라이스 관리

 노트 클라이언트의 모든 통신은 리더 노드와 이뤄지며 컴퓨팅 노드와 통신하지 않는다.

컴퓨팅 노드의 vCPU와 메모리, 디스크 크기, 슬라이스 수는 앞서 살펴본 노드 유형에 따라 정해진다.

슬라이스

슬라이스는 데이터 영역을 담당하고 데이터 I/O(디스크 & 메모리)를 처리한다. 슬라이스는 노드의 디스크를 동등하게 할당 받는데, ds2.xlarge 노드의 경우 2개의 슬라이스와 2TB 디스크가 있으므로 각 슬라이스는 1TB의 데이터 저장 공간을 담당한다. 슬라이스가 담당할 데이터 영역은 테이블 분산 방식에 따라 달라진다. 슬라이스는 리더 노드로부터 데이터 관련 작업 요청을 받아 처리한다. 슬라이스는 데이터를 병렬로 처리하기 때문에 동시성을 최대화하기 위해서는 노드의 코어 수와 디스크 수를 고려해 슬라이스 수를 결정해야 한다. 만약 데이터가 슬라이스에 균등하게 분산되지 않고 특정 슬라이스에 집약적으로 저장되면 해당 슬라이스에서 대부분의 쿼리를 수행하게 된다. 클러스터의 모든 슬라이스에 데이터를 균등하게 분산하는 작업은 매우 중요하며 이는 레드시프트 사용자의 역할이다.

 팁 쿼리 수행에 필요한 메모리가 슬라이스별로 균등하게 배정된다고 생각할 수 있지만 이는 잘못된 정보다. 슬라이스는 데이터 영역을 배정받고, 작업 수행에 사용되는 메모리 크기는 사용자가 쿼리를 실행하는 시점의 워크로드관리(WLM) 설정에 따라 정해지기 때문에 쿼리 슬롯에 배정된다고 보는 게 맞다. WLM과 쿼리 슬롯 설정은 5장, '클러스터 최적화'에서 살펴보겠다.

데이터 분산

데이터를 모든 슬라이스에 균등하게 분산하는 작업은 매우 중요하다. 레드시프트에서는 다음과 같은 분산 방식을 제공한다.

키 분산 Key Distribution

테이블을 사용자가 정한 컬럼을 기준으로 분산한다.

전체 분산 All Distribution

테이블의 전체 데이터를 모든 컴퓨팅 노드에 저장한다.

균등 분산 ^{Even Distribution}

테이블을 모든 슬라이스에 균등하게 분산한다.

자동 분산 ^{Auto Distribution}

테이블을 전체 분산으로 시작해서 테이블이 일정 크기 이상 커지면 자동으로 균등 분산으로 변경한다.

데이터 분산의 자세한 설명은 3장, '데이터 최적화'를 참고하자.

데이터 저장

컬럼 기반 스토리지

앞서 레드시프트는 컬럼 기반 스토리지로 구성된다고 배웠다. 컬럼 기반 스토리지에 대해 조금 더 자세히 알아보자.

OLAP 데이터베이스에서는 로우 기반 스토리지보다는 컬럼 기반 스토리지를 많이 채택한다. 그 이유는 OLAP DB에서는 디멘전, 팩트 테이블과 같이 컬럼 수가 많은 와이드 테이블이 주로 사용되고, 집계와 조인같이 분석 쿼리에서 자주 사용하는 컬럼 위주의 쿼리를 많이 실행하기 때문이다. 이런 환경에서 로우 기반의 데이터 저장 방식은 비효율적이다. 컬럼 A의 집계 값을 구하기 위해 A-Z까지의 모든 컬럼을 디스크에서 읽어올 필요는 없을 것이다. 로우 기반 스토리지의 단점을 보완하기 위해 컬럼 기반 스토리지는 데이터를 디스크에 저장할 때 테이블의 컬럼 값을 같은 위치에 묶어서 저장한다.

고객 테이블을 예제로 로우 기반과 컬럼 기반 스토리지의 차이점을 살펴보자.

로우 기반 스토리지는 데이터 블록에 로우 순서로 데이터를 저장한다.

id	first_name	last_name	city	register_date
1	Donald	Glover	Georgia	2019-01-01
2	Justin	Timberlake	Los Angeles	2019-01-02
...				
1001	Keanu	Reeves	Los Angeles	2019-02-01
1002	Justine	Schofield	Sydney	2019-02-02

블록 A (Row Group A)
블록 B (Row Group B)

그림 2-23 로우 기반 스토리지

블록 A(Row Group A)

1, Donald, Glover, Georgia, 2019-01-01 | 2, Justin, Timberlake, Los Angeles, 2019-01-02 | ...

블록 B(Row Group B)

1001, Keanu, Reeves, Los Angeles, 2019-02-01 | 1002, Justin, Schofield, Sydney, 2019-02-02 | ...

컬럼 기반 스토리지는 데이터 블록에 컬럼 순서로 데이터를 저장한다.

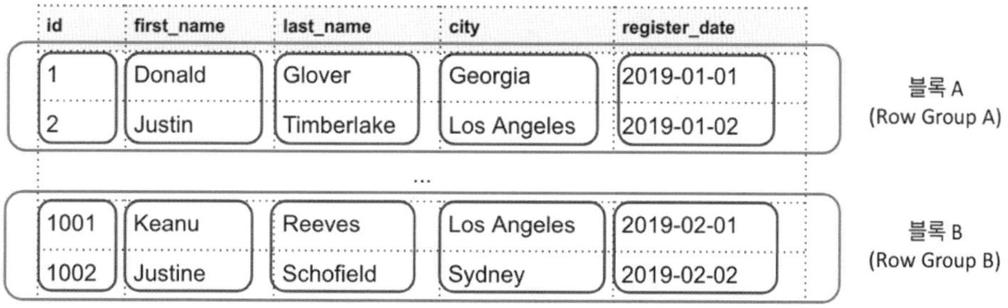

id	first_name	last_name	city	register_date
1	Donald	Glover	Georgia	2019-01-01
2	Justin	Timberlake	Los Angeles	2019-01-02
...				
1001	Keanu	Reeves	Los Angeles	2019-02-01
1002	Justine	Schofield	Sydney	2019-02-02

블록 A (Row Group A)
블록 B (Row Group B)

그림 2-24 컬럼 기반 스토리지

블록 A(Row Group)

1, 2 | Donald, Justin | Glover, Timberlake | Georgia, Los Angeles | 2019-01-01, 2019-01-02 ⋯

블록 B(Row Group)

1001, 1002 | Keanu, Justine | Reeves, Schofield | Los Angeles, Sydney | 2019-02-01, 2019 …

컬럼 데이터를 한 곳에 저장하면 디스크 검색(Seek) 수가 줄어들어 데이터 조회 시간이 단축되고 조회하는 컬럼 데이터만 한 번에 읽으니 메모리에서 보관하고 처리해야할 데이터 크기가 대폭 줄어든다.

레드시프트에서는 SELECT * 같이 모든 컬럼을 조회하는 쿼리는 피해야 한다. 팩트 테이블에 여러 디멘전 테이블을 조인하여 생성된 마트 테이블의 컬럼 수는 많게는 1,000개 이상이 될 수도 있다. 레드시프트 테이블의 최대 컬럼 수가 1,600인데 최악의 경우 1,600개의 컬럼을 모두 조회한다면 로우 한 개를 조회해도 1,600번의 블록 조회와 디스크 검색이 발생할 수 있다(데이터 캐시가 없다고 가정했을 경우). 레드시프트 블록 크기가 1MB이므로 한 컬럼이 50MB를 차지하면 전체 테이블 조회 한 번에 1,600×50 = 80,000번의 디스크 검색이 발생한다.

 팁 레드시프트의 데이터 블록 크기는 1MB이다. 데이터 블록 크기를 통해 데이터베이스의 특징을 볼 수 있다. MySQL은 4KB, 오라클 8KB, PostgreSQL 32KB, 하둡 64MB의 블록 크기를 사용한다. 설치형 데이터베이스의 경우 대부분 블록 크기 변경을 허용하지만 레드시프트와 같은 서비스형 데이터베이스는 보통 서비스 안정성을 위해 허용하지 않는다.

데이터 블록

레드시프트의 컬럼 기반 스토리지는 디스크에 저장되는 데이터를 크게 줄인다. 오라클 데이터베이스와 같은 로우 기반 시스템에서는 레코드 크기가 변경되는 경우를 대비해 블록마다 PCTFREE 설정으로 보통 20%의 리저브 공간을 남겨둔다. 블록 수가 늘어날수록 리저브 공간의 낭비는 더욱 커진다. 또한 레코드가 자주 변경되다 보면 블록 중간에 사용되지 않는 빈 공백 또는 조각이 생긴다.

그림 2-25 로우 기반 데이터 블록

레드시프트 데이터 블록은 분산 키에 의해 할당된 로우 그룹 데이터를 저장하고 컬럼 값을 블록 내 같은 위치에 모아 저장한다.

그림 2-26 레드시프트 데이터 블록

레드시프트 블록은 앞 뒤 블록의 주소와 존맵을 포함하는 블록 헤더, 데이터 영역, 압축 방식과 같은 컬럼 속성(메타 데이터)을 포함하는 블록 푸터Footer로 구성된다.

레드시프트는 불변Immutable 블록을 사용한다. 데이터가 추가되거나 변경되면 블록을 수정하는 대신 새로운 블록을 생성하기 때문에 공간 낭비 없이 블록 전체 공간을 활용하게 된다. 한 번 생성된 블록은 수정되지 않는다.

불변 블록은 다음과 같은 특징이 있다.

- 데이터가 추가되면 업데이트와 마찬가지로 새로운 블록을 생성해서 추가한다. 이러한 이유로 레코드를 한 쿼리에 한 번씩 적재하는 작업은 매우 느리기 때문에 피해야 한다. 멀티-인서트 쿼리나 COPY 쿼리로 데이터를 한 번에 적재하는 방법을 사용할 수 있다.
- 데이터 삭제 요청이 오면 블록을 재생성하는 작업을 줄이기 위해 블록 메타 데이터에 삭제 표시Delete marker를 하고 VACUUM DELETE ONLY 작업을 실행할 때 일괄적으로 정리한다.

레드시프트에서 과거 데이터를 수정하는 작업은 최대한 피하고, 증분 데이터는 누적해서 적재하는 것이 효율적이다. 레드시프트의 데이터 업데이트 성능이 느린 까닭은 불변 블록의 영향이 크지만, 대신 데이터를 효율적으로 저장해 디스크 공간을 절약하고 데이터 블록에 쓰기와 읽기 작업이 겹치지 않기 때문에 조회 쿼리 성능이 높아진다. 레드시프트는 불변 블록을 사용해 데이터 조회 속도와 분석 쿼리 성능을 최대한 높이는 전략을 선택했다.

데이터 압축

로우 기반 스토리지는 레코드의 모든 컬럼을 같이 저장하기 때문에 적용할 수 있는 압축 방식이 제한적이다. 예를 들어 id 컬럼은 숫자고 name은 문자열인데 숫자 123과 이름 "홍길동"을 효과적으로 압축할 수 있는 알고리즘은 드물고 압축률도 상당히 낮을 것이다. 반면 컬럼 기반 스토리지는 컬럼 값을 블록 내 같은 위치에 저장하기 때문에 블록에 적용할 수 있는 압축 방식이 많아지고 압축률도 상당히 높아진다. 간단한 예를 들어 name 컬럼에 "홍길홍길동"과 "홍길홍길용"이 있다면 "홍길홍길"을 블록 인덱스 헤더에 예약어 "1"로 저장하고 실제 데이터는 "1동", "1용"으로 저장하면 데이터 크기는 30바이트에서 8바이트로 줄어든다(유니코드 기준 한글 한 글자당 3바이트). 물론 데이터 크기가 커지고 데이터에 패턴이 많아질수록 압축률은 더욱 높아진다. 데이터 타입마다 가장 효율적인 압축 방식이 달라지기 때문에 레드시프트는 사용자가 컬럼의 압축 방식을 직접 지정하게 한다. 자세한 압축 방식은 3장, '데이터 최적화'에서 설명할 계획이다.

소트키 정렬

데이터 블록의 데이터는 테이블에 정의된 소트키를 기준으로 정렬되어 저장된다. 소트키는 테이블의 컬럼 중 하나를 선택하고 노드 단위로 정렬한다. 고객 테이블을 다시 예로 들어보자.

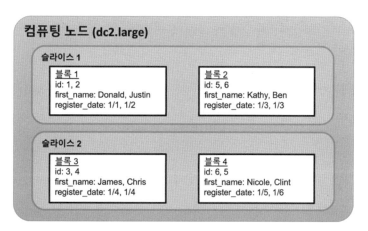

그림 2-27 소트키 정렬

등록 일자(register_date)와 ID 순으로 소트키를 설정하면 사용자 이름과는 상관없이 등록 일자를 기준으로 우선 정렬한 다음 ID 컬럼으로 정렬한다. 이렇게 블록 단위가 아닌 노드 단위로 정렬을 하는 이유는 소트키를 이용한 데이터 검색 성능을 높이기 위함이다. 쿼리에서 1/3 ~ 1/4일 등록한 고객을 검색하는 경우 2번과 3번 블록만 조회하면 된다. 그림 2-27에서는 4개의 블록만 보이지만 실제로는 수 천에서 수 만개의 블록이 생성될 것이다. 이렇듯 소트키는 클러스터가 관리하는 블록 중 쿼리에서 필요한 블록만 조회하는 이점을 가져다 준다. 소트키, 데이터 검색의 자세한 내용은 3장, '데이터 최적화' '소트키'에서 설명한다.

2.5 정리

2장에서 클러스터를 생성하고 클러스터에 접속하는 다양한 방법을 학습했다. 추가로 레드시프트 아키텍처까지 살펴봤다. 모든 데이터베이스 제품에는 활용 용도와 목적이 있고 레드시프트 하나로 모든 데이터 플랫폼을 구성할 수는 없다. 레드시프트를 본격적으로 활용하기 전에 독자가 필요로 하는 데이터베이스 혹은 데이터 웨어하우스 솔루션이 레드시프트와 일치하는지 2장에서 다룬 내용을 바탕으로 잠시 생각해 보자. 3장, '데이터 최적화'에서는 직접 테이블을 생성하고 데이터를 적재하는 실습으로 레드시프트의 데이터 분산, 데이터 압축, 소트키, 데이터 검색 방식을 직접 경험해 보자.

3

데이터 최적화

2장, '레드시프트 시작하기'에서 생성한 클러스터와 학습 내용을 토대로 실습 테이블을 생성하고 데이터를 적재해 보자. 레드시프트는 테이블과 데이터 디자인에 따라 쿼리 성능에 큰 차이를 보이므로 3장에서는 레드시프트에 적재하는 데이터를 최적화해서 쿼리 성능을 높이는 베스트 프랙티스에 초점을 맞췄다.

3.1 실습 데이터 적재

실습에는 **서울 열린 데이터 광장** 홈페이지(http://data.seoul.go.kr)의 서울특별시 공공자전거 이용 정보와 서울특별시 공공자전거 대여소 정보 데이터를 활용했다. 데이터를 S3에 업로드하고 레드시프트에 적재하는 방법을 알아보자.

데이터는 서울 열린 데이터 광장 홈페이지에서 다운로드할 수 있으며, 혹시 데이터가 없으면 저자가 생성한 GitHub 리포지토리에서 **Download** 버튼을 클릭해 다운로드할 수 있다.

서울 열린 데이터 광장 데이터 경로:

http://data.seoul.go.kr/dataList/datasetView.do?infId=OA-15493&srvType=A&serviceKind=1&currentPageNo=1

GitHub 리포지토리 경로:

https://github.com/learn-redshift/sample-data

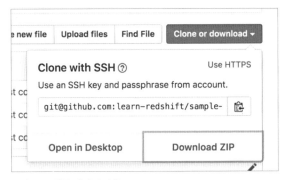

그림 3-1 샘플 데이터 다운로드

seoul_public_bicycle_rental_place_info

서울특별시 공공자전거 대여소 정보가 담겨 있다.

```
연번,구분,대여소ID,대여소번호,대여소명,거치대수,위도,경도
1,강남구,ST-799,2315,2315. 봉은사역 5번출구 옆,10,37.514248,127.061119
2,강남구,ST-1174,2365,2365. K+ 타워 앞,15,37.5233,127.038475
3,강남구,ST-796,2313,2313. 금원빌딩 앞,10,37.525116,127.052467
4,강남구,ST-961,2347,2347. 두산건설 본사,15,37.518639,127.0354
5,강남구,ST-1171,2362,2362. 신사동 가로수길 입구,10,37.517635,127.022453
6,강남구,ST-793,2308,2308. 압구정파출소 앞,14,37.529301,127.035599
```

seoul_public_bicycle_usage

2017년도 시간대별 서울특별시 공공자전거 이용 정보가 담겨 있다.

```
대여일자,대여시간,대여소번호,대여소,대여구분코드,성별,연령대코드,이용건수,운동량,탄소량,이동거리(M),이동시간(분)
'2017-11-01','00','337',' 창경궁 입구','정기','F','~10대',1,10.04,0.09,390,3
'2017-11-01','00','354',' 포르투갈 대사관 앞','정기','F','~10대',1,28.22,0.22,950,4
'2017-11-01','00','109',' 제일빌딩 앞','정기','F','20대',1,10.02,0.11,460,4
'2017-11-01','00','514',' 성수사거리 버스정류장 앞','정기','F','20대',3,122.37,1.24,5360,34
'2017-11-01','00','327',' 낙원상가 옆','정기','F','20대',1,48.23,0.4,1740,16
'2017-11-01','00','341',' 혜화역 3번출구 뒤','정기','F','20대',1,21.42,0.24,1040,4
```

AWS 웹 콘솔에 로그인해 S3 웹 콘솔에서 S3 버킷을 생성하고, 다운로드한 파일을 업로드하자. 저자는 s3://s3-learn-redshift 버킷을 생성했다. 버킷 이름은 S3 서비스의 모든 버킷에서 고유해야 하므로 독자는 다른 버킷 이름으로 생성해야 한다. S3 웹 콘솔을 사용해 다음과 같이 파일을 업로드하자.

- s3://s3-learn-redshift/seoul_public_bicycle_rental_place_info/20181129.csv

- s3://s3-learn-redshift/seoul_public_bicycle_usage/2017_1.csv

- s3://s3-learn-redshift/seoul_public_bicycle_usage/2017_2.csv

- s3://s3-learn-redshift/seoul_public_bicycle_usage/2017_3.csv

- s3://s3-learn-redshift/seoul_public_bicycle_usage/2017_4.csv

- s3://s3-learn-redshift/seoul_public_bicycle_usage/2017_5.csv

- s3://s3-learn-redshift/seoul_public_bicycle_usage/2017_6.csv

데이터 업로드가 완료되면 레드시프트 클러스터에 "data" 스키마를 생성하고 CREATE TABLE 쿼리로 테이블을 생성하자. 테이블 명, 컬럼 명을 선정하고 적재될 데이터 유형을 고려해 아래와 같은 DDL을 작성한다.

```
/* 스키마 생성 */
CREATE SCHEMA data;

/* 서울특별시 공공자전거 대여소 정보 테이블 생성 */
CREATE TABLE data.seoul_public_bicycle_rental_place_info (
    idx BIGINT,
    district VARCHAR(30),
    rental_place_id VARCHAR(30),
    rental_place_num VARCHAR(30),
    rental_place_name VARCHAR(300),
    bicycle_cnt BIGINT,
    latitude NUMERIC(10,6),
    longitude NUMERIC(10,6)
) DISTSTYLE KEY
DISTKEY ( rental_place_num )
SORTKEY ( idx );
```

```
/* 서울특별시 공공자전거 이용정보(시간대별) 테이블 생성 */
CREATE TABLE data.seoul_public_bicycle_usage (
    date VARCHAR(10),
    hour VARCHAR (2),
    rental_place_num VARCHAR (30),
    rental_place_name VARCHAR (300),
    rental_category_code VARCHAR (20),
    gender VARCHAR (2),
    age_code VARCHAR (6),
    usage_count INT,
    momentum NUMERIC(10,2),
    carbon_emmision NUMERIC (10,2),
    travel_distance_meter BIGINT,
    travel_time_min BIGINT
) DISTSTYLE KEY
DISTKEY ( rental_place_num )
SORTKEY ( date );
```

스키마와 테이블이 성공적으로 생성됐다면 COPY 쿼리를 사용해 각 테이블에 데이터를 적재할 차례이다. COPY 쿼리를 실행할 때는 CREDENTIALS 파라미터로 데이터 접근에 필요한 인증을 해야 한다. 실습에서는 AWS 루트^{Root} 사용자 계정의 액세스 키 ID와 시크릿 액세스 키를 사용해 인증하겠다. AWS 계정 루트 사용자의 액세스 키 ID와 시크릿 액세스 키를 확인하기 위해서는 AWS 웹 콘솔 우측 상단의 계정 이름을 클릭하고 **내 보안 자격 증명**을 클릭한다.

그림 3-2 내 보안 자격 증명

아래 화면에서 **액세스 키 탭, 새 액세스 키 만들기** 버튼, **키 파일 다운로드** 버튼을 순서대로 클릭하면 AWS 액세스 키 ID와 시크릿 액세스 키가 담겨있는 텍스트 형식의 키 파일을 다운로드할 수 있다.

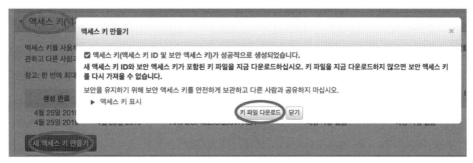

그림 3-3 키 파일 다운로드

 실습에는 AWS 계정 루트 사용자의 AWS 액세스 키 ID(Access key ID)와 시크릿 액세스 키(Secret access key)를 사용하지만 프로덕션 환경에서 루트 사용자의 액세스 키 ID와 시크릿 액세스 키를 사용하면 안된다. 키가 외부에 노출되면 계정의 모든 권한과 데이터가 노출돼 외부 침입자가 사용자 계정으로 서비스를 무분별하게 사용하거나 데이터를 훔쳐볼 수 있다. 프로덕션 환경에서는 서비스나 프로젝트 단위로 IAM 사용자(User)를 생성하고 IAM 사용자의 액세스/시크릿 키로 인증하거나 서비스 권한이 제한된 IAM 역할 인증 방식을 사용하자.

AWS 액세스 키 ID와 시크릿 액세스 키를 COPY 쿼리에 입력하고 쿼리를 실행해 보자.

```
COPY data.seoul_public_bicycle_rental_place_info
FROM 's3://s3-learn-redshift/seoul_public_bicycle_rental_place_info/'
CREDENTIALS 'aws_access_key_id=<액세스키>;aws_secret_access_key=<시크릿키>'
FORMAT
DELIMITER ','
NULL AS ''
IGNOREHEADER 1
REMOVEQUOTES;

COPY data.seoul_public_bicycle_usage
FROM 's3://s3-learn-redshift/seoul_public_bicycle_usage/'
CREDENTIALS 'aws_access_key_id=<액세스키>;aws_secret_access_key=<시크릿키>'
```

```
FORMAT
DELIMITER ','
NULL AS ''
IGNOREHEADER 1
REMOVEQUOTES;
```

COPY 쿼리가 성공적으로 실행됐으면 샘플 데이터가 준비됐을 것이다. 실습을 통해 실행한 CREATE TABLE 쿼리를 자세히 살펴보자. COPY 쿼리는 3장, '데이터 최적화' '데이터 적재와 추출'에서 살펴볼 계획이다.

3.2 테이블 생성

AWS 레드시프트 문서에는 모든 테이블 생성 문법과 파라미터를 설명한다. 다양한 사용자 요구사항과 표준 SQL과의 호환을 지원하려다 보니 부수적인 문법과 파라미터가 나열됐다. 이 책에서는 실습을 통해 자주 사용되는 파라미터만 추려내 정리했다.

CREATE TABLE

가장 기본적이고 자주 사용하는 방법으로 새로운 테이블을 만들 때 사용한다. 테이블 이름, 컬럼 명과 컬럼 타입, 기타 테이블 속성을 설정할 수 있다.

```
CREATE TABLE <테이블 명> (
   [컬럼 정의]
)
[테이블 속성];
```

 노트　코드 블록에서 중괄호 [ ]는 선택적인 문법을, 화살괄호 〈 〉는 필수 문법을 의미한다.

74

[컬럼 정의] 블록은 〈컬럼 명〉 〈컬럼 자료형〉 [컬럼 속성]으로 정의한다. 컬럼에는 다음과 같은 속성을 부여할 수 있다.

- DEFAULT
- IDENTITY
- ENCODE
- DISTKEY
- SORTKEY
- NOT NULL
- UNIQUE
- PRIMARY KEY
- REFERENCES

참고로 UNIQUE, PRIMARY KEY, REFERENCE 제약 속성은 레드시프트 카탈로그에 저장될 뿐 실제로 테이블에 제약을 적용하거나 강요하진 않는다. 주로 데이터베이스 사용자에게 테이블 속성 공유 용도로 사용하거나 4장, '쿼리 최적화'에서 살펴볼 쿼리 플래닝 단계에서 참고하므로 가능하면 제약 속성을 부여하는 게 좋다.

[테이블 속성] 블록은 다음과 같은 속성을 부여할 수 있다.

- BACKUP
- DISTSTYLE
- DISTKEY
- SORTKEY

〈컬럼 자료형〉과 분산키 소트키의 자세한 설명은 3장, '데이터 최적화'의 '데이터 자료형', '데이터 분산', '소트키'를 참고하자.

BACKUP

BACKUP 파라미터로 레드시프트 스냅샷에 테이블의 포함 여부를 설정할 수 있다. 자동 스냅샷과 수동 스냅샷에 모두 적용되며, 기본 설정은 YES로 스냅샷에 포함된다.

```
CREATE TABLE <테이블 명> ( … )
BACKUP [YES | NO]
```

테이블 백업 옵션은 프로덕션 테이블에만 사용하고 임시, 스테이징, 개발용 테이블에는 NO를 설정하여 스냅샷 크기를 줄일 수 있다. S3에 저장되는 스냅샷 크기가 줄어들기 때문에 스냅샷을 이용한 클러스터 복원 시간과 S3 비용이 줄어든다. 2016년 4월 BACKUP 파라미터가 공개되기 전에는 클러스터의 모든 테이블을 스냅샷에 포함했다. 스냅샷은 클러스터 백업 용도 뿐만 아니라, 클러스터 노드 추가, 일래스틱 리사이즈, 컨커런시 스케일링에도 사용되기 때문에 BACKUP 파라미터를 최대한 적용하는 게 중요하다. 자세한 레드시프트 스냅샷 설명은 5장, '클러스터 최적화'를 참고하자.

CREATE TABLE AS

CREATE TABLE AS[CTAS] 쿼리를 사용해 SELECT 쿼리의 결과로 새로운 테이블을 만들수 있다. 새로 생성되는 테이블의 컬럼 명과 컬럼 타입은 원본 테이블의 속성을 그대로유지한다.

```
CREATE TABLE AS <테이블 명>
SELECT … FROM … ;
```

CTAS에는 다음과 같은 제약이 있다.

- 원본 테이블로부터 제약 조건, IDENTITY 컬럼, DEFAULT, PRIMARY KEY 속성을 상속받지 않는다.
- 컬럼 인코딩(압축 방식)을 사용자가 직접 지정할 수 없고, 레드시프트가 다음과 같은 조건으로 자동 설정한다.

- 정렬 키로 정의된 컬럼은 RAW 인코딩으로 설정
- BOOLEAN과 REAL, DOUBLE PRECISION 컬럼은 RAW 인코딩으로 설정
- 그 밖에 모든 컬럼은 LZO 인코딩으로 설정

CREATE TABLE LIKE

데이터를 복사하지 않고 테이블 구조만 복제해 새로운 테이블을 만든다.

```
CREATE TABLE <테이블 명> LIKE <원본 테이블 명>;
```

CREATE TEMP TABLE

임시(TEMP) 테이블은 접속 중인 세션 내에만 존재하는 테이블로 세션이 끝나면 자동으로 삭제된다.

```
CREATE TEMP TABLE <테이블 명> (
    [컬럼 정의]
)
[테이블 속성];
```

CREATE TABLE IF NOT EXISTS

테이블이 존재하지 않을 때만 새로운 테이블을 생성한다.

```
CREATE TABLE IF NOT EXISTS <테이블 명> (
    [컬럼 정의]
)
[테이블 속성];
```

테이블 생성 제약 사항

레드시프트 테이블을 생성할 때 다음 제약 사항이 있다.

- 최대 테이블 수는 노드 유형에 따라 다른데 large 또는 xlarge면 9,900개, 8xlarge일 때는 최대 20,000개까지 생성 가능하다. 한도에 뷰는 포함되지 않으며 사용자가 생성하는 임시 테이블 뿐 아니라 레드시프트가 관리하는 시스템 테이블도 포함된다. 레드시프트 테이블 수가 10,000개를 넘어가면 테이블과 스키마 디자인에 이상이 없는지 검토해 볼 필요가 있다. 만약 이상이 없다면 클러스터를 분리해 관리하는 것도 좋은 대안이 될 수 있다.

- 임시 테이블은 일반 테이블과 같은 이름으로 생성 가능한데, 이름이 같으면 사용자가 테이블을 잘못 구분하는 실수가 발생할 수 있다. 저자는 구분을 위해 일반 테이블을 참조할 때는 항상 스키마 명을 명시하거나, 임시 테이블 이름에 항상 temp_ 접두사를 붙여 생성한다.

- 컬럼과 테이블 이름은 최대 127바이트 길이 즉 영문 127글자까지 가능하다. 컬럼/테이블 명이 127바이트를 넘어가면 절삭된 이름으로 생성된다.

- 테이블 명에 UTF-8 문자를 사용하여 한글 이름이나 !@#$%^&*()_+ 같은 특수 문자를 사용할 수 있지만 테이블 관리에 골칫덩어리가 될 수 있으므로 테이블과 컬럼 명은 최대한 영문 소문자와 밑줄(_)의 조합으로 작성하는 게 좋다.

- 테이블은 최대 1,600개의 컬럼을 가질 수 있다.

3.3 컬럼

레드시프트는 컬럼 기반 구조를 지원하는 만큼 정확하고 최적화된 컬럼 정의를 작성하는 게 중요하다. 레드시프트에서 지원하는 컬럼 자료형과 인코딩을 연구해 보자.

데이터 자료형

데이터베이스 경험이 있는 독자는 이미 INT, VARCHAR 등의 데이터 자료형에 익숙할 것이다. 레드시프트 자료형도 크게 다르지 않지만 작은 차이점이 있으므로 주의하면서 다시 복습해 보자.

실수 자료형

실수형 데이터는 수치를 저장하는 자료형이다. 아래에 설명되는 정수, 실수, 고정 소수점, 부동 소수점 자료형이 실수형 데이터에 속한다.

정수 자료형

인티저INTEGER 타입은 정수를 저장하는 자료형이다. 데이터 크기에 따라 SMALLINT, INT, BIGINT로 나뉜다.

자료형	에일리어스	데이터 크기	데이터 범위
SMALLINT	INT2	2 바이트	−32768 ~ +32767
INTEGER	INT, INT4	4 바이트	−2147483648 ~ +2147483647
BIGINT	INT8	8 바이트	−9223372036854775808 ~ 9223372036854775807

> 팁
>
> 컬럼의 크기는 사용자가 정하지만 실제 필요한 데이터 크기보다 크게 정하면 쿼리 실행 성능을 저하시킬 수 있다. 데이터 최솟값과 최대값을 미리 분석해 필요한 크기의 타입을 사용하자.

고정 소수점 자료형

고정 소수점Fixed-point은 사용자 정의 소수점 저장에 사용된다. 사용자가 정의한 위치에 소수점이 고정된다는 의미의 고정 소수점이다. 고정 소수점에는 DECIMAL과 NUMERIC이 있지만 사실 두 자료형 사이에 차이점은 없다. 저자는 NUMERIC이 수학적으로 더 큰 범주의 **숫자**를 의미하므로 DECIMAL 사용을 선호한다.

자료형	에일리어스	데이터 크기	데이터 범위
DECIMAL(Precision, Scale)	NUMERIC	가변적 크기 최소 0바이트, 최대 16바이트 차지	가변적 범위 최소치 −2127 −1~ 2127 (최대 38 자리 수)

고정 소수점의 특징은 표현 가능한 최대 자릿수가 소수점을 포함한 38자이고 정수와 소수점의 자릿수를 사용자가 정할 수 있다는 것이다. 프리시전Precision은 정수와 소수점 전체 자릿수, 스케일Scale은 소수점 자릿수를 의미한다. 예를 들어 DECIMAL(10,5)은 -99999.99999 ~ 99999.99999의 숫자를 표현한다. 고정 소수점은 최대 128 비트를 사용하므로 최대 16바이트를 차지하고 데이터 범위는 부호 비트를 제외한 $-2^{127} -1$ ~ 2^{127}까지 표현할 수 있다. 정수는 38자리와 소수점은 37자리까지 표현 가능하다. 물론 프리시전과 스케일 설정에 따라 표현할 수 있는 데이터 범위가 달라지기 때문에, DECIMAL 컬럼의 최소값과 최대값을 미리 분석해서 조정해야 한다.

부동 소수점 자료형

정확한 소수점 크기와 자릿수를 미리 분석하기 힘든 경우 부동 소수점Floating-point을 사용할 수 있다. 지수부 값에 따라 소수점 위치가 변한다는 의미의 부동 소수점이다.

자료형	에일리어스	데이터 크기	데이터 범위
REAL	FLOAT4	4 바이트	6 자리 지수부
DOUBLE PRECISION	FLOAT, FLOAT8	8 바이트	15자리 지수부

부동 소수점은 실제 데이터 값을 저장하기보다는 정규화된 식(1.{가수부} * $2^{[지수부]}$)으로 저장하는 방식이다(예: 1.111 * 2^6).

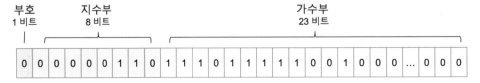

그림 3-4 부동 소수점 자료형, 지수부 8비트 가수부 23비트는 IEEE-754 표준이다

숫자 123.456은 먼저 2진수인 1111011.111001000으로 바뀌고 이는 1.111011111001000 * 26의 정규화 식으로 변경된다. 부호 비트는 0 지수부는 6 (00000110) 가수부는 (111011111001000)로 저장된다.

주의할 점은 최하위 소수점 숫자(우측 가장 끝 숫자) 몇 자리는 정확하지 않게 저장될 수 있다는 것이다. 123.456을 REAL과 DOUBLE로 저장했을 때 차이를 확인해 보자.

```
CREATE TEMP TABLE test_3_2 (
  a REAL,
  b DOUBLE PRECISION
);

INSERT INTO test_3_2 VALUES(123.456, 123.456);

SELECT * FROM test_3_2;
> 123.45600128173828, 123.456
```

작은 차이처럼 보이지만 컬럼 전체 합을 구하는 등의 집계 쿼리가 사용되면 차이는 커질 수 있다. 고정 소수점 자료형은 주로 최하위 소수점 숫자의 정밀도가 중요할 때 사용된다. 상품 가격, 주식 정보와 같이 중요한 지표에도 반드시 사용된다. 반면 통계치, 비교치, 스코어 같이 세밀한 정밀도를 요구하진 않지만 표현 범위가 넓으며 데이터 크기가 작고 연산이 빠른 자료형이 필요하다면 부동 소수점 자료형이 유리하다.

문자 자료형

문자를 저장하는 자료형에는 CHAR와 VARCHAR가 있다.

자료형	에일리어스	데이터 크기	최대 데이터 크기
CHAR(bytes)	CHARACTER, NCHAR	문자 길이 만큼의 바이트	4,096 바이트
VARCHAR(bytes)	CHARACTER VARYING, NVARCHAR	4 바이트 + 문자열 크기	65,535 바이트

CHAR

CHAR 자료형은 일정한 길이의 짧은 문자열 저장에 사용된다. 다만 한글이나 한자와 같은 멀티 바이트 문자는 지원하지 않고 싱글 바이트 문자만 저장 가능하다. Bytes 매개변수를 지정하지 않으면 컬럼 크기는 1 바이트로 자동 설정된다.

CHAR 자료형의 최대 크기는 4,096 바이트까지 지원하는데 생각보다 크다. CHAR 자료형이 4,096 바이트까지 지원하면 VARCHAR 자료형이 필요한지 의문을 가질 수 있다. CHAR 자료형의 단점은 한글과 한자 같은 멀티 바이트 문자를 지원하지 않고, 컬럼의 모든 값이 항상 같은 길이로 저장된다는 것이다. 예를 들어 CHAR(10)는 저장되는 문자열 크기와 상관없이 모두 10바이트로 저장된다. 문자열 값의 남은 공간은 공백("")으로 채워지는데, 실제 데이터를 조회해 보면 "abc" 대신 "abc   "이 반환되는 것을 볼 수 있다. CHAR는 Y/N, 국가코드(KOR, CHN, JPN, USA)와 같이 일정한 길이의 짧은 문자열에 효과적이다.

VARCHAR

VARCHAR는 문자열 길이가 바뀌는 문자열 저장에 사용된다. VARYING CHARACTER의 줄임말로 문자열 길이만큼 디스크 영역을 차지한다는 의미로 볼 수 있다. 문자열 크기에 따라 1바이트에서 4바이트의 디스크 공간을 차지한다. 한글이나 한자는 3바이트를 차지한다. VARCHAR 컬럼이 한글을 포함하면 한글 문자열 최대 길이의 3배 값을 컬럼 크기로 정해야 한다. 예를 들어 문자열 최대 길이가 한글 10글자라면 VARCHAR(30)이 된다. 적재하려는 문자열 값이 컬럼 크기보다 크면 다음과 같은 적재 에러가 발생한다.

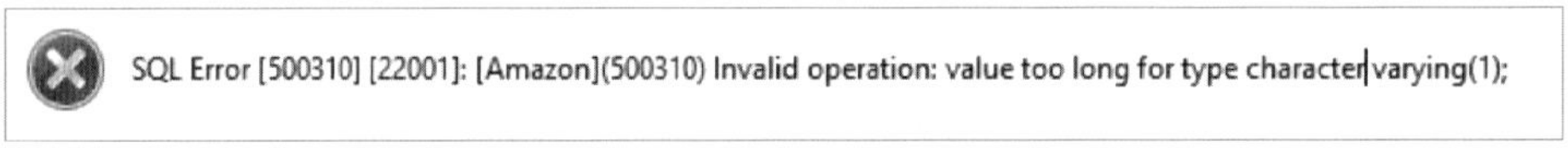

SQL Error [500310] [22001]: [Amazon](500310) Invalid operation: value too long for type character varying(1);

그림 3-5 VARCHAR 데이터 적재 에러 화면

VARCHAR는 CHAR 타입과 같이 공백으로 저장 공간을 낭비하지 않으므로 컬럼 크기를 예상하는 크기보다 여유있게 설정해도 좋다. Bytes 매개변수를 지정하지 않으면 기본값 256 바이트를 사용한다.

컬럼 크기로 bytes 매개변수 대신 CHAR(max), VARCHAR(max)와 같이 max 키워드를 사용할 수 있다. 자료형이 지원하는 최대 크기로 정하는 기능이지만, 문자열 컬럼의 크기를 불필요하게 크게 정하거나 max 값으로 정하는 것은 좋지 않다. 레드시프트에서 JOIN과 서브쿼리, 윈도우 함수 같은 복잡한 쿼리를 처리하다 보면 중간 값을 필요에 따라 임시 테이블에 저장하는데, 임시 테이블에 데이터를 저장할 때는 빠른 연산을 위해 모든 컬럼을 압축 없이 저장한다. 이는 디스크 공간과 메모리 공간에 모두 치명적일 수 있다. 데이터를 담고있는 메모리가 모두 소진되면 중간 값을 디스크에 저장(Spill)하기 시작하는데 이 역시 쿼리 성능에 매우 치명적이다. 저자는 VARCAHR 컬럼을 생성할 때 예상하는 최대 문자열 크기의 120% 크기로 설정한다.

대용량 텍스트Large Text를 반드시 저장해야 하는 경우가 종종 발생한다. 소설, 상품 설명, 이메일, 예측 모델, JSON, HTML 코드의 경우 65,535 바이트를 쉽게 넘어갈 수 있는데, 대용량 텍스트를 저장하는 데는 다음 해결책이 있다.

대용량 텍스트 저장 방법 #1
상품 설명과 같이 모든 텍스트가 필요하지 않은 경우, COPY 쿼리의 TRUNCATE COLUMNS 파라미터를 사용하거나 INSERT 쿼리에 TRIM() 함수를 이용해 컬럼 크기보다 긴 문자열은 삭제하고 저장할 수 있다.

대용량 텍스트 저장 방법 #2
예측 모델, 코드, 퍼블릭 키와 같이 문자 하나만 달라져도 데이터 정합성 문제가 발생한다면 텍스트를 S3 같은 외부 스토리지에 파일로 저장하고 컬럼에 s3://s3-learn-redshift/data.json 형식의 S3 주소를 저장할 수 있다. 사용자나 애플리케이션은 컬럼에 저장된 파일 주소를 사용해 S3에서 파일을 읽어올 수 있다.

대용량 문자열 저장 방법 #3
앞서 설명한 두 방식 모두 적용할 수 없다면, 데이터를 그대로 저장하되 아래에 설명하는 LZO 인코딩을 적용하고, 조인 또는 집계 쿼리를 실행할 때 대용량 텍스트 컬럼을 제외할 수 있다. 하지만 여전히 대용량 텍스트 컬럼에서 불필요하게 스토리지를 점유하는 문제와 데이터가 노드에 불균형하게 저장되는 데이터 스큐[1]가 발생할 수 있다.

 주의 레드시프트에서 빈 문자('')와 공백(' ') 문자는 같은 문자로 본다. 컬럼에서 빈 값을 검색하면 공백이 포함된 데이터까지 조회된다.

```
SELECT '' = ' ';
> False

CREATE TABLE space_test (
  a varchar(10)
);

INSERT INTO space_test VALUES(' ');

SELECT count(1) FROM space_test WHERE a = '';
> 1
```

빈 문자와 공백 문자를 직접 비교하면 다르다고 나오지만, 빈 문자를 테이블에 저장하고 공백 문자를 조회해 보니 카운트가 1이 나왔다. 반대로 빈 문자를 입력하고 공백 문자를 조회해 봐도 똑같은 결과가 나온다.

데이터를 마스킹[2]할 때 공백 문자를 자주 사용하는데, 이는 사용자 실수를 유발할 수 있다.

문자 자료형 에일리어스

레드시프트는 기타 데이터베이스 또는 ANSI SQL과의 쿼리 호환을 위해 다양한 자료형 에일리어스를 지원한다. 다만 레드시프트의 일부 에일리어스는 사용자가 예상하지 못한 자료형으로 변경하는 경우가 있다. 기타 데이터베이스에서 레드시프트로 이관하는 경우 다음 에일리어스를 사용하고 있다면 추가 확인이 필요하다.

에일리어스	변경되는 레드시프트 자료형	설명
BPCHAR	CHAR(256)	BLANK PADDED CHAR의 약자로 CHAR와 같이 공백 메꿈을 하지만, 레드시프트는 BPCHAR 크기와 상관없이 항상 CHAR(256)으로 저장한다.

---

1   데이터 스큐(Data Skew): 데이터가 다른 노드들에 비해 한쪽 노드에 치우치는 현상을 말한다.

2   마스킹(Masking): 중요 데이터를 사용자가 알아볼 수 없도록 의미 없는 값이나 원복이 가능한 암호화된 값으로 변경하는 절차.

TEXT	VARCHAR(256)	TEXT는 MySQL에서는 64KB, Oracle에서는 4KB 크기로 저장되지만 레드시프트는 VARCHAR(256)으로 변경한다. 위에서 설명한 대용량 텍스트 컬럼의 문제를 해결하기 위함으로 보이는데, 사용자 주의가 필요하다.
NCHAR(bytes)	CHAR(bytes)	NATIONAL (VARYING) CHAR의 약자로 SQLServer 또는 DB2에서 볼 수 있다. NCHAR, NVARCHAR는 한글을 저장하기 위해 2바이트(UTF16)를 차지하나 레드시프트에선 3바이트(UTF8)를 차지한다. 레드시프트 컬럼 크기는 NCHAR / NVARCHAR 컬럼 크기의 3/2 이상으로 설정해야 한다.
NVARCHAR(bytes)	VARCHAR(bytes)	Bytes 매개변수가 없으면 NCHAR는 CHAR(1), NVARCHAR는 VARCHAR(256)으로 자동 변환된다.

날짜와 시간 자료형

자료형	에일리어스	데이터 크기	시간 단위
DATE	–	4 바이트	날짜
TIMESTAMP	TIMESTAMP WITHOUT TIME ZONE	8 바이트	마이크로 초
TIMESTAMPTZ	TIMESTAMP WITH TIME ZONE	8 바이트	마이크로 초

- **DATE** 자료형은 날짜만 저장해 TIMESTAMP보다 4바이트 적은 디스크 공간을 차지한다.

- **TIMESTAMP** 자료형은 날짜와 마이크로 초 단위의 시간을 타임 존 정보 없이 저장한다. 사용자가 입력한 값을 변형 없이 저장하고 조회할 때도 타임 존 정보 없이 입력한 값 그대로 반환한다.

- **TIMESTAMPTZ**는 TIMESTAMP와 같이 날짜와 마이크로 초 단위의 시간을 저장하되 추가로 타임 존 정보를 포함한다. 사용자가 시간과 타임 존을 함께 제공하면 해당 시간을 UTC로 변경해 저장하고, 조회할 때는 사용자 세션 타임 존으로 변경돼 반환된다. 입력 데이터에 타임 존을 제공하지 않으면 사용자 세션 타임 존을 사용한다.

날짜와 시간 자료형이 동작하는 방식을 이해하기 위해 다음 쿼리를 실행해 보자.

```
/* 실습에 사용할 테이블을 생성한다 */
CREATE SCHEMA learn;
CREATE TABLE learn.timezone_test(
    pk INT,
    "date" DATE,
    "timestamp" TIMESTAMP,
    "timestamptz" TIMESTAMPTZ
);

/* 타임 존을 서울로 설정하고 데이터를 입력한다 */
SET timezone to 'Asia/Seoul';
INSERT INTO learn.timezone_test VALUES
(1, '2000-01-02', '2000-01-02 00:00:00', '2000-01-02 00:00:00'),
(2, '2000-01-02 KST', '2000-01-02 00:00:00 KST', '2000-01-02 00:00:00 KST'),
(3, '2000-01-02 PST', '2000-01-02 00:00:00 PST', '2000-01-02 00:00:00 PST');

/* 타임 존을 서울로 설정하고 데이터를 조회한다 */
SET timezone to 'Asia/Seoul';
SELECT * FROM learn.timezone_test;
pk|date      |timestamp                 |timestamptz
--|----------|--------------------------|----------------------
 1|2000-01-02|2000-01-02 00:00:00.000000|2000-01-02 00:00:00+09
 2|2000-01-02|2000-01-02 00:00:00.000000|2000-01-02 00:00:00+09
 3|2000-01-02|2000-01-02 00:00:00.000000|2000-01-02 17:00:00+09

/* 타임 존을 PST로 설정하고 데이터를 조회한다 */
SET timezone to PST8;
SELECT * FROM learn.timezone_test;
pk|date      |timestamp                 |timestamptz
--|----------|--------------------------|----------------------
 1|2000-01-02|2000-01-02 00:00:00.000000|2000-01-01 07:00:00-08
 2|2000-01-02|2000-01-02 00:00:00.000000|2000-01-01 07:00:00-08
 3|2000-01-02|2000-01-02 00:00:00.000000|2000-01-02 00:00:00-08
```

실습 데이터를 입력할 때는 똑같은 시간을 다양한 타임 존으로 입력했다. DATE와 TIMESTAMP 컬럼은 모든 결과에서 같은 값으로 출력됐다. TIMESTAMPTZ 컬럼을 살펴보자. 첫 번째 조회 쿼리에선 세션 타임 존을 서울로 설정했고 1번과 2번 로우의 값은 입력한 그대로 출력됐다. 3번 로우의 경우 PST(GMT-08) 시간이 서울 시간(GMT-

09)으로 변경돼 출력됐다. 두 번째 조회 쿼리에선 세션 타임 존이 PST로 설정됐고 1번 과 2번 로우의 경우 서울 시간이 PST 시간으로 변경되고 3번 로우는 입력한 값 그대로 출력됐다. 이렇듯 TIMESTAMPTZ 컬럼을 사용할 경우에는 사용자 세션 타임 존 설정 이 매우 중요하다. 저자는 모든 사용자 세션의 기본 타임 존을 Asia/Seoul로 설정한다. 기본 타임 존은 파라미터 그룹, 사용자 설정, 세션 설정으로 변경 가능하다. 파라미터 그룹은 5장에서 학습한다.

다음은 타임 존과 관련된 기타 유용한 쿼리이다.

```
/* 레드시프트에서 지원하는 타임 존 목록 조회 */
SELECT pg_timezone_names();

/* 현재 세션의 타임 존 조회 */
SHOW timezone;

/* master 사용자의 타임 존 설정 조회 */
SELECT * FROM pg_user WHERE usename='master';

/* master 사용자의 타임 존 설정 변경 */
ALTER USER master SET timezone to 'Asia/Seoul';
```

불리언 자료형

자료형	에일리어스	데이터 크기	데이터 범위
BOOLEAN	BOOL	1 바이트	TRUE / FALSE

불리언 타입은 TRUE / FALSE 값을 가진다. 1 바이트의 적은 공간만 차지하기 때문에 Y/N과 같은 바이너리 데이터를 저장할 때 VARCHAR 또는 CHAR 타입 대신 사용하면 효율적이다. TRUE 대신 't', 'T', 'true', 'y', 'yes', '1', 1값을 사용해도 되고, FALSE 대신 'f', 'F', 'false', 'n', 'no', '0', 1 값을 사용해도 된다. 다만 컬럼을 조회할 때는 항상 true, false, NULL 값으로 조회된다.

컬럼 인코딩

레드시프트의 데이터 압축은 컬럼 단위로 적용되며 압축 방식을 컬럼 인코딩^{Encoding}이라 부른다. CREATE TABLE 쿼리로 테이블을 생성하면서 컬럼에 설정할 수 있고 압축률이 좋지 않은 경우 ALTER TABLE 쿼리로 인코딩을 변경할 수 있다. 압축을 하지 않는 RAW 인코딩을 사용할 수 있지만, 클러스터 성능을 높이고 스토리지를 최대한 절약하려면 인코딩을 최대한 활용하는 게 올바르다. 레드시프트 노드 타입을 다시 살펴보면 디스크 용량이 생각보다 크지 않은 것을 볼 수 있다. 특히 DC 노드에 데이터를 적재하다 보면 저장 공간이 금방 소진될 수 있는데, DC 노드의 높은 성능을 활용해 높은 압축률의 인코딩을 적용하면 노드 저장 공간의 4-5배 이상의 데이터를 저장할 수 있다.

컬럼 인코딩을 설정하지 않으면 소트키와 BOOLEAN, REAL, DOUBLE PRECISION 컬럼은 자동으로 RAW 인코딩이 적용되고 나머지 컬럼은 LZO가 사용된다. 컬럼 인코딩에 익숙하지 않으면 기본 인코딩을 유지하는 것도 나쁘지 않지만, 아쉽게도 데이터 패턴은 다양하기 때문에 기본 설정이 항상 옳을 순 없다. 레드시프트에서 지원하는 각 인코딩의 특징을 연구해서 컬럼 유형에 따라 올바른 인코딩을 적용할 수 있도록 하자.

RAW

모든 자료형 지원

RAW는 데이터 압축을 하지 않는다. 그렇다고 RAW 인코딩이 항상 나쁜 건 아니다. 소트키는 쿼리 수행에 자주 사용되므로 RAW 인코딩을 적용해서 쿼리 성능을 높일 수 있다. 패턴이 없는 문자열, Hash Value, Boolean 같은 데이터는 대체적으로 압축률이 매우 낮아 오히려 인코딩과 디코딩 과정에 시스템 자원이 낭비될 수 있다. 이런 경우에도 RAW 인코딩을 사용할 수 있다.

노트

데이터에 패턴과 의미가 없는 정도를 엔트로피(Entropy)라 하며 엔트로피는 수치로 표현 가능하다. 엔트로피가 높을수록 데이터가 지저분해지고 패턴과 의미가 없어져 압축률은 낮아진다. 엔트로피가 낮으면 데이터에 패턴과 의미가 높아져 압축률도 높아진다. 데이터의 엔트로피를 계산하는 연구가 계속 이뤄지고 있으므로 관심있는 독자는 찾아보길 바란다.

BYTEDICT

BOOLEAN 제외 모든 자료형 지원

바이트 딕셔너리^{ByteDict}는 컬럼의 각 데이터 블록마다 256개의 고유 값을 딕셔너리로 관리하고 컬럼은 1바이트 인덱스 값으로 변경한다.

도시	인덱스
서울	0
상하이	1
도쿄	2
시애틀	3
뉴욕	4
런던	5

그림 3-6 바이트 딕셔너리

PK	도시
0	서울
1	상하이
2	도쿄
3	시애틀
4	뉴욕
5	런던

PK	도시
0	0
1	1
2	2
3	3
4	4
5	5

그림 3-7 바이트 딕셔너리 압축 후 테이블

이렇게 바이트 딕셔너리를 사용하면 0 ~ 65,535 바이트의 문자열 대신 1바이트 인덱스 값만 저장하니 문자열 길이가 커질수록 압축률이 높아진다. 다만 딕셔너리는 1MB 크기의 데이터 블록 메타 영역에 저장되니 문자열 길이가 너무 길면 오히려 딕셔너리 크기가 데이터 크기보다 커질 가능성이 있으므로 문자열 크기가 4KB를 넘지 않는 컬럼에 적용하도록 하자. 딕셔너리에 인덱싱되는 문자열을 256개로 제한하는 것도 같은 이유이다. 256개의 문자열이 인덱싱되면 나머지 문자열은 압축 없이 저장된다. CHAR 의 경우 문자열 길이에 상관없이 항상 같은 크기의 디스크 공간을 차지하기 때문에 CHAR에 적용하면 큰 효과를 볼 수 있다. 주소지, 예약어, 카테고리 데이터와 같이 중 복 값이 많은 4KB 이하의 문자열 데이터에 효과적이다.

TEXT255 / TEXT32K

VARCHAR 자료형 지원

TEXT 인코딩은 바이트-딕셔너리 인코딩과 같이 딕셔너리를 이용한 압축 방식이다. TEXT는 데이터 전체를 딕셔너리 인덱스로 변환하지 않고, 텍스트의 일부만 딕셔너리 인덱스로 변경한다. 딕셔너리는 바이트-딕셔너리와 마찬가지로 블록의 메타 영역에 저장된다.

- TEXT255: 데이터 블록에서 발견된 첫 245개의 단어를 딕셔너리로 관리하고 데 이터에 교체되는 인덱스 값은 1바이트만 차지한다.
- TEXT32K: 단어 수에 상관없이 딕셔너리에 관리하는 단어 크기 총 합이 32KB 가 될 때까지 단어를 인덱싱한다. 데이터에 교체되는 인덱스 값은 2 바이트를 차 지한다.

같은 단어가 반복적으로 사용되는 VARCHAR 컬럼은 TEXT255가 효과적이다. 항공 회 사 명(Korean Airline, Asiana Airline, Jeju Airline)과 같이 "Airline"을 인덱싱해서 1바이 트만 차지하게 되면 디스크 공간을 크게 절약할 수 있다. 반면 항공 회사 설명이나 체 크인 절차 설명 같이 텍스트의 길이가 길거나 단어 사용이 불규칙하다면 TEXT32K가 효과적일 수 있다.

DELTA / DELTA32K

SMALLINT, INT, BIGINT, DATE, TIMESTAMP, DECIMAL 자료형 지원

델타 인코딩은 데이터를 저장할 때 바로 이전 행의 데이터 증감치만 1 바이트 크기로 저장하는 방식이다. 증감치가 1바이트 한도를 넘어가면 원본 값을 저장한다. 데이터 변동이 크지 않은 날짜 컬럼이나 값이 일정하게 증가 또는 감소하는 ID 컬럼에 효과적이다.

데이터 원본	디스크에 저장되는 데이터
2018-01-01	2018-01-01
2018-01-01	0
2018-01-31	+30
2019-01-01	2019-01-01
2019-01-02	+1
2019-01-01	-1

그림 3-8 델타 압축 예제

데이터의 델타(차이)가 자주 1 바이트(-127 ~ 127)를 넘어가면 2 바이트(-32K ~ 32K)를 사용하는 DELTA32K를 사용할 수 있다. 수정 날짜, 고객 번호 같이 값이 일정하게 작은 폭으로 변하거나 정렬된 데이터에 효과적이다.

MOSTLY8 / MOSTLY16 / MOSTLY32

MOSTLY8: SMALLINT, INT, BIGINT, DECIMAL 자료형 지원

MOSTLY16: INT, BIGINT, DECIMAL 자료형 지원

MOSTLY32: BIGINT, DECIMAL 자료형 지원

MOSTLY 인코딩은 데이터에 드물게 아웃라이어Outlier가 존재할 때 사용된다. 1에서 127 까지의 상품 코드를 SMALLINT 컬럼으로 관리하고 있는데 누군가 99999 상품 코드를 입력하면, 99999 상품 하나 때문에 SMALLINT를 INT로 변경해야 한다. 이런 경우 컬럼을 INT로 변경하되 인코딩을 MOSTLY8으로 지정하면 1~127 사이의 데이터는 4 바이트 대신 1 바이트로 저장된다.

INT4 원본 값	데이터 크기
1	4 바이트
10	4 바이트
100	4 바이트
127	4 바이트
99998	4 바이트
99999	4 바이트

MOSTLY8 압축	데이터 크기
1	1 바이트
10	1 바이트
100	1 바이트
127	1 바이트
99998	4 바이트
99999	4 바이트

그림 3-9 MOSTLY 압축 예제

그림 3-9와 같이 4바이트를 차지하는 원본 데이터를 −127~127 값은 1바이트로 저장하고 그 범위를 넘어가는 데이터는 압축 없이 4바이트 데이터로 저장한다. 아래 표를 참고해서 **대부분**의 데이터가 속하는 범위의 MOSTLY 압축을 선택하면 된다.

압축 방식	압축된 데이터의 크기	압축 가능한 데이터 범위
MOSTLY8	1 바이트	-128 ~ 127
MOSTLY16	2 바이트	-32768 ~ 32767
MOSTLY32	4 바이트	-2147483648 ~ 2147483647

그림 3-10 MOSTLY 압축 데이터 범위

MOSTLY32의 경우 압축 후 데이터 크기가 4바이트이므로 INT 컬럼에 적용할 필요는 없고 BIGINT / INT8에 적용 가능하다.

MOSTLY는 이름 그대로 데이터 대부분이 특정 범위 안에 포함된다는 가정을 두고 있어, 데이터 분포도가 높으면 RAW 인코딩보다 안 좋은 성능이 발생할 가능성이 있다.

RUNLENGTH

모든 자료형 지원

RUNLENGTH 인코딩은 컬럼에서 반복되는 데이터를 {반복 횟수, 데이터}의 튜플로 줄여서 저장하는 방식이다. "complete" 값이 100번 반복됐다면 8바이트 문자열을 100번 저장하는 대신 반복 횟수 1바이트와 8바이트 문자열을 한 번만 저장하기 때문에 반복되는 값이 많거나 정렬된 컬럼에 사용하면 효과적이다.

원본 데이터	원본 크기 (바이트)	압축된 값 (토큰)	압축 후 크기 (바이트)
Blue	4	{2, Blue}	5
Blue	4		0
Green	5	{3, Green}	6
Green	5		0
Green	5		0
Blue	4	{1, Blue}	5
Yellow	6	{4, Yellow}	7
Yellow	6		0
Yellow	6		0
Yellow	6		0
Totals	51		23

그림 3-11 Runlength 압축 예제

LZO

BOOLEAN, REAL, DOUBLE PRECISION을 제외한 모든 자료형 지원

LZO[3]는 레드시프트 인코딩 중 가장 이해하기 힘들면서도 가장 자주 사용되는 인코딩이다. LZO의 특징을 요약하자면 데이터 압축률보다 인코딩과 디코딩 성능에 초점을

---

3   LZO(Lempel-Ziv-Oberhumer)는 알고리즘 개발자 세 사람의 이름을 따 작명됐다.

둔 알고리즘이다. 특히 디코딩 성능이 인코딩 성능에 비해 4-5배 높아서 한 번 쓰고 여러 번 읽는 W.O.R.M^{Write Once Read Many} 시스템에 자주 사용된다. 상품 설명, 댓글 등의 긴 텍스트이지만 어느 정도 패턴과 반복되는 어구가 있는 (엔트로피가 낮은) 문자열 자료형에 효과적이다.

LZO는 문자열의 시작부터 끝까지 모든 문자를 한 번씩 확인하며 반복되는 연속된 문자열을 〈offset, length, next-char〉 매칭 코드로 변경해 문자열을 압축한다. offset은 변경 대상 문자부터 검색된 문자까지의 거리, length는 검색된 문자부터 매칭되는 문자의 길이, next-char는 매칭되지 않은 마지막 문자를 적는다. 이렇게 변환된 매칭 코드는 디코딩 과정에서 원래 문자열로 복구 가능하다. 압축 과정에는 슬라이딩 윈도우^{Sliding window}를 사용해 매칭 코드를 생성할 때마다 인코딩 할 범위와 검색 범위를 제한한다. 슬라이딩 윈도우는 코드로 변환할 **타깃 버퍼**와 코드 생성에 사용될 **검색 버퍼**로 이뤄진다. 변환이 완료되면 다음 문자로 슬라이딩 윈도우를 옮긴다. LZO 설명에 자주 사용되는 아브라카다브라^{abracadabra} 예제로 살펴보자.

그림 3-12 슬라이딩 윈도우 #1

타깃 윈도우 이전까진 인코딩이 완료됐다고 가정하고, 타깃 버퍼의 첫 번째 문자 d 부터 시작하자. 문자 d는 검색 버퍼에 매칭되는 문자가 없다. 검색에 실패하면 〈0, 0, d〉를 적는다.

그림 3-13 슬라이딩 윈도우 #2

슬라이딩 윈도우를 우측으로 한 칸 옮겨서 a 를 검색한다. 이번엔 a 문자가 세 군데 있지만 첫 번째 a 가 타깃 버퍼와 가장 많은 문자가 매칭되므로 첫 번째 a 로 코드를 생성하여 〈7, 4, b〉를 적는다. 7은 두 a 간 간격, 4는 매칭된 문자 길이, b는 매칭되지 않은 다음 문자다.

그림 3-14 슬라이딩 윈도우 #3

이번에는 한 칸 대신 이전 단계에서 매칭돼 변환된 문자는 건너뛰고 마지막 a 문자를 변환한다. ab 문자열이 매칭돼 〈4, 2, r〉 코드가 생성된다.

정리하면 타깃 문자열 dabra를 〈0, 0, d〉〈7, 4, b〉〈4, 2, r〉로 변경했다. 이 과정을 압축 모델링 스테이지^{Modeling stage}로 부른다. 매칭 코드를 그대로 파일에 저장하지 않는다. 매칭 코드는 원본 데이터에 비해 패턴이 있으니, 비트 데이터로 변경해서 RUNLENGH 압축을 적용하거나 엔트로피 코딩^{Entropy coding} 등을 적용해 추가 압축한다. 이 과정을 코딩 스테이지^{Coding stage}로 부른다.

LZO는 텍스트가 길어질수록, 반복되는 문자열이 많아질수록, 슬라이딩 윈도우 크기가 커질수록 압축률은 높아진다. 슬라이딩 윈도우의 크기는 변수로 조정이 가능한데, 윈도우 크기가 커질수록 매칭 확률이 높아지고 매칭되는 문자열이 길어져 압축률은 높아지지만, 처리 속도는 그만큼 느려진다. 레드시프트에서 사용하는 크기는 공개되지 않았지만 학술적으로 슬라이딩 윈도우 크기는 64KB가 많이 사용된다.

ZSTD

모든 자료형 지원

ZSTD는 Zstandard의 약자로 페이스북에서 2016년 출시한 압축 방식이다. LZO의 부모 격인 LZ77(1977년 출시) 방식을 기반으로 동작하며 넓은 슬라이딩 윈도우 크기를 채택하고 호프만 코딩^{Huffman Coding}과 같이 빠른 알고리즘을 코딩 스테이지에 사용한다. 이러한 디자인으로 인해 ZSTD는 LZO보다 높은 압축률을 보이면서 LZO보다는 조금 느리지만 다른 인코딩에 비하면 여전히 빠른 성능을 자랑한다. ZSTD는 비교적 최근에 발표된 기술이기에 레드시프트에서는 LZO를 문자열 자료형의 기본 인코딩으로 사용하지만 LZO 와 비슷한 성능에 높은 압축률이 필요하면 ZTSD를 테스트해 볼 수 있다.

레드시프트에서 지원하는 다양한 압축 방식을 알아봤다. 컬럼 기반 데이터베이스는 컬럼 데이터를 같은 위치에 저장하기 때문에 컬럼 특성에 따라 최적화된 압축 방식을 선택할 수 있다. 인코딩 방식을 비교적 자세히 설명했는데, 인코딩 방식을 잘 이해하고, 데이터의 특성을 분석해 컬럼을 최적화하는 기술은 레드시프트에 매우 중요하다.

3.4 데이터 분산

레드시프트는 테이블에 데이터를 적재하면서 테이블 분산 스타일에 따라 컴퓨팅 노드에 분산시켜 저장한다. 분산 스타일을 정할 때는 다음 두 가지 목적을 최대한 달성해야 한다.

- **노드 간 작업량을 균일하게 분산시킨다.**

  데이터 스큐가 발생하면 일부 노드가 다른 노드보다 많은 작업을 수행하게 돼 쿼리 성능 저하를 유발한다. 노드에 저장되는 데이터를 고르게 분산시키되 데이터 크기 뿐 아니라 데이터의 조회량을 함께 고려해 분산시켜야 한다.

- **데이터의 네트워크 전송을 최소화한다.**

  레드시프트는 쿼리 수행에 데이터 로컬리티[4]를 선호한다. 즉 조인 쿼리를 수행하면서 다른 노드에 저장된 데이터를 네트워크로 전송하기보다 처리 대상 데이터를 미리 같은 노드로 복사한 다음 쿼리를 수행한다. 데이터를 복사하면서 데이터 재분산 작업이 발생하는데 테이블 크기가 작은 경우에는 문제가 없지만 대형 테이블을 재분산하는 작업은 클러스터에 큰 부하를 준다. 적절한 분산 스타일을 선택하여 데이터의 네트워크 전송을 최소화하는 게 중요하다.

이처럼 사용자가 선택한 데이터 분산 속성은 쿼리 성능, 스토리지 요구사항, 데이터 적재 및 운영에 굉장한 영향을 미친다. 테이블에 적절한 분산 스타일을 선택하면, 노드별 데이터 균형을 유지하면서 클러스터 전체 성능을 향상시킬 수 있다. 레드시프트에서 지원하는 데이터 분산 방식을 학습해 최적화된 분산 속성을 적용하는 방법을 연구해보자.

---

4 데이터 로컬리티(Data Locality): 데이터 작업을 수행하면서 원격에 있는 데이터보다 작업이 수행되는 노드에 저장된 데이터 사용을 선호하는 데이터 선택 전략이다.

테이블 분산 방식

사용자는 테이블을 생성하면서 AUTO, EVEN, KEY, ALL 4가지 분산 스타일을 설정할 수 있다. 만약 분산 스타일을 설정하지 않는다면 AUTO 분산 스타일이 자동으로 설정된다.

분산 방식의 이해를 돕기 위해 아래와 같은 데이터가 있다고 가정해 보자.

ID	성별	이름
101	M	홍길동
232	M	조인성
121	F	이나영
324	M	김수현
823	F	수지
218	M	원빈
312	F	김태희
383	M	장동건

키 분산(Key Distribution)

분산키로 설정된 컬럼의 해시[5] 값을 이용해 데이터가 저장될 슬라이스를 선택한다. 같은 값을 가지는 데이터는 같은 슬라이스에 저장된다. 조인 쿼리에 사용되는 두 테이블의 분산키를 조인키로 사용하면 조인되는 데이터는 같은 슬라이스에 저장돼 있으므로 테이블 재분산 없이 빠르게 수행할 수 있다. 테이블 크기가 크고, 변동이 잦으면서 조인에 자주 참여하는 팩트Fact 테이블과 디멘전Dimension 테이블에 적합하다. 키 분산을 그림으로 살펴보자.

그림 3-15 키 분산

---

5   해시(Hash): 문자열 같이 값의 영역이 무제한인 값을 제한적인 범위의 값으로 변경하는 함수다.

그림 3-15와 같이 카디널리티[6]가 높은 ID컬럼으로 분산할 경우 데이터가 고루 분산되어 각 노드가 관리하는 데이터 크기와 작업량이 비슷해져 노드 간 균형이 유지된다.

그림 3-16 분산키 스큐

그림 3-16과 같이 테이블을 성별 컬럼으로 분산했을 경우 남성, 여성 두 값으로만 데이터가 분산되기 때문에 데이터 스큐가 발생한다. 테이블에 쿼리를 실행하면 두 노드에서만 작업을 수행하고 나머지 노드들은 CPU와 I/O 사용 없이 대기할 것이다.

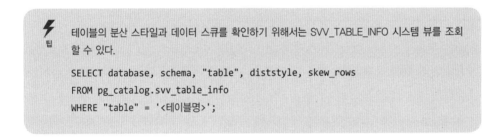

테이블의 분산 스타일과 데이터 스큐를 확인하기 위해서는 SVV_TABLE_INFO 시스템 뷰를 조회할 수 있다.

```
SELECT database, schema, "table", diststyle, skew_rows
FROM pg_catalog.svv_table_info
WHERE "table" = '<테이블명>';
```

전체 분산(All Distribution)

테이블의 전체 데이터를 모든 노드에 복제한다. 각 컴퓨팅 노드의 슬라이스 중 하나를 선택해 저장한다. 테이블이 모든 노드에 존재하므로 데이터를 네트워크로 전송할 필요가 없어졌다. 다만 클러스터의 노드 수만큼 데이터 크기가 늘어나므로 그만큼 많은 디스크 공간을 사용하게 되고, 데이터 적재와 변경을 모든 노드에서 작업해야 하므로 데이터 변동이 잦은 테이블에는 적합하지 않다. 달력, 배송지, 우편번호, 화학 원소기호와

---

6   카디널리티(Cardinality): 카디널리티는 전체 행에서 특정 컬럼의 중복 수치를 나타내는 지표이다. 예를 들어 주민등록번호는 카디널리티가 높고, 성별은 카디널리티가 낮다.

같은 컨폼드Conformed 디멘전[7]이 좋은 예가 될 수 있다. 컨폼드 디멘전은 레드시프트 사용자 간 표준화 작업을 통해 생성된 디멘전으로 보통 데이터가 크지 않으며 데이터 변경을 위해서는 모든 사용자의 동의가 있어야 하므로 데이터 변경 또한 잦다. 테이블 조인에도 가장 자주 사용되므로 전체 분산 적용이 바람직하다.

노드1

ID	성별	이름
101	M	홍길동
232	M	조인성
121	F	이나영
324	M	김수현
823	F	수지
218	M	원빈
312	F	김태희
383	M	장동건

노드2

ID	성별	이름
101	M	홍길동
232	M	조인성
121	F	이나영
324	M	김수현
823	F	수지
218	M	원빈
312	F	김태희
383	M	장동건

노드3

ID	성별	이름
101	M	홍길동
232	M	조인성
121	F	이나영
324	M	김수현
823	F	수지
218	M	원빈
312	F	김태희
383	M	장동건

노드4

ID	성별	이름
101	M	홍길동
232	M	조인성
121	F	이나영
324	M	김수현
823	F	수지
218	M	원빈
312	F	김태희
383	M	장동건

그림 3-17 전체 분산

그림 3-17은 테이블이 모든 노드에 복제돼 있는 상태를 보여준다. 어떠한 조인에도 재분산 없이 바로 조인할 수 있는 준비가 돼있다.

균등 분산(Even Distribution)

데이터를 각 슬라이스에 라운드로빈Round-Robin[8] 방식으로 균등하게 저장한다. 조인에 참여하지 않는 테이블이거나 키 분산 또는 전체 분산을 적용하지 못할 때 좋은 대안으로 사용된다.

노드1

ID	성별	이름
101	M	홍길동
232	M	조인성

노드2

ID	성별	이름
121	F	이나영
324	M	김수현

노드3

ID	성별	이름
823	F	수지
218	M	원빈

노드4

ID	성별	이름
312	F	김태희
383	M	장동건

그림 3-18 균등 분산

---

7 Conformed Dimension: 데이터 웨어하우스 사용자 간 표준화된 공용 디멘전이다. 명칭은 컨폼드, 공용, 마스터, 키, 표준 디멘전 등 다양한 이름으로 부르지만 저자는 컨폼드 디멘전으로 부른다.

8 라운드로빈(Round-Robin): 실행 순서를 앞에서 뒤로 돌아가면서 선택한다. 가장 뒤에 도달하면 다시 앞에서부터 선택한다.

균등 분산은 데이터를 노드에 순차적으로 저장하므로 데이터 스큐 현상은 피할 수 있지만 조인 쿼리에 사용할 경우 데이터 재분산 작업이 발생할 확률이 높다. 저자의 경우 애플리케이션 로그와 같이 대용량 데이터를 균등하게 분배할 키를 찾을 수 없을 때 균등 분산을 사용한다. 만약 테이블이 조인에 자주 참여한다면 테이블 구조와 데이터를 변경할 필요가 있다. 로그 테이블의 경우 로그에 저장된 로그인ID, 브라우저 정보 등의 조인키를 추출하여 키 분산으로 변경할 수 있다.

자동 분산(Auto Distribution)

자동 분산이 적용된 테이블은 전체 분산으로 시작해서 테이블이 일정 크기 이상 커지면 자동으로 균등 분산으로 변경된다. 반대로 균등 분산에서 전체 분산으로는 변경되지 않는다. 테이블 생성 시 분산 방식을 정하지 않으면 자동 분산이 선택된다.

지금까지 레드시프트에서 지원하는 다양한 테이블 분산 방식을 살펴봤다. 아쉽게도 테이블의 분산 스타일을 변경하는 기능은 제공되지 않기 때문에, 분산 스타일을 변경하려면 새로운 테이블을 생성하고 기존 테이블에서 신규 테이블로 데이터를 복사해서 데이터 재정렬과 재분산 작업을 진행해야 한다. 이렇게 새로운 테이블을 생성해 데이터를 재분산, 재정렬하는 방식을 딥 카피^{Deepcopy}라 부른다. 딥 카피 작업은 상당한 시간과 클러스터 리소스를 요구하기 때문에 분산 방식 변경을 최소화하기 위해 최적의 분산 방식을 선택하는 방법을 살펴보자. 딥 카피의 자세한 내용은 5.3장 "테이블 최적화"를 참고하자.

테이블 분산 방식 선택하기

테이블 분산 방식을 선택하는데 고려할 사항을 알아보도록 하자.

1. **데이터를 중복 저장하지 않으면서 조인 작업의 데이터 재분산을 최대한 줄일 수 있는 키 분산 방식을 최우선으로 고려한다.**

   - 키 분산 방식을 선택했다면 최적의 분산키를 선정하는 것이 중요하다. 데이터 크기가 가장 큰 조인 테이블의 조인키 컬럼을 분산키로 정한다.
   - 조인 테이블이 두 개 이상인 경우(A JOIN B JOIN C) 조인에 가장 많이 사용되

는 조인키를 분산키로 사용한다. 팩트 테이블과 디멘전 테이블을 조인할 때는 조인의 기준이 되는 조인키가 있을 것이다. 예를 들어 RENTAL_PLACE_SALES 팩트 테이블이 있다면 대여소 정보를 저장하는 디멘전 테이블(대여소 설명, 대여소 주소, 설립 연도)은 모두 rental_place_id 로 조인될 것이다. 이런 경우 모든 팩트 테이블과 디멘전 테이블 분산키를 rental_place_id로 구성하면 조인 성능이 향상될 것이다.

- 조인 테이블이 두 개 이상인 경우 크기가 큰 두 테이블의 조인 성능을 향상시키는데 우선 순위를 둬야 한다. 테이블 크기를 계산할 때는 테이블 전체 크기보다 조인에 사용되는 데이터 크기 기준으로 선정한다. 즉, WHERE 절로 필터링 된 이후의 데이터 크기로 계산해야 한다.

2. **크기가 작고 조인에 자주 참여하는 테이블은 전체 분산을 고려한다.**

   테이블의 크기가 작으면 전체 분산을 선택해 조인 성능을 향상시킬 수 있다. 전체 분산을 선택하기 전에 꼭 테이블 크기를 분석하고 향후 테이블 크기가 증가할 가능성은 없는지 확인하고 적용하도록 하자.

3. **적용할 수 있는 분산 방식이 없다면 균등 분산을 사용한다.**

   최후의 수단으로 균등 분산 방식을 선택할 수 있다. 키 분산과 전체 분산을 잘못 응용하면 균등 분산보다 오히려 안 좋은 결과를 초래할 수 있기 때문에 아직 테이블의 용도와 분석 쿼리가 도출되지 않았다면 균등 분산을 선택해 임시 보관할 수 있다. 명확한 용도 없이 보관 주기가 길어지거나 테이블 크기가 크다면 AWS S3 또는 Glacier 스토리지 서비스로 보관하고 아래에서 설명되는 COPY와 UNLOAD로 데이터를 이관할 수 있다.

3.5 소트키

레드시프트는 소트키를 사용해 테이블 데이터를 정렬하고 디스크에 저장한다. 정렬 비율이 높은 테이블은 쿼리 플래너가 보다 정확한 실행 계획을 생성할 수 있다. 예를 들어 date='2019-02-01' 값을 가지는 레코드를 찾으려면 먼저 '2019-02-01' 값이 저장된 블록을 찾아야 한다. 다만 테이블 크기에 따라 블록 수는 늘어나는데, 테이블 크기가 1GB만 돼도 약 1,024개의 블록이 생성된다. 데이터를 검색하기 위해 테이블의 모든 블록을 스캔하는 것은 매우 비효율적이다. 레드시프트는 특정 데이터가 저장된 블록을 어떻게 찾을까? 레드시프트는 존맵을 사용한다.

존맵(Zone Map)

필요한 블록만 조회해 디스크 I/O를 줄이는 기술을 나뭇가지를 잘라낸다는 의미의 데이터 프루닝Pruning이라고 한다. B-Tree 인덱싱, 블룸 필터Bloom Filter, 해시 테이블과 같은 다양한 기술이 있지만 레드시프트는 존맵Zone Map을 사용한다. OLTP에 자주 등장하는 B-Tree 인덱싱은 인덱스 테이블 관리 비용이 비싸고, 인덱스 테이블을 이용한 랜덤 데이터 조회 성능은 매우 빠르나 레드시프트의 주 용도인 집계, 조인 등과 같은 분석용 쿼리에는 적합하지 않은 단점이 있다. 확률 모델을 기반으로 한 블룸 필터의 조회 성능이 매우 빠르며 B-Tree와 같이 별도의 인덱스 테이블을 관리하지 않아도 되지만, "블록이 필요할 수 있어", "블록이 필요하지 않아"의 결과만 얻을 수 있어 False Positive 확률이 존재하는 단점이 있다. 블룸 필터는 주로 조회 성능과 공간 제약이 중요한 애플리케이션 캐시 또는 인-메모리 데이터베이스에 사용된다. 반면 존맵은 각 데이터 블록에 컬럼별 데이터 범위(최솟값, 최댓값)를 저장해 검색하는 데이터가 블록에 저장됐는지 확인하는 작업이 빠르다. 특정 레코드를 조회하는 랜덤 액세스보다는 데이터 스캔 작업에 적합하며 이는 곧 조인, 집계 등의 분석 쿼리 성능을 향상시킨다. 모든 블록의 존맵은 컴퓨팅 노드의 메모리에도 적재해 존맵 조회 속도를 빠르게 한다. 블록이 register_date 컬럼 값 2019-01-01부터 2019-01-31까지 보관한다면 존맵에 "2019-01-01,2019-01-31"을 등록한다.

노트
쿼리에 필요한 데이터 블록만 조회하는 기능을 레드시프트에서는 Range-Restricted Scan이라고 한다. 4장, '쿼리 최적화'의 쿼리 프로파일링에 등장한다.

다음 그림을 참고하자.

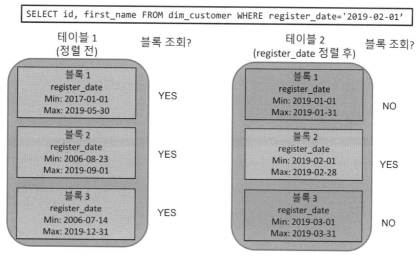

```
SELECT id, first_name FROM dim_customer WHERE register_date='2019-02-01'
```

테이블 1
(정렬 전)　　　블록 조회?

블록 1
register_date
Min: 2017-01-01
Max: 2019-05-30　　　YES

블록 2
register_date
Min: 2006-08-23
Max: 2019-09-01　　　YES

블록 3
register_date
Min: 2006-07-14
Max: 2019-12-31　　　YES

테이블 2
(register_date 정렬 후)　　　블록 조회?

블록 1
register_date
Min: 2019-01-01
Max: 2019-01-31　　　NO

블록 2
register_date
Min: 2019-02-01
Max: 2019-02-28　　　YES

블록 3
register_date
Min: 2019-03-01
Max: 2019-03-31　　　NO

그림 3-19 존맵

그림 3-19에서 테이블1은 정렬되지 않은 테이블의 블록을, 테이블2는 정렬된 테이블의 블록을 보여준다. register_date='2019-02-01' 조건절로 테이블을 조회하는 경우 테이블1은 데이터가 정렬되지 않아 블록마다 관리하는 register_date 범위가 넓어지고 모든 블록을 조회해야 하는 상황이 발생한다. 반면 테이블2와 같이 register_date 컬럼을 기준으로 정렬돼 있으면 하나의 블록만 조회해도 되니 불필요한 블록 조회 작업을 피할 수 있다. 그림에는 3개의 블록만 표시됐지만 실제로는 더욱 많은 블록이 있을 것이다. 테이블이 커질수록 존맵 활용의 성능 차이는 커진다. 참고로 블록의 존맵 저장 공간과 컴퓨팅 노드의 메모리 공간을 절약하기 위해 존맵에 저장되는 최솟값과 최대값은 각각 8바이트로 제한한다. 예를 들어 "1234567890" 데이터는 "12345678"로 변경돼 존맵에 저장된다.

정렬에 사용된 기준 컬럼을 소트키라 한다. 레드시프트는 컴파운드 소트키와 인터리브 소트키를 지원한다. 소트키를 설정하지 않으면 테이블이 정렬되지 않고, SORTKEY(register_date)와 같이 소트키 유형을 언급하지 않으면 컴파운드 소트키가 사용된다. 적절한 소트키를 찾아내는 것은 적절한 분산키를 찾아내는 것만큼 중요하다. 레드시프트에서 지원하는 소트키를 살펴보자.

컴파운드 소트키(COMPOUND SORT KEY)

컴파운드 소트키는 테이블에 정의된 소트키 순서로 데이터를 정렬해서 저장한다. 첫 번째 소트키로 데이터를 정렬하고 컬럼 값이 같으면 다음 소트키 컬럼으로 정렬해 저장한다. 대여소 번호, 대여 일자 순으로 컴파운드 소트키를 설정한 예제를 살펴보자(설명을 위해 테이블 명과 컬럼 명에는 한글을 사용했다).

```
CREATE TABLE 자전거대여이력
(
    대여소번호 INTEGER,
    대여일자 DATE,
    사용자이름 VARCHAR(10)
)
COMPOUND SORTKEY(대여소번호, 대여일자);
```

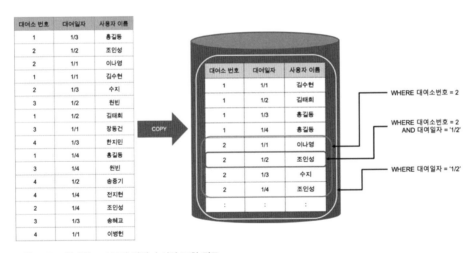

그림 3-20 컴파운드 소트키 정렬 순서와 조회 경로

그림 3-20과 같이 원본 데이터를 레드시프트로 적재하면서 대여소번호를 기준으로 정렬한 다음 대여일자 기준으로 정렬해 저장한다. 이렇게 정렬된 테이블에 "대여소번호=2" 조건절을 사용해 쿼리하면 2번 대여소 데이터만 스캔하게 된다. 쿼리에 "대여소번호=2 AND 대여일자='1/2'" 조건절을 사용하면 더 적은 데이터를 스캔하게 된다.

반대로 대여소번호 없이 "대여일자='1/2'" 조건절을 사용하면 대여일자 1/2 데이터를 포함하는 모든 블록을 스캔하게 된다. 데이터는 대여소번호를 우선 기준으로 정렬돼 있기 때문에 데이터 블록이 대여일자 1/2 값을 포함하는 경우의 수는 늘어나고, 컴파운드 소트키의 장점을 최대로 활용할 수 없게 된다.

정리하자면, 컴파운드 소트키는 소트키를 선언하는 순서가 매우 중요하지만, 조건절에서의 컬럼 순서는 중요하지 않다. 예를들어 소트키가 SORTKEY(A, B) 순서로 정의된 경우, "WHERE A = 1 AND B = 2"와 "WHERE B = 2 AND A = 1"의 성능 차이는 없다. 반면 "WHERE A = 1"과 "WHERE B = 2" 조건절의 성능 차이는 매우 크다.

컴파운드 소트키는 조건절을 이용한 데이터 필터링 뿐만 아니라 다음 작업에도 데이터 블록 조회 수를 줄여주는데 조건절과 마찬가지로 소트키의 순서는 블록 조회 수에 큰 영향을 준다.

- GROUP BY
- ORDER BY
- PARTITION BY
- JOIN 조건절

이렇듯 컴파운드 소트키는 사용자 쿼리가 미리 작성돼 맞춤형 테이블을 생성할 때 효과적이다. 사용자 쿼리 패턴이 다양하고 예측하기 힘든 경우에는 인터리브 소트키를 사용할 수 있다.

인터리브 소트키(INTERLEAVED SORT KEY)

인터리브 소트키는 컴파운드 소트키와 같이 소트키에 우선순위를 정하고 정렬하기보다 모든 소트키에 똑같은 가중치를 부여해 정렬한다. 소트키 컬럼을 교차하며 데이터를 정렬하기 때문에 인터리브 소트키로 부른다. 교차 정렬된 테이블은 소트키 컬럼 순서에 상관없이 조회 블록 수를 줄일 수 있기 때문에 사용자 쿼리 조건절의 패턴이 다양한 경우 인터리브 소트키를 사용할 수 있다. 이번에는 rental_place_num, date 컬럼을 소트키로 지정하되 인터리브 소트키로 구성해 보자.

```
CREATE TABLE 자전거대여이력
(
  대여소번호 INTEGER,
  대여일자 DATE,
  사용자이름 VARCHAR(10)
)
INTERLEAVED SORTKEY(대여소번호, 대여일자);
```

인터리브 소트키를 지정하고 나면 아래 그림 3-21과 같이 지정된 소트키가 서로 교차된 상태로 정렬된다.

대여소 번호	대여일자	사용자 이름
1	1/3	홍길동
2	1/2	조인성
2	1/1	이나영
1	1/1	김수현
2	1/3	수지
3	1/2	원빈
1	1/2	김태희
3	1/1	장동건
4	1/3	한지민
1	1/4	홍길동
3	1/4	원빈
4	1/2	송중기
4	1/4	전지현
2	1/4	조인성
3	1/3	송혜교
4	1/1	이병헌

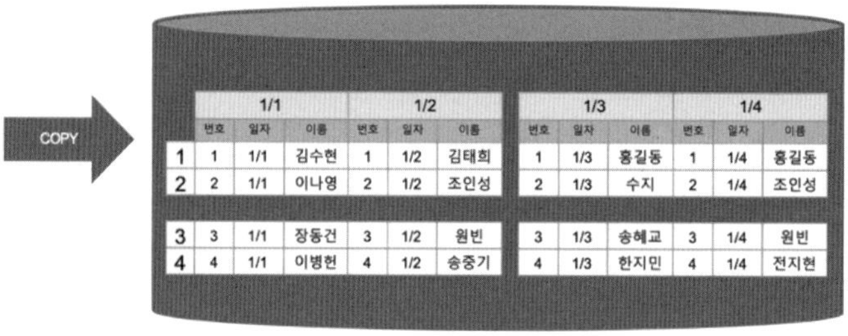

그림 3-21 인터리브 소트키 정렬 순서

정렬 순서는 쿼리에서 조건절을 사용할 때 큰 이점을 가지고 올 수 있는 구조이다. 컴파운드 소트키와 다르게 소트키의 순서와 관계없이 어떠한 컬럼이 조건절에 들어온다 해도 조회하는 블록 수를 상당히 줄일 수 있다.

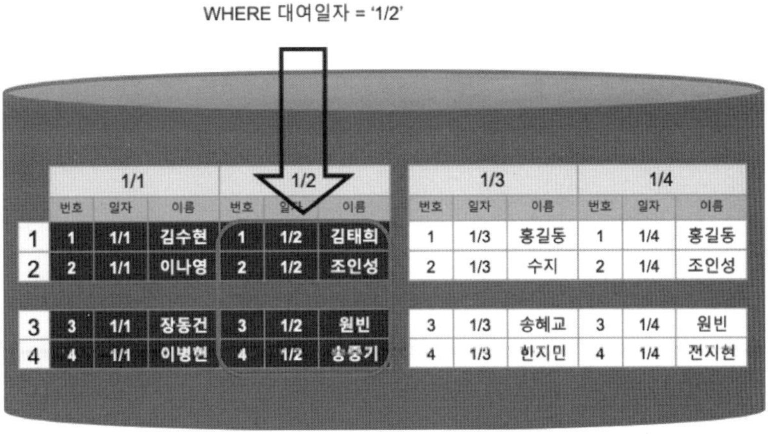

WHERE 대여일자 = '1/2'

그림 3-22 조건절에 하나의 소트키를 사용하는 경우 데이터 조회 경로

그림 3-22를 보면 테이블 DDL에서 두 번째로 설정돼 있는 대여일자='1/2'로 필터링하는 경우에도 대여 일자 1월 2일 데이터를 저장하는 블록만 조회하는 것을 볼 수 있다. 물론 대여소 번호로 조회한다 해도 같은 효과를 기대할 수 있을 것이다. 인터리브 소트키에서는 조건절에 사용되는 어떠한 소트키 컬럼에 대해서도 대응할 수 있는 구조를 갖고 있다.

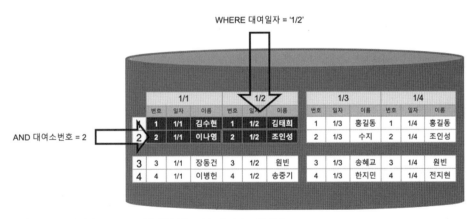

그림 3-23 조건절에 모든 소트키를 활용하는 경우 데이터 조회 경로

대여소 번호와 대여 일자를 모두 사용하는 조건절은 대여일자만 사용하는 조건절보다 더욱 적은 블록을 조회하기 때문에 빠른 성능으로 데이터를 조회할 수 있다. 인터리브 소트키의 경우 소트키 정의 순서와는 상관없이 조건절에서 사용하는 소트키가 많을수록 더욱 많은 블록 조회 수를 줄일 수 있다.

인터리브 소트키는 데이터를 순차적으로 정렬하지 않고 교차 정렬하는 방식인 만큼 테이블 베큠을 통해 다시 교차적으로 정렬하는 시간이 오래 걸리기 때문에 데이터가 자주 변경되는 테이블에는 적합하지 않다. 인터리브 소트키의 베큠 작업이 컴파운드 소트키보다 오래 걸리는 주된 요인은 VACUUM FULL에 추가로 VACUUM REINDEX 작업을 실행하기 때문이다. 작은 크기의 증분 데이터 VACUUM REINDEX는 빠르게 실행되지만 대용량 테이블의 초기 적재 또는 대용량 COPY 작업 이후 베큠 작업은 상당히 오랜 시간이 걸릴 수 있다. VACUUM REINDEX의 자세한 내용은 5장, '클러스터 최적화' '테이블 최적화'를 참고하자.

인터리브 소트키에 좋은 후보 컬럼을 선정하기 위해서는 STV_BLOCKLIST 시스템 뷰를 조회해 블록 수가 가장 많고 가능한 모든 슬라이스에 분산돼 있는 컬럼을 선정할 수 있다.

```
SELECT col, count(*)
FROM stv_blocklist, stv_tbl_perm
WHERE stv_blocklist.tbl = stv_tbl_perm.id
  AND stv_blocklist.slice = stv_tbl_perm.slice
  AND stv_tbl_perm.name = '테이블명'
GROUP BY col
ORDER BY col;
```

앞서 살펴본 바와 같이 인터리브 소트키는 두 개 이상의 조건절로 정밀한 데이터 조회에 빠른 성능을 자랑하는 대신 관리 비용도 높다. 인터리브 소트키가 꼭 필요한 경우가 아니라면 사용자 쿼리를 미리 분석해 컴파운드 소트키를 최대한 사용하는 게 좋다.

소트키 유형 선택하기

지금까지의 정보들을 종합해서 소트키 유형을 선정하는 규칙을 다음과 같이 정리할 수 있다.

- 하나 이상의 소트키가 필요한 경우, 소트키 중에서 조건절에 다른 소트키보다 자주 등장하는 소트키가 있으면 컴파운드 키를 사용하고 주요 컬럼을 가장 먼저 정렬하도록 선언한다. 소트키가 우선순위 없이 다양하게 사용된다면 인터리브 소트키를 선택한다.
- 대상 테이블에 조인, GROUP BY, ORDER BY 또는 윈도우 함수의 PARTITION BY, ORDER BY 쿼리가 자주 사용되면 컴파운드 소트키를 선택한다.
- 테이블이 빈번하게 업데이트되면 컴파운드 소트키를 선택한다.
- 타임 시리즈 테이블과 같이 데이터가 특정 날짜/시간 컬럼 값 순으로 적재되면 컴파운드 소트키를 사용해 정렬 작업VACUUM을 줄일 수 있다.

또한 소트키를 선택할 때는 아래 상황을 충분히 고려해야 한다.

- 소트키 유형에 따라 VACUUM 작업 시간에 영향을 준다. 인터리브 소트키는 상당한 VACUUM 작업 시간이 걸리기 때문에 쿼리 성능과 VACUUM성능의 트레이드오프를 고려해 선택할 필요가 있다.
- 소트키 컬럼은 RAW 인코딩을 사용하자. 소트키는 조건절에 가장 자주 사용되는 컬럼이다. 특히 delayed-scan이 사용되는 경우 조건절의 컬럼이 다른 컬럼보다 먼저 스캔된다. 소트키 컬럼에 인코딩을 적용해 데이터를 압축하면 쿼리 성능을 저하시키게 된다.
- 하나의 테이블에는 컴파운드 소트키는 최대 400개의 컬럼, 인터리브 소트키는 최대 8개의 컬럼을 정의할 수 있다.

3.6 데이터 적재와 추출

레드시프트를 처음 시작하게 되면 가장 먼저 데이터를 어떻게 적재할지 고민하고, 나중에는 데이터를 추출하는 작업이 필요하게 된다. 이번에는 레드시프트에 데이터를 적재COPY하고 추출UNLOAD하는 방법을 알아보자. 데이터 웨어하우스의 특징상 데이터 적재 작업이 추출 작업보다 중요하고 자주 사용되기 때문에 COPY 쿼리에 더 많은 기능이 지원된다. 적재 쿼리부터 살펴보자.

COPY

COPY는 레드시프트에 데이터를 적재하는 쿼리이다. RDBMS에 익숙한 독자라면 INSERT 문을 떠올릴 수 있지만, 레드시프트에서 INSERT로 데이터를 적재하는 건 안티패턴[9]에 속한다. 앞서 배웠듯이 레드시프트 데이터 블록은 불변 블록이고 데이터가 추가되거나 수정될 때마다 새로운 블록을 생성한다. 또한 레드시프트 같이 동시성이 낮은 데이터베이스 시스템에서 모든 레코드를 INSERT 문으로 하나씩 적재하면 클러스터 성능에 치명적이다. 대안으로 적재하려는 데이터를 S3에 저장하고 COPY 쿼리로 한 번에 적재할 수 있다. COPY 쿼리는 리더 노드의 간섭 없이 컴퓨팅 노드의 각 슬라이스에서 병렬로 수행되기 때문에 적재 성능이 빠르고 쿼리 슬롯도 차지하지 않는다.

---

9   안티패턴(Anti-pattern): 디자인 패턴의 반대말로 문제에 대한 잘못된 해결 패턴을 의미한다.

> **주의** 레드시프트는 쓰기 작업보다 데이터를 조회, 분석하는 쿼리에 최적화된 W.O.R.M 데이터베이스다.
> 레드시프트에서 블록을 수정하고 커밋하는 것은 클러스터에 큰 부담이 될 수 있다. 한편 커밋 작업
> 도 쿼리와 마찬가지로 커밋 큐에 등록되어 순서를 기다린다. 커밋 빈도가 높아져 커밋 작업이 큐에
> 10분 이상 대기하는 경우를 볼 수 있었고, 분당 500건 이상의 커밋이 발생할 경우 비슷한 증상이
> 나타날 수 있다. 커밋 큐는 STL_COMMIT_STATS 시스템 테이블로 확인할 수 있다.
>
> ```
> SELECT * FROM stl_commit_stats;
>
> SELECT
>   q.userid,
>   q.query,
>   q.pid,
>   c.xid,
>   c.node,
>   c.startqueue, c.startwork, c.endtime,
>   datediff(s, c.startqueue, c.startwork) as queue_time,
>   datediff(s, c.startwork, c.endtime) as commit_time,
>   c.queuelen
> FROM stl_commit_stats c JOIN stl_query q on c.xid=q.xid
> WHERE q.userid>=100
> ORDER BY c.node, c.xid;
> ```
>
> node 값이 –1 이면 리더노드에서 커밋된 작업이다.

COPY 쿼리의 기본 문법은 다음과 같다.

```
COPY 테이블명 [(컬럼 리스트)]
FROM '<데이터 경로>'
[인증 파라미터]
[FORMAT <데이터 적재 파라미터>];
```

데이터 웨어하우스로 유입되는 데이터는 보통 유입 경로와 서식이 다양하기 때문에
COPY 쿼리는 다양한 적재 파라미터를 지원한다. 하나씩 살펴보자.

컬럼 리스트

적재되는 컬럼과 순서를 적는다. 컬럼 리스트를 제공하지 않는 경우 테이블에 정의된 컬럼과 순서를 따른다. 데이터의 컬럼 수가 테이블보다 많으면 적재에 실패하고, 데이터 컬럼 수가 테이블보다 적은 경우 데이터가 없는 컬럼은 컬럼 디폴트 값으로 적재되고 컬럼 디폴트 값이 정해지지 않으면 NULL 값으로 적재된다. 컬럼에 NOT NULL 속성이 선언됐다면 NULL 값 적재 작업은 실패한다.

인증 파라미터

COPY 쿼리에서 S3, EMR, DynamoDB와 같은 AWS 리소스의 데이터를 적재하기 위해 인증 절차를 거쳐야 한다. 인증 방식에는 키 방식과 IAM 역할 방식이 있다(실습에서는 키 방식을 사용했다).

AWS 액세스 키 ID

키 방식을 사용하기 위해선 일단 AWS 계정에서 IAM 사용자를 생성하고, 생성된 사용자의 액세스 키 ID^{Access key ID}와 시크릿 액세스 키^{Secret access key}를 생성해야 한다. IAM 사용자가 적재하려는 데이터에 접근 권한이 있어야 한다. 실습 계정의 경우 추가 설정 없이 접근이 가능했지만 만약 보안이 중요한 AWS 계정이라면 S3 버킷 정책과 같은 권한 설정^{ACL10} 변경이 필요하다. 키가 생성됐다면 다음 두 가지 방법으로 키를 입력할 수 있다.

```
ACCESS_KEY_ID '<액세스키>'
SECRET_ACCESS_KEY '<시크릿키>'
```

```
CREDENTIALS 'aws_access_key_id=<액세스키>;aws_secret_access_key=<시크릿키>';
```

---

10 ACL: Access Control List의 약자로 특정 개체의 접근 권한을 설정하는 방식을 의미한다.

두 방식에 차이는 없기 때문에 독자가 편한 방법을 선택하면 된다. 저자는 첫 번째 방식을 선호한다.

키 방식은 보안에 취약하므로 프로덕션 서비스에선 사용하지 않는 게 좋다. 액세스 키 ID와 시크릿 액세스 키는 사용자 계정과 암호와 같은 의미인데 AWS 키를 가지고 있으면 해당 키로 사용 가능한 모든 서비스와 API 호출 권한을 가질 수 있다. 특히 IAM 사용자를 생성하지 않고 실습에서처럼 AWS 계정 관리자의 키를 사용하다 키가 노출되면 계정 전체가 위험에 빠질 수 있다. 또한 COPY 쿼리에 키를 텍스트로 입력하는 경우 애플리케이션 코드나 로그에 남아 노출될 수 있고 SSL 접속을 하지 않는 경우 COPY 쿼리가 해킹되어 키가 노출될 수 있다. 이러한 취약점을 해결하기위해 AWS 키를 사용하지 않고 데이터를 적재하는 방법이 제공된다.

AWS 임시 액세스 키

IAM 사용자의 AWS 키를 사용하는 대신 AWS STS^Security Token Service 서비스를 사용해 기한이 짧은 임시 키를 받아 사용할 수 있다. STS 서비스에 요청하면 임시 액세스 키 ID와 시크릿 액세스 키에 추가로 세션 토큰을 받아 COPY 쿼리에 입력할 수 있다. 일정시간이 지나면 AWS STS 키는 자동 폐기돼 외부에 노출돼도 보안에 문제없다. 사용법은 위에서 설명한 키 입력 방법에 추가로 세션 토큰을 추가하면 된다.

```
ACCESS_KEY_ID '<액세스키>' SECRET_ACCESS_KEY '<시크릿키>' SESSION_TOKEN '<세션토큰>'
```

```
CREDENTIALS 'aws_access_key_id=<액세스키>;aws_secret_access_key=<시크릿키>;token=<세션토큰>'
```

IAM 역할

AWS 키를 사용하는 대신 IAM 역할^Role을 사용할 수 있다. IAM 사용자보다 IAM 역할 사용을 추천한다. IAM 사용자는 보통 사용자 또는 그룹, 애플리케이션, 서비스를 위해 생성되는데 IAM 사용자의 키가 노출되면 사용자 또는 서비스에 문제가 되고 키를 폐기하려 해도 이미 여러 사용자가 사용하고 있을 수 있기 때문에 쉽게 폐기할 수 없다. 반면 IAM 역할은 애플리케이션의 기능 단위로 생성할 수 있는데 노출돼도 위험이 적고 키를 재생성하는 데 큰 문제가 없다. COPY 쿼리에는 AWS 키 대신 ARN[Amazon Resource Name]을 입력한다. ARN은 다음 서식을 따른다.

arn:aws:iam::<AWS 계정 ID>:role/<IAM 역할 명>

COPY 쿼리에서 IAM 역할 ARN은 다음과 같이 입력할 수 있다(AWS에서는 Assume IAM 역할 혹은 역할 가정이라 한다).

IAM_ROLE 'arn:aws:iam::<AWS 계정 ID>:role/<IAM 역할 이름>'

CREDENTIAL 'aws_iam_role=arn:aws:iam::<AWS 계정 ID>:role/<IAM 역할 이름>'

마찬가지로 두 서식에 차이는 없으므로 독자가 편한 방법을 선택하면 된다. 저자는 첫 번째 서식을 선호한다.

IAM 역할을 생성해 보자. IAM 역할은 AWS 웹 콘솔의 IAM 서비스에서 생성할 수 있다.

그림 3-24 IAM 역할 메뉴

좌측 메뉴에서 **역할**을 선택하고 **역할 만들기**를 클릭한다.

신뢰할 수 있는 유형의 개체로 AWS 서비스를 선택한다.

그림 3-25 IAM 역할 만들기

AWS 서비스 리스트에서 **레드시프트**를 선택한다.

그림 3-26 IAM 역할 서비스 선택

화면 아래에서 사용 사례로는 Redshift – Customizable을 선택한다.

그림 3-27 IAM 역할 사용 사례

권한 정책을 선택하는 화면에서는 아래의 두 정책을 체크하고 **다음**을 클릭한다.

- AmazonRedshiftFullAccess
- AmazonS3FullAccess

태그는 필요하면 입력하고 필요 없으면 **다음**을 클릭한다.

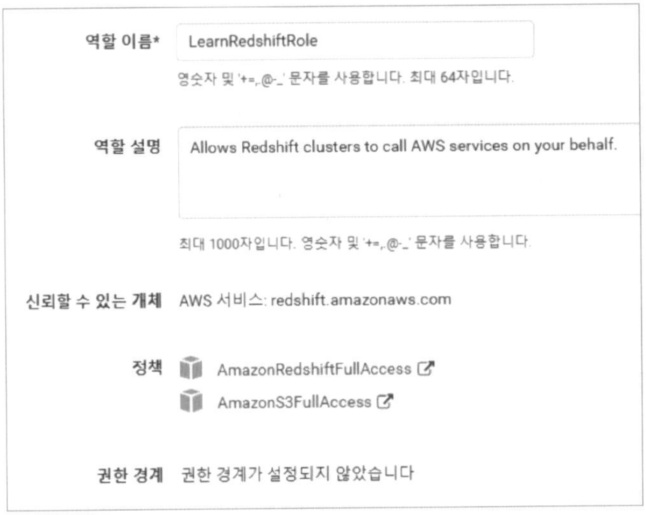

역할 이름*	LearnRedshiftRole
	영숫자 및 '+=,.@-_' 문자를 사용합니다. 최대 64자입니다.
역할 설명	Allows Redshift clusters to call AWS services on your behalf.
	최대 1000자입니다. 영숫자 및 '+=,.@-_' 문자를 사용합니다.
신뢰할 수 있는 개체	AWS 서비스: redshift.amazonaws.com
정책	📦 AmazonRedshiftFullAccess 🔗
	📦 AmazonS3FullAccess 🔗
권한 경계	권한 경계가 설정되지 않았습니다

그림 3-28 IAM 역할 설정

역할 이름은 LearnRedshiftRole을 입력하고 **역할 생성** 버튼을 클릭해 IAM 역할 생성을 완료한다.

생성한 IAM 역할을 레드시프트 클러스터에서 사용하려면 클러스터에 IAM 역할을 등록해야 한다. 레드시프트 웹 콘솔 화면에서 **IAM 역할 관리** 버튼을 클릭하고 등록할 수 있다.

IAM 역할 관리

클러스터 IAM 역할 추가 작업은 클러스터 재시작 또는 서비스 영향 없이 5분 정도 진행된다.

IAM 역할이 추가됐으면 실습 데이터를 적재하는 COPY 쿼리를 다음과 같이 변경할 수 있다.

```
COPY data.seoul_public_bicycle_rental_place_info
FROM 's3://s3-learn-redshift/seoul_public_bicycle_rental_place_info/'
IAM_ROLE 'arn:aws:iam::<AWS 계정 ID>:role/LearnRedshiftRole'
```

```
FORMAT
DELIMITER ','
NULL AS ''
IGNOREHEADER 1
REMOVEQUOTES;
```

S3 데이터 적재

S3 데이터를 적재하는데 사용되는 파라미터를 살펴보자. 먼저 S3 COPY를 실행하기 위해서는 다음 권한이 필요하다.

- 데이터가 보관되는 S3 버킷의 ListBucket 권한

- S3 데이터 오브젝트의 GetObject 권한

- MANIFEST 옵션을 사용할 경우 매니페스트 오브젝트의 GetObject 권한

데이터 경로(FROM)

FROM 절에 S3 데이터 경로를 입력하는 방법은 두 가지가 있다.

S3 데이터 파일 경로를 직접 입력하는 방법이 있다. S3 파일 경로는 's3://버킷명/파일 경로' 형식으로 적는데, 주의할 점은 해당 경로를 접두사로 가지는 모든 S3 파일이 적재된다. 예를 들어 's3://s3-learn-redshift/seoul_public_bicycle' 경로를 입력하면 's3://s3-learn-redshift/seoul_public_bicycle_rental_place_info/' 안의 모든 파일과 's3://s3-learn-redshift/seoul_public_bicycle_usage/' 안의 모든 파일이 적재된다. S3 경로가 폴더라면 S3 경로 끝에 '/'를 붙여 같은 접두사를 가지는 파일이 같이 적재되는 것을 피할 수 있다.

레드시프트에 S3 경로의 한 파일만 적재하지 않고, 접두사로 적재하는 데는 이유가 있다. COPY 쿼리를 수행할 때는 컴퓨팅 노드의 각 슬라이스에서 적재 작업을 수행한다. 슬라이스는 파일 단위로 작업을 처리하기 때문에 파일 하나에 모든 데이터를 저장해 적재하면 한 슬라이스에서 모든 적재 작업을 처리하게 되고 작업이 상당히 느려진다. 레드시프트 병렬 처리 능력을 최대한 활용하기 위해 적재하는 파일 수를 슬라이스의 배수로 균일하게 나눠 적재하면 적재 속도가 크게 향상될 것이다. 꼭 슬라이스의 배수가 아니더라도 최소한 슬라이스 수 만큼의 파일로 분리해 적재하도록 하자. ds2.8xlarge 노드 4대의 클러스터로 예를 들면 노드당 16개의 슬라이스가 있으므로 64개의 균일하게 나눠진 데이터 파일로 적재하는 게 효율적이다. 만약 64개의 파일이 아닌 70개의 파일로 분리해서 적재하게 되면 64개의 슬라이스에서 병렬로 적재 작업을 수행하고 나머지 4개 파일은 적재작업이 먼저 끝난 슬라이스에서 작업하게 되므로 그만큼 적재 시간이 추가된다.

두 번째 방법은 S3 데이터 파일 경로를 JSON 형태로 나열한 Manifest 파일의 S3 경로를 입력할 수 있다. Manifest 파일은 다음과 같은 상황에 사용된다.

- S3 데이터 파일 경로가 자주 변경돼 COPY 쿼리를 매번 수정하여 배포하기 힘든 경우
- 데이터 파일이 한 폴더에 모여있지 않고 여러 S3 경로에 저장된 경우

다음은 Manifest 파일의 예시이다.

```
{
  "entries": [
    {"url":"s3://s3-learn-redshift/seoul_public_bicycle_usage/2017_1.csv",
"mandatory":true},
    {"url":"s3://s3-learn-redshift/seoul_public_bicycle_usage/2017_2.csv",
"mandatory":false}
  ]
}
```

url은 S3 데이터 파일 경로이고, mandatory 옵션은 오브젝트의 필수 조건을 나타낸다. mandatory 값이 false면 파일이 없는 경우 다음 파일로 적재가 계속 이어지고 true이면 파일이 없는 경우 적재가 바로 실패한다.

ORC나 PARQUET 파일을 적재하는 경우 meta 옵션이 추가돼야 한다.

```json
{
  "entries": [
    { "url":"s3://S3_파일경로1", "mandatory":true, "meta":{"content_length":99} },
    { "url":"s3://S3_파일경로2", "mandatory":false, "meta":{ } }
  ]
}
```

FROM 절에 데이터 경로 대신 Manifest 파일 경로를 입력하고, COPY 쿼리 마지막에 MANIFEST 파라미터를 추가하면 된다.

```
COPY data.seoul_public_bicycle_rental_place_info
FROM 's3://s3-learn-redshift/manifest/s3/seoul_public_bicycle_rental_place_info.json'
IAM_ROLE 'arn:aws:iam::<AWS 계정 ID>:role/LearnRedshiftRole'
...
MANIFEST;
```

ENCRYPTED

암호화된 S3의 데이터를 ENCRYPTED 파라미터를 사용해 적재할 수 있다. 레드시프트에서 UNLOAD한 데이터는 자동으로 암호화되고 해독돼 ENCRYPTED 파라미터를 제공하지 않아도 된다. 외부 클라이언트에서 암호화된 경우에 필요한 파라미터이다. ENCRYPTED 파라미터를 사용할 경우 MASTER_SYMMETRIC_KEY 파라미터로 해독에 필요한 마스터 키를 같이 제공해야 한다.

```
ENCRYPTED MASTER_SYMMETRIC_KEY '<마스터 키>'
```

데이터 암호화에 대한 자세한 내용은 6장, '레드시프트 보안'에서 다루겠다.

REGION '리전 코드'

다른 리전에 있는 S3 데이터를 적재할 경우 필요하다. 서울 리전 코드는 "ap-northeast-2"이다. 다른 리전의 S3 데이터를 적재하면 추가 비용이 발생할 수 있다.

EMR 데이터 적재

EMR 클러스터 HDFS 스토리지에 저장된 데이터를 적재할 수 있다. EMR에서 데이터 스토리지를 S3 대신 HDFS를 사용하는 경우 S3로 데이터를 복사하지 않아도 돼 불필요한 절차를 줄일 수 있다. FROM 절에 S3 경로 대신 다음과 같이 j- 로 시작하는 EMR 클러스터 ID와 HDFS 경로를 입력하면 된다.

```
COPY data.seoul_public_bicycle_rental_place_info
FROM 'emr://j-ABCDEF1234567/users/master/file-*'
IAM_ROLE 'arn:aws:iam::<AWS 계정 ID>:role/LearnRedshiftRole'
[추가 적재 파라미터];
```

- S3 데이터 적재와는 다르게 경로에 와일드카드(*/?)를 사용할 수 있다.
- HDFS 파일을 슬라이스 수에 맞춰 적재하면 병렬 처리를 최대한 활용할 수 있다.
- 인증 파라미터는 S3 적재와 같다.

SSH 데이터 적재

EC2 리눅스 서버에 실행한 CLI 명령어의 결과(stdout)를 레드시프트에 적재할 수 있다. Manifest 파일에 하나 이상의 SSH 경로를 적고 FROM 절에 Manifest 파일의 S3 경로를 적는다. 병렬로 수행하기 때문에 S3 데이터 적재와 마찬가지로 SSH 경로를 슬라이스 수에 맞춰 작성하는 게 좋다. COPY 쿼리 마지막에 SSH 파라미터를 입력한다.

```
COPY data.seoul_public_bicycle_rental_place_info
FROM 's3://s3-learn-redshift/manifest/ssh/seoul_public_bicycle_rental_place_info.json'
IAM_ROLE 'arn:aws:iam::<AWS 계정 ID>:role/LearnRedshiftRole'
[추가 적재 파라미터]
SSH
```

SSH 적재 Manifest 파일 서식은 S3 적재 Manifest 파일과 거의 유사하다.

```
{
  "entries": [
  {
    "endpoint":"<서버 주소>",
    "command":"<CLI 명령어>",
    "mandatory":[true|false],
    "publickey":"<퍼블릭 키>",
    "username":"<사용자 ID>"
  },
  ...
  ]
}
```

- **서버주소**: EC2 서버의 endpoint 또는 IP

- **CLI 명령어**: 리눅스 서버 명령어(cat 명령어가 주로 사용된다)

- mandatory: true일 경우 SSH 접속에 실패할 경우 적재를 종료하고, false일 경우 다음 SSH 경로로 진행

- publickey: 서버 접속에 사용된 사용자의 퍼블릭 키

- username: 서버 접속에 사용될 사용자 ID

퍼블릭 키는 원격 서버의 $HOME/<username>/.ssh/id_rsa.pub 파일에서 찾을 수 있다. 파일이 없다면 ssh-keygen 명령어로 생성할 수 있다.

퍼블릭 키 파일은 다음과 같은 조합으로 이뤄진다.

ssh-rsa <긴 퍼블릭 키 문자열> <username>@<endpoint>

이 중 〈긴 퍼블릭 키 문자열〉 부분만 복사해서 Manifest 파일에 입력하면 된다.

DynamoDB 데이터 적재

DynamoDB 테이블 데이터를 레드시프트에 적재하는 방법을 살펴보자.

```
COPY data.seoul_public_bicycle_rental_place_info
FROM 'dynamodb:<테이블명>'
IAM_ROLE 'arn:aws:iam::<AWS 계정 ID>:role/LearnRedshiftRole'
 [추가 적재 파라미터];
```

테이블 전체를 복사해 오기 때문에 필요한 경우 DynamoDB 테이블을 시계열 테이블로 분리해 관리할 수 있다.

데이터가 데이터베이스에서 복사되므로 다음 파라미터를 제외한 모든 **데이터 서식 파라미터**와 **데이터 파일 타입 파라미터**는 사용할 수 없다.

- ACCEPTANYDATE
- BLANKSASNULL
- DATEFORMAT
- EMPTYASNULL
- ROUNDEC
- TIMEFORMAT
- TRIMBLANKS
- TRUNCATECOLUMNS

READRATIO [비율 값]

DynamoDB는 테이블에 Read Capacity 제한을 설정하기 때문에 COPY 쿼리에서 DynamoDB 테이블의 모든 Read Capacity를 독점하는 것을 막기 위해 READRATIO로 조회 작업에 제한을 둔다. 비율 값은 1-200 사이의 백분율로 정한다. 100 이상으로 설정하면 DynamoDB 테이블의 모든 Read Capacity를 독점하기 때문에 DynamoDB 테이블 성능에 영향을 줄 수 있다.

데이터 서식 파라미터

적재 대상 데이터의 서식을 정의하는 파라미터를 살펴보자.

ACCEPTANYDATE

TIMESTAMP, DATE 컬럼에 적재하려는 데이터 서식이 잘못돼도 적재 작업을 계속 진행한다. 잘못된 데이터는 NULL로 변환돼 적재된다.

ACCEPTINVCHARS ['변환 문자']

VARCHAR 컬럼에 적재하려는 데이터 서식이 잘못돼도 로드를 계속 진행한다. 잘못된 데이터는 ['변환 문자']로 변환돼 적재된다. 변환 문자를 제공하지 않으면 물음표(?)로 변환된다. 참고로 변환 문자는 문자열이 아닌 문자로 제공해야 한다. CHAR에는 사용할 수 없다.

NULL AS ['NULL 값']

데이터에 사용될 NULL 값을 정한다. 기본 NULL 값은 '\N'이다. '\n'은 레드시프트 줄바꿈 예약어이므로 사용할 수 없다. 아스키 문자 대신 컨트롤 문자를 사용하면 사용자 데이터와 겹칠 확률을 줄일 수 있다.

간혹 데이터에 공포의 NUL(0x000) 문자가 들어가는 경우가 있다. 0x001과 그 이후의 컨트롤 문자는 데이터에 이스케이프 처리하거나 따옴표로 포장해 적재할 수 있다. NUL 문자는 의미 자체가 EOR(레코드의 끝)을 의미하므로 데이터 처리 작업 중 NUL 문자가 발견되면 모든 작업을 중단하고 바로 다음 행으로 넘어가게 된다. NULL AS '\000' 옵션을 사용하여 NUL 문자의 의미를 EOR에서 데이터 NULL 값으로 변경할 수 있지만 데이터에 NUL 문자를 포함시키지 않는게 최선책이다.

REMOVEQUOTES

컬럼의 앞 뒤 포장 문자를 제거하고 적재할 때 사용하는 파라미터이다. 포장 문자가 컬럼 앞에만 발견되면 적재 작업이 실패하고, 뒤에만 발견되면 포장 문자 제거 없이 그대로 적재한다.

원본 데이터	보정 데이터
'A'	A
"A"	A
'A'A'	A'A
'A	적재 실패
"A	적재 실패
"'A'"	"A"

DATEFORMAT ['날짜 형식' | 'auto']

TIMESTAMP, DATE 컬럼의 날짜 포맷을 정한다. 기본 날짜 포맷은 YYYY-MM-DD 이지만 이를 사용자 데이터에 맞춰 MM-DD-YYYY 식으로 변경하거나 auto를 이용해 레드시프트에서 자동으로 날짜를 인식하게 할 수 있다.

TIMEFORMAT ['시간 형식' | 'auto' | 'epochsecs' | 'epochmillisecs']

DATEFORMAT과 마찬가지로 TIMESTAMP, TIMESTAMPZ 컬럼의 날짜와 시간 포맷을 정한다. 기본 포맷은 YYYY-MM-DD HH:MI:SS[Z]이고, Z는 타임 존 오프셋이다. UTC(00) 기준 오프셋이고 한국은 09이다. 아쉽게도 타임 존이 포함된 시간의 포맷은 변경할 수 없다. 이런 경우 auto를 사용하면 되는데 auto는 꽤 다양한 포맷을 인식하므로 시간 날짜 포맷이 명확하지 않으면 auto를 사용해도 좋다. 시간이 에폭Epoch 시간, 즉 1970-01-01 00:00:00부터 시작되는 초 또는 밀리 초 단위의 숫자의 경우 epochsecs, epochmillisecs 옵션을 사용하면 된다.

ESCAPE

데이터에 있는 역-슬래시(\)를 이용해 '\t', '\\' 같은 이스케이프 문자를 인식 가능하게 한다.

IGNOREHEADER [n]

데이터 첫 부분에 컬럼 헤더나 주석이 있을 경우 IGNOREHEADER를 이용해 데이터 첫 줄을 건너 뛸 수 있다. 옵션에 추가로 n을 제공하면 n 로우 수 만큼 데이터 첫 부분을 건너뛴다.

IGNOREBLANKLINES

적재하는 파일의 빈 줄은 건너뛴다. 아무 컬럼에 포함되지 않은 줄바꿈Line Feed를 의미하는데, 빈 줄이 만약 텍스트 컬럼의 일부라면 함께 적재한다.

ENCODING [UTF8 | UTF16 | UTF16LE | UTF16BE]

적재하려는 데이터의 문자 인코딩을 설정한다. 레드시프트에 적재되는 모든 데이터는 UTF8로 변경되는데, 적재 데이터의 인코딩이 UTF8이 아니라면 ENCODING 파라미터를 사용해야 된다.

데이터 보정 파라미터

데이터를 필요에 따라 보정해 적재하는 파라미터를 살펴보자.

BLANKSASNULL

CHAR, VARCHAR 컬럼의 빈 문자 값을 NULL로 변환해 적재한다.

EXPLICIT_IDS

IDENTITY 컬럼 값을 자동 생성하지 않고 데이터에 입력된 값을 사용한다.

FILLRECORD

데이터에 컬럼이 부족한 경우 COPY 쿼리는 실패한다. FILLRECORD를 이용하여 적재할 데이터가 없는 컬럼을 빈 값 또는 NULL 값으로 적재할 수 있다. CHAR와 VARCHAR의 경우 빈 값으로 적재하고 그 외 컬럼 타입은 NULL 값으로 적재한다. 만약 EMPTYASNULL 파라미터를 같이 사용하면 CHAR와 VARCHAR 도 마찬가지로 NULL 값을 적재한다.

ROUNDEC

소수점 데이터를 로드할 경우 소수점 길이가 컬럼의 소수점 크기보다 크면 소수점 일부를 삭제한다. ROUNDEC 옵션으로 삭제 대신 반올림할 수 있다. 예를 들어

DECIMAL(10,2) 컬럼에 12.345 값을 적재하면 12.34 값으로 적재되지만 ROUNDEC
을 사용하면 12.35 값이 적재된다.

TRIMBLANKS

VARCHAR 컬럼의 앞뒤 공백을 제거한다.

TRUNCATECOLUMNS

CHAR, VARCHAR 컬럼에 적재하려는 데이터가 컬럼 크기보다 크면 컬럼 크기 이상의
문자열을 제거하고 적재한다. TRUNCATECOLUMNS 파라미터를 사용하지 않으면 데
이터가 컬럼 크기를 넘어가는 경우 적재에 실패한다.

데이터 파일 압축 형식 파라미터

입력 데이터 파일이 압축된 형식을 정의한다. S3와 EMR 데이터 적재에 사용할 수 있으
며 다음 키워드 중 하나를 COPY 쿼리에 추가하면 된다.

- BZIP2
- GZIP
- LZOP
- ZSTD

데이터 파일 타입 파라미터

COPY 쿼리는 텍스트 파일, 직렬화^{Serialization}된 파일, 컬럼 기반 등의 다양한 파일 타입
을 지원한다. S3와 EMR 데이터 적재에 사용할 수 있다.

CSV

CSV 파일을 적재한다. CSV는 기본적으로 텍스트 파일의 형태로 쉼표(,)로 컬럼을 구분
하고 줄바꿈(\n)으로 줄을 구분한다. 큰 따옴표(")로로 포장해 문자열 값에 줄바꿈이나
컬럼 구분자가 포함돼도 적재할 수 있게 한다. 데이터에 큰 따옴표가 포함된 경우 이스
케이프 문자(\)를 앞에 붙이면 큰 따옴표를 데이터의 일부로 본다.

CSV는 FIXEDWIDTH, REMOVEQUOTES, ESCAPE 파라미터와 같이 사용할 수 없다.

DELIMITER '컬럼 구분자'

컬럼 구분자를 변경한다. 기본 값은 파이프(|)이지만 CSV 옵션을 사용하면 쉼표(,)로 변경된다.

> 대용량 데이터를 처리하다 보면 문자열 값에 파이프와 쉼표는 매우 흔하게 나타나는데, 포장 문자와 이스케이프 문자가 잘못된 경우도 자주 볼 수 있다. 이런 경우를 대비해 저자는 컬럼 구분자를 ASCII 값이 아닌 유니코드 ₩005을 사용하고 컬럼 포장을 하지 않는다.

QUOTE '포장 문자'

포장 문자를 변경한다. "하나,둘","셋" 같이 데이터에 컬럼 구분자가 포함된 경우 컬럼 구분자가 데이터의 일부인 것을 나타내기 위해 포장 문자(큰 따옴표 또는 작은 따옴표)로 컬럼 값을 포장한다. 기본 값은 큰 따옴표다.

FIXEDWIDTH '컬럼 너비'

컬럼을 컬럼 구분자로 나누는 대신 고정된 너비로 컬럼을 구분하고 적재한다. MS 엑셀의 **텍스트 나누기** 기능에서 일정한 너비로 텍스트를 나눠본 독자는 익숙할 것이다. 컬럼 너비를 정의하는 컬럼 너비 스펙은 사용자가 제공해야 한다.

FIXEDWIDTH "컬럼식별자:컬럼길이,컬럼식별자:컬럼길이, ..."

예: FIXEDWIDTH "idx:1,district:9"

컬럼 길이는 바이트 단위이기 때문에 한글이 포함된 컬럼은 컬럼 글자수의 3배 값을 입력하면 된다.

FIXEDLENGTH는 컬럼 값이 항상 일정한 예약어, 우편번호, 도시명 등의 데이터에 적합하다.

JSON ['JSONPath 파일 S3 경로']

JSON 파일을 적재한다. JSONPath 파일은 테이블 컬럼과 JSON 데이터의 Key와 연결 지어준다. JSONPath 경로를 제공하지 않거나 "auto" 키워드를 사용하면 JSON 데이터 파일에서 자동으로 추출한다. 다음은 JSONPath 파일의 예시다.

```json
{
    "jsonpaths": [
        "$.idx",
        "$.district",
        "$.rental_place_id",
        "$.rental_place_num",
        "$.rental_place_name",
        "$.bicycle_cnt",
        "$.latitude",
        "$.longitude"
    ]
}
```

AVRO ['스키마 파일 S3 경로']

AVRO 파라미터를 사용해 Avro(에이브로) 파일을 적재할 수 있다. 에이브로는 데이터 스키마를 포함하는 직렬화^{Serialize}된 파일 형식으로 CSV 같은 텍스트 파일의 데이터에 줄 바꿈과 컨트롤 문자, 컬럼 구분자, 포장 문자 등의 문자가 포함될 때 나타나는 문제점을 해결해 줄 수 있다. 구분자나 포장 문자를 이스케이프할 필요가 없어진다.

에이브로 파일에 포함된 스키마의 컬럼 명이 레드시프트 컬럼 명과 다르거나 스키마 구조가 복잡한 경우 에이브로 스키마 파일을 S3에 저장해 파라미터로 제공할 수 있다.

다음은 스키마 파일의 예시다.

```json
{
    "name": "seoul_public_bicycle_rental_place_info",
    "type": "record",
    "fields": [
        {"name": "idx", "type": "long"},
```

```
        {"name": "district", "type": "string"},
        {"name": "rental_place_id", "type": "string"},
        {"name": "rental_place_num", "type": "string"},
        {"name": "rental_place_name", "type": "string"},
        {"name": "bicycle_cnt", "type": "long"},
        {"name": "latitude", "type": "float"},
        {"name": "longitude", "type": "float"}
    ]
}
```

스키마 파일 경로를 제공하지 않거나 "auto" 값을 입력하면 에이브로 파일에 저장된 스키마를 사용한다.

 레드시프트에선 모든 테이블과 컬럼 명을 소문자로 관리한다. 에이브로 파일에 포함된 스키마나 S3에 저장된 스키마 파일을 작성할 땐 모두 소문자로 작성해야 한다.

 에이브로 파일에 포함된 에이브로 스키마의 최대 크기는 1MB이고, 에이브로 데이터 블록의 최대 크기는 4MB이다. 레코드 크기가 4MB를 넘지 않도록 주의하자.

사실 에이브로는 아파치 Thrift, 구글 Protocol Buffer와 같은 데이터 직렬화 역직렬화 라이브러리이다. 주로 RPC 통신 프로토콜에 사용되며 레드시프트와 아마존 EMR와 같은 시스템에서 데이터 직렬화를 위해 자주 사용된다. 자세한 내용은 아파치 에이브로 홈페이지를 참고하자.

https://avro.apache.org/

ORC

ORC 파일을 적재한다. 하둡^{Hadoop} 또는 아마존 EMR에서 자주 등장하는 컬럼 기반 파일이다. 추가적인 압축 없이도 ORC 파일 포맷 자체적으로 데이터 크기를 텍스트 파일에 비해 크게 줄여준다. 자세한 내용은 아파치 ORC 홈페이지를 참고하자.

https://orc.apache.org/

PARQUET

PARQUET 파일을 적재한다. ORC와 마찬가지로 하둡 또는 EMR에 자주 등장하는 대표적인 컬럼 기반 파일 포맷 중 하나이며 ORC보다 데이터 압축률은 낮지만 데이터를 처리하는 성능은 높은 것으로 알려져 있다. 자세한 내용은 아파치 Parquet 홈페이지를 참고하자.

https://parquet.apache.org/

기타 적재 파라미터

STATUPDATE [ON|OFF]

STATUPDATE^{Statistics Update}는 쿼리 플래너가 사용하는 통계 정보 시스템 테이블을 갱신한다. 기본 설정은 빈 테이블에 데이터를 적재할 때만 통계 정보가 갱신되고 이미 데이터가 있는 테이블에 COPY 할 경우에는 갱신하지 않는다. STATUPDATE ON으로 설정하면 빈 테이블이 아니어도 통계 정보를 갱신한다. STATUPDATE OFF로 설정하면 통계 정보를 갱신하지 않는다.

COMPUPDATE [ON|OFF]

COMPUPDATE^{Compression Update}은 테이블에 데이터를 적재하면서 자동으로 컬럼 인코딩을 정하는 옵션이다. 기본 설정은 테이블이 비어 있고 테이블의 모든 컬럼에 인코딩 설정이 없는 경우에만 자동으로 인코딩을 설정한다. COMPUPDATE이 ON이면 인코딩 설정된 상태에도 자동으로 인코딩을 갱신한다. COMPUPDATE이 OFF이면 자동 인코딩을 하지 않는다.

> 동시에 실행하는 COPY 쿼리 수가 늘어 적재 성능이 느려지면 STATUPDATE와 COMPUPDATE 파라미터를 OFF로 설정하여 데이터 적재 작업을 빠르게 할 수 있다. 대신 적재 작업이 완료된 후에 일괄적으로 ANALYZE 쿼리를 실행해야 한다. 통계 정보가 갱신되지 않으면 테이블을 읽는 쿼리 성능에 큰 영향을 줄 수 있다.

COMPROWS n

COMPUPDATE 옵션을 사용할 경우 인코딩 계산에 사용할 샘플 로우 수를 정한다. N
은 슬라이스 수 만큼 나눠 각 슬라이스에서 계산한다. 예를 들어 n=100,000, 슬라이스
수=4인 경우 각 슬라이스에서 25,000개의 샘플을 사용한다. 기본 설정은 100,000×슬
라이스 수다.

MAXERROR n

COPY 쿼리를 실행하면서 허용될 최대 에러 수를 정한다. n은 최대 허용 에러 수인데,
기본 설정은 0이며 최대치는 100,000이다. 로드에 실패된 로우는 건너뛴다. 발생된 에
러 수가 n을 넘어가면 COPY는 실패한다.

> 저자는 잘 사용하지 않는 옵션이다. 보통 로드 에러가 한 번 발생하면 같은 에러가 지속적으로 발
> 생될 확률이 높고, 이런 경우 MAXERROR를 아무리 높게 설정해도 효과가 없기 때문이다. 발생된
> 에러는 에러가 발생할 때 바로 잡는 것이 좋고, 데이터 적재에 이슈가 있다고 무시하면 데이터 누
> 락 가능성도 있다.

NOLOAD

COPY 쿼리 실행 시 실제 데이터를 적재하지 않고 데이터 적재에 문제가 없는지 확인
한다. 쿼리 작성 시 COPY 쿼리에 문제가 없는지, 데이터에 문제가 없는지 확인용으로
사용할 수 있다.

적재 에러 확인

COPY 쿼리를 실행하고 발생하는 에러는 stl_load_errors 테이블에서 확인할 수 있다.

```
SELECT *
FROM stl_load_errors
WHERE filename LIKE '%seoul_public_bicycle_usage%'
ORDER BY starttime DESC;
```

출력되는 결과 중 아래 컬럼을 확인해 보자.

- filename: 오류가 발생한 파일 경로

- line_number: 오류가 발생한 파일의 줄 번호

- colname: 오류가 발생한 컬럼 명

- type: 오류가 발생한 컬럼 타입

- raw_line: 오류가 발생한 줄의 데이터

- raw_field_value: 오류가 발생한 컬럼의 데이터

- err_reason: 오류가 발생한 원인

UNLOAD

레드시프트는 S3로 데이터를 추출하는 UNLOAD 쿼리를 제공한다. 기본적인 UNLOAD 쿼리는 다음과 같다.

```
UNLOAD ('
  SELECT ... FROM ...
')
TO 's3://<S3 경로>'
[인증 파라미터];
```

S3 경로에 〈슬라이스번호〉_〈파트번호〉를 붙여 저장한다. 추출 과정에서 슬라이스마다 하나 이상의 파일을 생성할 수 있는데 구분을 위해 파트 번호를 붙인다.

 S3 경로 끝에 슬래시(/)를 추가하면 해당 경로에 폴더를 생성하고 그 밑에 데이터 파일을 생성하게 된다. Amazon S3와 같은 오브젝트 스토리지는 폴더 개념이 없지만, 오브젝트의 구조적 관리와 집합을 위해 슬래시를 사용해 폴더 의미를 부여할 수 있다.

MANIFEST [VERBOSE]

UNLOAD 쿼리에서 생성된 데이터 파일의 경로와 정보가 나열된 매니페스트 파일을 생성해준다. 매니페스트 파일의 경로는 TO 절의 S3 경로 끝에 manifest를 붙여 s3://〈S3 경로〉manifest 식으로 저장된다. VERBOSE 파라미터를 사용하면 컬럼의 이름과 데이터 타입, 파일별 로우 카운트, 추출된 전체 데이터 사이즈와 로우 카운트가 매니페스트 파일에 추가된다.

CSV

데이터를 "A","B","C" 식의 CSV 포맷으로 추출한다.

HEADER

생성되는 모든 파일 첫 줄에 컬럼 명 리스트(헤더)를 추가한다.

DELIMITER AS '컬럼 구분자'

컬럼 구분자를 변경한다.

ADDQUOTES

컬럼 데이터를 큰따옴표로 포장한다.

NULL AS 'NULL 문자'

기본 NULL 문자 대신 사용자 정의 NULL 문자를 사용한다.

ESCAPE

다음 종류의 문자를 예외 처리(이스케이프)한다.

- 줄바꿈: \n

- 캐리지 리턴: \r

- 컬럼 구분자

- 이스케이프 문자: \

- 따옴표: ", '(ADDQUOTES 옵션이 사용된 경우)

BZIP2

생성되는 파일을 Bzip2로 압축한다.

GZIP

생성되는 파일을 Gzip으로 압축한다.

ZSTD

생성되는 파일을 ZSTD로 압축한다.

> Bzip2은 Gzip에 비해 15% 정도 높은 압축률을 자랑하지만, 압축 속도와 압축해제 속도는 15% 가량 느리다. 둘 중 사용자 용도에 따라 선택하면 된다.
>
> 저자는 UNLOAD를 주로 데이터를 S3나 Glacier로 백업하는 용도로 사용한다. Gzip이 높은 압축률(원본 파일의 80% ~ 90%)을 자랑하기 때문에 Gzip을 사용한다. 아무런 압축 없이 데이터를 S3에 저장하면 비용과 데이터 전송 속도 면에서 비효율적이다.

ALLOWOVERWRITE

데이터를 추출하려는 S3 경로에 파일이 존재하는 경우 UNLOAD 쿼리는 실패하지만, ALLOWOVERWRITE 파라미터를 사용하면 실패 없이 해당 경로를 덮어쓰게 된다.

PARALLEL OFF

UNLOAD 쿼리를 실행하면 각 슬라이스에서 데이터를 병렬로 추출한다. PARALLEL OFF 파라미터를 사용하면 마스터 노드에서 슬라이스의 추출 데이터를 취합해 S3 파일을 생성한다. 데이터가 적으면 한 파일만 생성하지만 파일 크기가 MAXFILESIZE를 넘어가면 추가 파일이 생성될 수 있다. UNLOAD 쿼리에 ORDER BY가 사용됐다면 마스터 노드에서 데이터 정렬을 수행한다. 추출 데이터가 커질수록 마스터 노드에 부하가 생기고 추출 성능이 느려지므로 크기가 작은 데이터에만 사용하자.

MAXFILESIZE AS 최대파일크기 [MB | GB]

추출되는 S3 파일의 최대 크기를 설정한다. 5MB에서 6.2GB 사이의 숫자를 정할 수 있는데 기본값은 6.2GB이다. 파일이 최대 크기를 넘어가면 파일을 추가한다.

REGION 'AWS 리전 코드'

데이터를 저장하려는 S3 경로가 같은 리전이 아닌 경우 REGION 파라미터를 사용해 리전을 변경 할 수 있다. 서울 리전 코드는 "ap-northeast-2"다.

레드시프트 데이터 이관

복습 차원에서 레드시프트에서 다른 레드시프트로 데이터를 이관하는 적재와 추출 쿼리를 살펴보자.

다음은 자전거 대여소의 일련번호와 이용 건수를 추출하는 쿼리다.

```
UNLOAD ('
  SELECT date, hour, rental_place_num, usage_count
  FROM data.seoul_public_bicycle_usage
  WHERE date = ''2017-01-01''
')
TO 's3://s3-learn-redshift/backup/seoul_public_bicycle_usage/20170101/'
IAM_ROLE 'arn:aws:iam::<AWS 계정 ID>:role/LearnRedshiftRole'
DELIMITER AS '\007' NULL AS '\005'
ALLOWOVERWRITE GZIP ESCAPE ADDQUOTES;
```

다음은 추출한 데이터를 레드시프트 클러스터로 적재하는 쿼리다.

```
COPY data.seoul_public_bicycle_usage (date, hour, rental_place_num, usage_count)
FROM 's3://s3-learn-redshift/backup/seoul_public_bicycle_usage/20170101/'
IAM_ROLE 'arn:aws:iam::<AWS 계정 ID>:role/LearnRedshiftRole'
FORMAT DELIMITER '\007' NULL AS '\005'
GZIP CSV FILLRECORD EMPTYASNULL ACCEPTINVCHARS;
```

- 파일의 컬럼 순서와 적재 대상 테이블의 컬럼 순서가 다른 경우를 대비해 적재 데이터의 컬럼 리스트를 제공했다.

- DELIMETER와 NULL 파라미터를 '\007', '\005'로 사용한 이유는 데이터에 컬럼 구분자(,)와 '\N' 널 문자가 이 데이터에 사용되는 경우를 대비해 데이터에 사용되지 않는 ASCII 컨트롤 문자를 사용했다.

- S3의 데이터 크기를 줄이기 위해 GZIP으로 압축했다.

- 텍스트 데이터에 줄 바꿈이 있는 경우를 위해 "A","B","C" 형태의 CSV 형식을 사용했다.

- FILLRECORD EMPTYASNULL 파라미터를 사용해서 대상 테이블의 컬럼이 CSV 파일에 없는 경우 NULL 값으로 채워 넣는다.

- ACCEPTINVCHAR 파라미터로 4바이트 이상의 UTF8 또는 지원되지 않는 문자를 "?"로 변경해서 적재한다.

 팁 컨트롤 문자는 ASCII 문자 0번부터 127번까지 사용되는 예약어. 대표적으로 줄 바꿈을 의미하는 0x010(LF), 0x013(CR)이 있다. 텍스트에 컨트롤 문자를 입력하는 방법은 셸(SHELL) 스크립트를 이용하는 방법과 VI 에디터를 이용하는 방법이 있다. 셸 스크립트는 다음과 같다.

`echo -e "\000" >> learn-redshift.csv`

VI 에디터로는 CTRL+V 이후 각 컨트롤 문자의 코드를 입력하면 된다. 컨트롤 문자 리스트와 코드는 여기를 참고하자: http://jkorpela.fi/chars/c0.html

---

물론 데이터 이관 실습 쿼리는 극히 주관적이며 이관하는 데이터 서식에 따라 쿼리는 변경돼야 한다.

3.7 정리

3장에서 실습에 사용할 테이블을 생성하고 데이터를 적재했다. 테이블 분산키와 소트키, 데이터 타입, 압축을 활용해 테이블을 최적화하는 방법을 학습했다. 분산키와 소트키를 적용하다 보면 분산키와 소트키가 적승하는 쿼리와 적승하지 않는 쿼리에서 큰 성능 차이를 경험할 수 있을 것이다. 레드시프트에선 쿼리와 테이블 구조 사이에는 직접적인 연관이 있고 테이블을 디자인하면서 테이블을 조회하게 될 모든 쿼리와 유즈케이스를 함께 고려해야 한다. 분석 쿼리를 작성하는 데이터 분석가도 레드시프트에 제공되는 테이블 디자인을 연구해 테이블을 최대환 활용하는 쿼리를 작성해야 한다. 4장, '쿼리 최적화'에서는 쿼리를 프로파일링하고 튜닝하여 데이터 분석에 필요한 최적화된 쿼리를 작성하는 방법을 학습할 계획이다. 3장에서 생성한 실습 테이블과 데이터를 활용하게 된다.

쿼리 최적화

레드시프트는 PostgreSQL 8.0.2를 기반으로 개발돼 표준 ANSI SQL을 따른다. SQL 작성 경험이 있는 독자라면 어렵지 않게 레드시프트 쿼리를 작성할 수 있을 것이다. SQL^{Structured Query Language}은 선언형 언어^{Declarative Language}에 속한다. 쿼리^{Query}의 사전적 의미는 정보 요청이다. 사용자는 구체적인 작업 수행 절차를 작성할 필요 없이 원하는 결과를 요청하면 쿼리 플래너^{Query Planner}가 실행 계획^{Execution Plan}을 자동으로 생성해 실행한다. 자바와 파이썬과 같은 명령형 언어^{Imperative Language}는 모든 실행 계획과 절차를 사용자가 직접 작성해야 한다. 선언형 언어는 명령형 언어에 비해 배우기 쉽고 사용이 간편하지만, 쿼리의 구체적인 실행 계획이 사용자의 통제 범위 밖에 있기 때문에 작업이 비효율적으로 실행되는 경우가 발생한다. 사용자가 실행하는 쿼리 환경과 툴은 비슷해도 쿼리가 실행되는 데이터베이스 시스템은 모두 다른 특성을 가지기 때문에 특성에 따라 작업을 최적화할 필요가 있다. 쿼리를 최적화하는 방법을 살펴보기 전에 실습에 필요한 간단한 SQL 문법을 복습해 보자.

4.1 SQL 복습

SQL에서 가장 자주 사용되는 SELECT 쿼리를 되새겨 보면 앞서 설명한 선언형 언어의 특징을 볼 수 있다.

```
SELECT 컬럼1, 컬럼2, …
FROM 테이블명;
```

SELECT 절에서 사용자가 원하는 컬럼을 나열하고 FROM 절에 데이터가 저장된 테이블을 적는다. 사용자는 컬럼1, 컬럼2를 조회하기 위해 어떻게 디스크를 읽고 어떤 자료형을 써야하는지에 대한 작업 절차를 작성하지 않아도 된다. 쿼리 플래너는 사용자의 선언문 또는 쿼리를 바탕으로 실행 계획을 작성한다.

WHERE

앞서 살펴본 쿼리는 테이블의 모든 데이터를 한 번에 처리한다. 만약 테이블이 수억 건 이상의 대용량 데이터로 구성돼 있으면 작업을 수행하는데 클러스터 자원이 과도하게 사용된다. 만약 결과 데이터가 클라이언트에 전달되면 클러스터의 네트워크 자원이 낭비되며, 클라이언트 시스템의 자원도 불필요하게 낭비된다. 쿼리 작업 수행에 불필요한 데이터는 WHERE 조건절^{Conditional expression}로 필터링할 수 있다.

```
SELECT rental_place_num, date, usage_count
FROM data.seoul_public_bicycle_usage
WHERE rental_place_num='315';
```

대여소 번호로 조건절을 추가하면 서울의 모든 자전거 대여 이력을 조회할 필요 없이 특정 대여소의 대여 이력만 조회할 수 있다. 다음 쿼리는 315번 대여소의 2017년 1월 1일 총 자전거 대여 건수를 보여 준다.

```
SELECT SUM(usage_count)
FROM data.seoul_public_bicycle_usage
WHERE date='2017-01-01' AND rental_place_num='315';
```

테이블의 date 컬럼이 소트키로 설정됐으면 '2017-01-01' 날짜를 저장한 슬라이스만 조회하기 때문에 쿼리 성능이 더욱 개선될 것이다.

GROUP BY

집계문(GROUP BY)으로 특정 컬럼의 값을 그루핑^{Grouping} 할 수 있다. 예를 들어 대여소 별 매출, 날짜별 대여 건수 같이 집계 값을 구할 때 사용된다. 다음은 자전거 대여소의 날짜별 대여 건수를 확인하는 쿼리이다.

```
SELECT date, SUM(usage_count)
FROM data.seoul_public_bicycle_usage
WHERE date >= '2019-03-01' and rental_place_num='315'
GROUP BY date;
```

SUM, AVG, COUNT와 같은 컬럼 집계 함수는 특히 컬럼 기반 데이터베이스에서 좋은 성능을 보인다. 레드시프트에서 컬럼 데이터는 데이터 블록 내 같은 위치에 저장하기 때문에 컬럼 데이터 스캔 속도가 빠르다. 특히 실습 쿼리에서는 집계문의 date컬럼이 소트키로 설정돼 Range-restricted 스캔을 통해 2019년 3월 이후 date 값을 저장하는 데이터 블록만 조회하게 된다. 추가로 date 컬럼을 테이블의 분산키로 선정한다면 슬라이스마다 관리하는 date 값이 일정해지기 때문에 집계 함수 성능이 더욱 향상될 수 있다.

JOIN

조인은 두 개 이상의 테이블을 병합하는 작업인데, 조인하는 방식에 따라 결과에 큰 차이가 발생한다. 많은 SQL 입문자가 어려워하는 부분인데 아래 그림을 그려보면 도움이 될 것이다.

테이블 A와 테이블 B를 조인하는 간단한 예제를 살펴보자.

그림 4-1 조인 전 테이블

사각형은 데이터 레코드를 의미하며 사각형 안의 숫자는 조인키 값이다. 녹색 사각형은 조인 결과에 포함되며 적색 사각형은 조인에 매칭되는 레코드가 없는 경우이다.

INNER JOIN

A와 B 테이블에서 조인키가 일치하는 레코드만 결과로 가져온다. JOIN과 INNER JOIN은 같은 조인 방식이다.

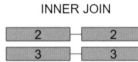

그림 4-2 INNER JOIN

LEFT OUTER JOIN

A와 B 테이블에서 조인키가 일치하는 레코드와 A 테이블의 일치되지 않는 레코드를 결과로 가져온다. LEFT JOIN과 LEFT OUTER JOIN은 같은 조인 방식이다.

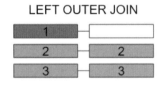

그림 4-3 LEFT OUTER JOIN

흰색 사각형은 조인 결과의 필드 수를 맞추기 위해 NULL 값으로 채워진다.

RIGHT OUTER JOIN

A와 B 테이블에서 조인키가 일치하는 레코드와 B 테이블의 일치되지 않는 레코드를 결과로 가져온다. RIGHT JOIN은 RIGHT OUTER JOIN과 같은 조인 방식이다.

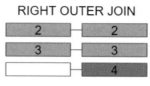

그림 4-4 RIGHT OUTER JOIN

FULL OUTER JOIN

A와 B 테이블에서 조인키가 일치하는 레코드와 일치되지 않는 레코드를 모두 결과로 가져온다. FULL JOIN과 FULL OUTER JOIN은 같은 조인 방식이다.

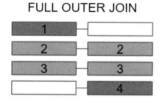

그림 4-5 FULL OUTER JOIN

CROSS JOIN

카티지안 프로덕트^{Cartesian Product}로도 불리는 크로스 조인은 테이블 A의 모든 레코드와 테이블 B의 모든 레코드의 모든 조합을 결과로 가져온다.

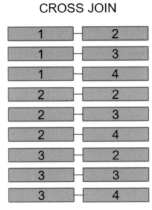

그림 4-6 CROSS JOIN

크로스 조인은 사용을 자제하는 것이 좋지만 드물게 데이터의 모든 조합을 보고자 할 때 사용할 수 있다. 예를 들어 나이키의 모든 신발 모델과 모든 색상 조합을 보려면 크로스 조인을 사용할 수 있다. 크로스 조인은 데이터가 적은 테이블에만 사용해야 한다. 그림 4-6과 같이 크로스 조인의 결과는 (테이블 A 로우 수×테이블 B 로우 수) 만큼 생성된다. 각 테이블의 로우 수가 1,000건만 돼도 1,000,000의 조합이 생성된다. 잘못된 크로스 조인 연산은 클러스터 스토리지 공간과 시스템 자원에 치명적일 수 있으므로 주의하자. 보통 쿼리에 크로스 조인이 발견되면 잘못된 의도일 가능성이 높다.

쿼리 강제 종료

가장 먼저 긴급 사태를 대비해 쿼리를 강제 종료하는 방법을 알아보자. 사용자가 실행 중인 쿼리의 프로세스 ID(PID)는 STV_RECENTS 테이블에서 확인할 수 있다.

```
SELECT * FROM stv_recents
WHERE status='Running' AND userid >= 100 AND query LIKE '%seoul_public_bicycle_usage%'
ORDER BY starttime DESC;
```

시스템 쿼리를 결과에서 제거하기 위해 userid >= 100 조건절을 추가했다. DBeaver나 SQLWorkbench/J 같은 쿼리 툴을 사용하면 카탈로그와 메타 데이터를 조회하는 쿼리가 상당 수 보일 것이다. 조건절을 추가해 사용자가 실행한 쿼리만 조회했다.

> **팁** 쿼리 PID를 조회하는 여러가지 방법이 있지만 STV_RECENTS 테이블을 선택한 이유는 STV 테이블은 메모리에 저장되기 때문에 쿼리 결과가 빠르게 조회된다.

쿼리 결과에서 다음과 같은 정보를 확인할 수 있다.

컬럼	설명
userid	사용자 ID
status	쿼리 상태
starttime	쿼리 시작 시간(UTC)
duration	쿼리 수행 시간(마이크로 초)
user_name	사용자 명
db_name	접속 데이터베이스
query	실행된 쿼리 텍스트
pid	쿼리 프로세스 ID(PID). 쿼리가 완료된 경우 −1

stv_recents 테이블에서 조회한 PID로 쿼리를 강제 취소할 수 있다.

```
CANCEL <PID> ['취소 메시지'];
```

```
SELECT pg_cancel_backend(<PID>);
```

두 쿼리 모두 쿼리를 취소하는 데 사용한다. 저자는 주로 취소 사유를 사용자에게 전달할 수 있는 CANCEL을 선호한다. 쿼리를 취소해도 클라이언트 세션과 커넥션은 지속되기 때문에 취소 메시지에 Long Running Query, Forbidden Query, Planned

Maintenance 등의 취소 사유를 적으면 사용자는 반환되는 에러 메시지를 확인해 대응할 수 있다.

만약 세션과 커넥션을 모두 강제 종료시키려면 PG_TERMINATE_BACKEND 함수를 사용해야한다.

```
SELECT pg_terminate_backend(<PID>);
```

PG_TERMINATE_BACKEND 함수는 주로 다음과 같은 경우에 사용된다.

- 클러스터에 남아있는 IDLE 또는 SLEEP 상태의 세션을 강제 종료하는 데 사용할수 있다.
- 세션이 특정 테이블에 불필요한 락Lock을 잡고 있는 경우 세션을 종료해 Lock을해제할 수 있다.

세션이 강제 종료되면 COMMIT 되지 않은 작업 내역은 ROLLBACK 돼 원상 복구된다.

일반 사용자는 본인의 쿼리만 취소/종료할 수 있고 클러스터 관리자는 모든 사용자의쿼리를 강제 취소/종료할 수 있다. 강제 취소와 종료 쿼리도 쿼리 대기열에서 차례를기다려야 하기 때문에 쿼리를 종료하는 데 오래 걸릴 수 있다. 관리자는 관리자 전용대기열superuser queue을 사용할 수 있기 때문에 사용자가 본인의 쿼리를 대기 없이 즉시종료시키려면 관리자한테 요청해야 한다. 관리자는 다음과 같이 관리자 대기열을 사용해 쿼리를 종료시킬 수 있다.

```
SET query_group to 'superuser';
CANCEL 1234 'Terminated by admin';
SELECT pg_terminate_backend(1234);
```

4.2 쿼리 분석

쿼리 프로파일링Profiling은 쿼리가 어떻게 실행되는지 분석하는 작업이다. 앞서 설명한 것처럼 SQL은 선언형 언어이기 때문에 쿼리의 실행 계획을 간과하는 사용자가 많다. 아쉽게도 쿼리 플래너가 항상 최고의 실행 계획을 작성하는 것은 아니기 때문에 실행 계획을 쿼리 작성자가 직접 검토할 필요가 있다. 쿼리를 실행하는 동시에 레드시프트는 쿼리 플래닝 과정을 통해 절차형 언어인 쿼리 실행 계획을 생성한다. 사용자는 실행 계획을 확인해 쿼리 수행에 필요한 시스템 자원과 수행 시간을 미리 짐작할 수 있다. 쿼리가 완료된 후 사용자는 시스템 테이블을 통해 쿼리가 실제 실행된 절차와 리소스 점유율을 확인할 수 있다. 쿼리를 실행하기 전에 실행 계획을 분석하고 실행 완료 후 쿼리를 프로파일링하는 작업을 습관화하면 수준 높은 레드시프트 쿼리를 작성할 수 있을 것이다. 리더 노드가 실행 계획을 생성하는 쿼리 플래닝 과정부터 살펴보자.

쿼리 플래닝

쿼리 플래닝은 레드시프트 리더 노드가 컴퓨팅 노드에 작업을 요청하기 전에 쿼리를 분석하고 최적화하는 과정이다. 쿼리 플래닝 과정을 이해하면 쿼리를 튜닝하는 데 큰 도움이 될 것이다.

다음 쿼리를 실행해 보자.

```
SELECT date, SUM(usage_count)
FROM data.seoul_public_bicycle_usage
WHERE rental_place_num='315'
GROUP BY date
ORDER BY date;
```

쿼리가 실행되면 쿼리 플래너는 다음과 같은 작업을 진행한다.

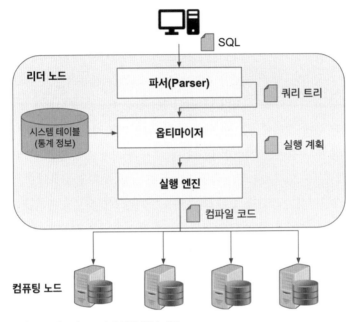

그림 4-7 레드시프트 쿼리 플랜 생성 과정

1. 클라이언트는 리더 노드에 연결해 쿼리를 실행한다.

2. 리더 노드의 파서는 쿼리를 파싱해서 쿼리 문법에 문제가 없는지 확인하고 이 과정에서 생성된 쿼리 트리를 옵티마이저에게 전달한다.

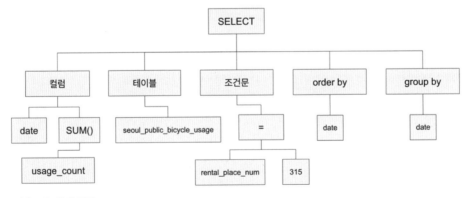

그림 4-8 쿼리 트리

3. 옵티마이저는 쿼리 트리를 최적화된 구조로 재구성한다(트리 노드 분리와 병합).

4. 옵티마이저는 시스템 테이블의 통계 정보를 이용해서 실행 계획을 작성한다. 실행 계획은 작업 실행 과정을 구현한 오퍼레이터와 통계 정보로 구성된다. 쿼리 분석에 사용되는 EXPLAIN 쿼리는 이 시점까지 실행되고 생성된 실행 계획을 사용자에게 전달한다.

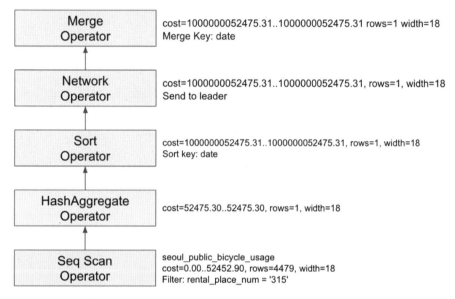

그림 4-9 실행 계획

5. 실행 계획은 실행 엔진에 전달되고 실행 엔진은 각 트리 노드를 다음 세 가지 단위로 분리한다.

   ▫ 스텝Step: 가장 세밀한 작업 단위이다.

   ▫ 세그먼트Segment: 슬라이스에서 병렬 처리 가능한 스텝의 묶음이다.

   ▫ 스트림Stream: 세그먼트의 묶음이다. 쿼리는 하나 이상의 세그먼트로 구성된다.

6. 첫 번째 스트림을 선택해 세그먼트 단위로 C++ 컴파일 코드를 생성한다. 컴파일 코드는 컴퓨팅 노드에서 빠르게 실행할 수 있으며 메모리를 적게 차지하는 이점이 있다.

7. 컴파일 코드는 컴퓨팅 노드에 전달되고 리더 노드의 캐시 메모리에 LRU방식으로 저장된다. LRU^{Least-Recently-Used}는 캐시 메모리에 저장 공간이 부족한 경우 가장 사용 빈도가 적은 데이터를 지우고 최신 데이터를 저장하는 방식이다. 컴파일 과정은 쿼리가 복잡해질수록 오래 걸리는데, 다음 쿼리에서 재사용할 수 있도록 캐시 메모리에 저장한다. 같은 쿼리가 반복적으로 실행되는 경우 쿼리가 빠르게 시작되는 것은 컴파일 코드를 컴파일 과정 없이 캐시 메모리에서 읽어 오기 때문이다.

8. 세그먼트는 컴퓨팅 노드의 WLM 쿼리 슬롯을 통해 병렬로 실행한다. 쿼리 슬롯 단위로 독립적인 프로세스를 생성하고 프로세스ID(PID)를 부여 받는다. 각 프로세스는 하나씩의 세그먼트를 담당하게 된다.

9. 스트림의 모든 세그먼트 작업이 완료되면 다음 스트림의 세그먼트를 컴파일한다. 모든 세그먼트를 미리 컴파일하지 않고 지연된 컴파일링을 하는 이유는 앞서 실행된 세그먼트 작업 결과와 성능을 분석하고 다음 세그먼트를 최적화하기 위함이다.

10. 컴퓨팅 노드에서 모든 스트림 작업이 끝나면 리더 노드에게 결과 데이터를 전송한다.

11. 리더 노드는 전달받은 결과 데이터를 취합하고, 필요에 따라 정렬과 집계, LIMIT과 같은 마무리 작업을 하고, 클라이언트에게 최종 결과를 전달한다.

 LIMIT은 리더 노드에서 담당한다. 서브 쿼리에 LIMIT 절이 있으면, 서브 쿼리의 결과를 리더 노드에게 전달하고 LIMIT을 적용한 결과를 외부 쿼리 작업을 위해 다시 컴퓨팅 노드에게 전달한다. 서브 쿼리의 LIMIT을 적용하기 전과 후의 데이터가 크면 리더 노드와 컴퓨팅 노드 사이에서 네트워크 부하가 발생할 수 있다. 경우에 따라 서브 쿼리에서 처리한 데이터를 외부 쿼리에서 데이터 이동(재분산, 재배포) 없이 수행할 수 있는데 서브 쿼리에 LIMIT 절을 추가하면 오히려 최적화 작업을 방해할 가능성이 있다.

실행 계획 분석하기

EXPLAIN 쿼리로 옵티마이저가 생성하는 실행 계획을 확인할 수 있다. 실행 계획은 각 실행 단계에서 사용되는 오퍼레이터와 테이블 명, 컬럼 명, 처리되는 데이터 크기와 처리 비용을 보여준다. EXPLAIN은 예상 실행 계획을 보여주기 때문에 실제 처리 비용과 약간의 오차가 있을 수 있지만 쿼리를 실행하기 전에 성능을 분석하는 데 유용하다.

사용자가 실행하려는 쿼리 상단에 EXPLAIN을 덧붙여 실행하면 쿼리를 실행하지 않고 실행 계획만 보여준다. 다음과 같이 FROM, WHERE 절이 사용되는 쿼리에는 모두 사용할 수 있다.

- SELECT
- SELECT INTO
- CREATE TABLE AS
- INSERT
- UPDATE
- DELETE

실습으로 레드시프트 함수의 코드와 실행 권한을 조회하는 쿼리를 분석해 보자.

```
EXPLAIN
SELECT p.proname, n.nspname, u.usename, l.lanname, p.prosrc, p.proacl
FROM pg_catalog.pg_proc p
JOIN pg_catalog.pg_namespace n ON p.pronamespace = n.oid
JOIN pg_catalog.pg_language l ON p.prolang = l.oid
JOIN pg_catalog.pg_user u ON p.proowner = u.usesysid
WHERE p.proname='substring' AND l.lanname='sql';
```

EXPLAIN 쿼리의 결과 값이다.

```
QUERY PLAN
------------------------------------------------------------------------------------------------------
XN Hash Join DS_BCAST_INNER  (cost=1400011.99..6080013.16 rows=1 width=565)
  Hash Cond: ("outer".proowner = "inner".usesysid)
  ->  XN Hash Join DS_BCAST_INNER  (cost=1400010.98..4680012.13 rows=1 width=441)
        Hash Cond: ("outer".oid = "inner".pronamespace)
        ->  LD Seq Scan on pg_namespace n  (cost=0.00..1.06 rows=6 width=132)
        ->  XN Hash  (cost=1400010.98..1400010.98 rows=1 width=317)
              ->  XN Hash Join DS_BCAST_INNER  (cost=1.06..1400010.98 rows=1 width=317)
                    Hash Cond: ("outer".prolang = "inner".oid)
                    ->  XN Index Scan using pg_proc_proname_args_nsp_index on pg_proc p  (cost=0.00..9.88 rows=2 width=193)
                          Index Cond: (proname = 'substring'::name)
                    ->  XN Hash  (cost=1.06..1.06 rows=1 width=132)
                          ->  LD Seq Scan on pg_language l  (cost=0.00..1.06 rows=1 width=132)
                                Filter: (lanname = 'sql'::name)
  ->  XN Hash  (cost=1.01..1.01 rows=1 width=132)
        ->  LD Seq Scan on pg_shadow  (cost=0.00..1.01 rows=1 width=132)
```

그림 4-10 EXPLAIN 쿼리 결과

실행 계획을 처음 접하는 독자라면 낯선 결과일 수 있다. 앞서 설명한 것처럼 실행 계획은 트리 구조로 구성되는데 이를 텍스트로 출력하다 보니 탭과 화살표로 표현한다. 트리 레벨은 탭 들여쓰기로 표현된다. 실행 계획은 하단 안쪽에서 바깥쪽 상단으로 읽어 나가야 한다. 화살표로 표시된 행은 하나의 오퍼레이터를 의미한다. XN은 Execution on Computing Node의 약자로 컴퓨팅 노드에서 실행되는 오퍼레이터를, LD는 리더 노드에서 실행되는 오퍼레이터다. 실습 쿼리에서 pg_shadow 시스템 테이블을 조회하니 리더 노드 오퍼레이터가 추가됐다. 들여쓰기는 오퍼레이터 실행 순서를 의미하기도 한다. 같은 깊이의 들여쓰기는 같은 레벨을 의미하며 같은 레벨의 오퍼레이터는 대부분 병렬로 실행되지만 경우에 따라 순차적으로 실행될 수 있다. 위 실행 계획을 그림으로 보면 다음과 같다.

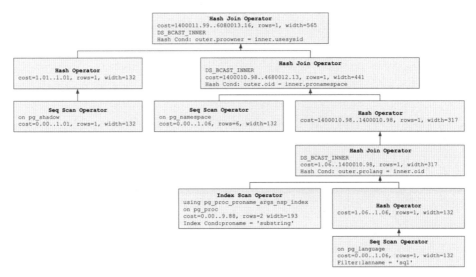

그림 4-11 실행 계획의 트리 구조

실행 계획을 트리 구조로 시각화하니 쿼리의 실행 계획을 한눈에 볼 수 있다. 오퍼레이터는 하단에서 상단 순서로 실행된다.

 팁 PostgreSQL의 경우 실행 계획을 시각화해 주는 무료 또는 유료 툴이 있다. 아쉽게도 레드시프트 실행 계획을 시각화해주는 툴은 아직 없다.

실행 계획을 자세히 보면 각 오퍼레이터는 COST, ROWS, WIDTH를 표시한다.

- COST: 오퍼레이터 수행의 비용을 나타낸다. A..B 식으로 두 숫자로 표시되는데 첫 번째 숫자는 작업 시작부터 첫 결과를 반환하는 데 걸리는 비용이고, 두 번째 숫자는 작업 시작부터 마지막 결과를 반환하는 데 걸리는 비용이다. 결과는 모든 작업이 완료되기를 기다리지 않고 바로 반환하기 시작한다. 비용은 트리 구조에서 모든 하위 레벨의 오퍼레이터 비용을 합친 누적 값이다. 그렇기 때문에 하단에서 상단으로 갈수록 비용이 늘어난다. 비용은 예측 값이기 때문에 절대 값으로 보기보다 상대적으로 비용 증가율이 뚜렷한 구간을 찾아야 한다. 테이블 통계 정보가 정확할수록 예측 비용도 정확해진다. 레드시프트 오퍼레이터 비용 계산

법은 공개되지 않았지만 PostgreSQL의 경우 디스크 I/O의 영향을 많이 받고(데이터 블록 I/O 당 1) CPU 타임도 계산에 영향을 준다. 참고로 작업의 대기 시간과 결과를 클라이언트에게 전송하는 전송 시간은 포함되지 않는다.

- **ROWS**: 오퍼레이터 작업의 예상 결과 레코드 수
- **WIDTH**: 오퍼레이터 작업의 예상 결과 평균 레코드 크기(바이트)

 팁 EXPLAIN 쿼리를 실행하면 실행 계획이 즉시 조회된다. 리더 노드 메모리에 저장된 통계 정보와 시스템 테이블을 이용해 실행 계획을 작성하기 때문이다. 통계 정보는 시스템 테이블에서 관리되며 사용자가 ANALYZE 쿼리를 이용해 갱신할 수 있다.

오퍼레이터

그림 4-11을 보면 실행 계획은 다양한 오퍼레이터로 구성된다. 실행 계획을 분석하려면 이러한 오퍼레이터를 이해해야 한다.

Scan 오퍼레이터

오퍼레이터	설명
Sequential Scan	테이블의 첫 행부터 끝 행까지 순차적으로 조회하면서 조건절의 필터를 적용한다. 테이블 전체를 스캔하기 때문에 디스크 읽기가 발생할 가능성이 높다. 실행 계획에는 Seq Scan으로 표시된다.
Subquery Scan	UNION을 사용하는 경우 서브 쿼리의 스캔을 나타낸다.
Subplan	IN(SELECT …)와 같이 IN 절의 서브 쿼리 스캔을 나타낸다.
Multi Scan	UNION ALL의 스캔을 나타낸다.

Hash 오퍼레이터

Hash 오퍼레이터는 대상 테이블의 해시 테이블을 생성하며 해시 테이블 크기에 따라 디스크 스필Disk spill[1]이 가능하다. Hash Join, HashAggregate 오퍼레이터에 사용된다.

---

1 디스크 스필(Disk spill): 데이터의 일부는 메모리에 저장하고 메모리로 부족한 부분은 디스크에 저장하는 기술이다.

Join 오퍼레이터

레드시프트는 조인 타입, 테이블 구성, 데이터 위치 등의 정보를 이용해 적절한 조인 오퍼레이터를 선택한다. 설명을 위해 A JOIN B 조인절에서 A 테이블을 외부(OUTER) 테이블이라 하고, B 테이블을 내부(INNER) 테이블이라 한다. 외부 테이블은 상대적으로 크기가 큰 조인의 기준 테이블을 일컫고 주로 팩트 테이블이 외부 테이블에 해당된다. 내부 테이블은 상대적으로 크기가 작은 조인 테이블을 일컫고 주로 디멘전 테이블이 내부 테이블에 해당한다.

조인은 두 테이블을 병합하는 작업이기 때문에 클러스터에 분산돼 있는 데이터를 전송하는 셔플링^{Shuffling} 단계를 거치게 된다. 조인 작업은 최대한 병렬 처리를 활용하면서 디스크 조회와 네트워크 전송을 최대한 자제해야 빠르게 처리할 수 있다. 셔플링 작업 최소화는 어떻게 가능할까?

우선 쿼리 옵티마이저는 테이블 속성과 통계 정보를 분석해 외부 테이블과 내부 테이블을 정한다. 둘 중 크기가 큰 테이블이 외부 테이블이 되므로, 외부 테이블을 최대한 데이터 이동 없이 작업을 수행하는 방법을 선택한다. 내부 테이블도 데이터 이동 없이 작업 수행이 가능하면 좋지만 필요한 경우 네트워크 배포나 분산 오퍼레이터로 외부 테이블의 데이터가 있는 위치로 데이터를 전송할 수 있다. 내부 테이블이 외부 테이블보다 크기가 작으니 데이터 전송에 따른 영향이 비교적 적을 것이다. 배포나 분산 오퍼레이터에 대한 자세한 설명은 Network 오퍼레이터를 참고하자.

 주의 테이블이 재배포 혹은 재분산되면서 각 노드에 임시 테이블이 생성된다. 임시 테이블은 노드의 메모리나 디스크에 저장되는데 메모리에 담을 수 없는 크기인 경우 디스크에 저장한다. 특히 임시 테이블은 쿼리 성능을 위해 데이터 인코딩(압축)을 적용하지 않기 때문에 테이블 크기가 3~5배 이상 커질 가능성이 있다. 대용량 테이블과 대용량 테이블을 조인하는 경우 임시 테이블로 인해 노드 디스크를 100% 점유하지 않도록 주의해야 한다.

조인에는 다음과 같은 오퍼레이터가 있다.[2]

오퍼레이터	설명

Nested Loop Join	CROSS JOIN 쿼리에 사용된다. 내부 테이블의 모든 행을 외부 테이블의 모든 행과 병합한 결과를 반환한다. 결과 테이블은 (내부 테이블 로우 수 x 외부 테이블 로우 수)만큼 불어난다. Nested Loop Join이 발견되면 의도된 것인지 반드시 검토해야 한다. 사용자 실수로 쿼리에 조인 컨디션이 없거나 조인 컨디션에 부등호($<$, $>$, $<=$, $>=$, $<>$)가 사용되면 Nested Loop Join 오퍼레이터가 사용된다.
	
	다음은 Nested Loop Join의 수도코드 (Pseudo-code)이다.
	
	`for each outer_row in outer_table:`
	`    for each inner_row in the inner_table:`
	`        add (outer_row, inner_row) to result`
	
	수도코드의 로직을 보면 외부 테이블과 내부 테이블의 모든 조합을 생성하는데, 이것이 가능하려면 내부 테이블을 모든 노드로 전체 복사해야 한다. 이 과정에서 상당한 네트워크 비용, 스토리지 비용이 발생한다. 또한 데이터를 병합하는 과정에서 $O(n)=n^2$의 비싼 연산 비용이 발생한다.

Hash Join	Hash 오퍼레이터로 내부 테이블의 해시 테이블을 생성하고, 외부 테이블의 조인키 해시 값을 내부 해시 테이블에서 찾아 조인한다. Hash 오퍼레이터를 사용하므로 해시 테이블 생성 과정에서 디스크 스필이 가능하다.
	
	주로 INNER JOIN, LEFT/RIGHT OUTER JOIN 쿼리에서 조인키가 분산키와 다른 경우 사용된다.
	
	다음은 Hash Join을 사용한 INNER JOIN의 수도코드이다.
	
	`inner_hash = hash_table(inner_table)`
	`for each outer_row in the outer_table:`
	`    outer_row_hash_value = hash(row1.joinkey)`
	`    if outer_row_hash_value in inner_hash.keys:`
	`        inner_row = inner_hash[outer_row_hash_value]`
	`        add (outer_row, inner_row) to result`
	
	조인키가 분산키와 다르므로 내부 테이블의 재분산 또는 재배포 작업이 필요하다. 해시 테이블을 검색하는 비용은 $O(n)=1$이지만 해시 테이블을 생성하고 외부 테이블을 순회하는데 $O(n) = 2n$의 연산 비용이 발생한다.
	Hash Join 오퍼레이터를 활용한 OUTER JOIN 로직은 직접 고민해 보자.

---

2   수도코드(Pseudo-code): 코드를 사람이 읽기 편한 형태로 작성된 코드이다. 주로 로직을 설명하는 용도로 사용되며, 표준 문법이 있는 건 아니지만 보통 원본 코드에서 로직 이해에 꼭 필요한 코드만 포함한 형태로 작성한다.

Merge Join	조인 대상 테이블의 조인키가 모두 분산키와 소트키로 디자인된 경우 각 노드에 두 테이블의 데이터를 정렬된 상태로 모두 저장하고 있기 때문에 Merge 연산이 가능하다. 네트워크 전송 절차를 생략할 수 있고 Hash 테이블과 임시 테이블을 만들 필요가 없으며 한 번의 테이블 스캔으로 조인할 수 있기 때문에 조인 오퍼레이터 중 가장 빠르다. Sort & Merge라고도 불리는데 Merge Sort 알고리즘과 흡사하지만 사용 조건이 까다롭다.

INNER JOIN, [LEFT/RIGHT] OUTER JOIN 쿼리에 사용이 가능하지만 양 테이블의 조인키가 분산키와 소트키로 설정돼야 하고 두 테이블 모두 정렬 비율이 20%를 넘어야 한다.

다음은 Merge Join을 사용한 OUTER JOIN의 수도코드이다. 내부 테이블과 외부 테이블의 조인키가 모두 분산키와 소트키이고 정렬 비율이 100%임을 가정했다.

```
outer_row = next row in outer_table
inner_row = next row in inner_table
while outer_table hasnext:
    // outer_row.joinkey가 inner_row.joinkey보다 작으면 outer_row 만
결과에 추가한다
    if outer_row.joinkey < inner_row.joinkey:
        add (outer_row, None) to result
    // inner_row.joinkey가 outer_row.joinkey보다 커질 때까지 내부 테이
블을 스캔한다
    while inner_table hasnext and outer_row.joinkey >= inner_
row.joinkey:
        // outer_row과 inner_row의 조인 조건이 성사되면 결과에 추가한다
        if outer_row joins inner_row:
            add (outer_row, inner_row) to result
        inner_row = next row in inner_table
    outer_row = next row in outer_table
```

언뜻 보면 O(n)=n2 연산처럼 보이지만 외부 테이블과 내부 테이블은 각각 한 번만 스캔되므로 연산 비용은 O(n)=2n이 된다. 데이터 이동 없이 조인 작업을 진행하기 때문에 네트워크 오퍼레이터는 필요 없다.

Merge Join을 활용한 INNER JOIN 로직은 직접 고민해 보자.

⚡ 팁
A JOIN B 쿼리를 작성할 때 일반적으로 크기가 큰 테이블을 A(왼쪽)에 적고 크기가 작은 테이블을 B(오른쪽)에 적는다. 그 이유는 두 테이블의 통계 정보가 부족하거나 옵티마이저가 외부와 내부 테이블을 결정하지 못하는 상황에는 MERGE JOIN을 시도하고 MERGE JOIN을 사용할 수 없으면 A 테이블을 외부 테이블로 B 테이블을 내부 테이블로 임의적으로 정하기 때문이다. 테이블 통계 정보를 항상 최신으로 유지하고 테이블 정렬 비율을 50% 이상 유지하는 게 옳으나, 경우를 대비해 크기가 큰 테이블은 왼쪽에 작은 테이블은 오른쪽에 적을 수 있다.

Aggregation 오퍼레이터

GROUP BY와 집계 함수에 사용되는 오퍼레이터다.

오퍼레이터	설명
Aggregate	SUM, AVG와 같은 집계 함수에 사용된다.
HashAggregate	Hash 오퍼레이터를 이용해 해시 테이블을 생성하고 데이터를 집계한다. 대상 데이터는 정렬되지 않아도 된다. 해시 테이블 생성 과정에서 디스크 스필이 가능하다.
GroupAggregate (미지원 오퍼레이터)	정렬된 데이터를 대상으로 집계한다. 데이터 버퍼링[3] 대신 데이터 파이프라인[4]을 최대한 활용해 중간 데이터 크기를 최소화한다. force_hash_grouping 설정을 끄면 사용할 수 있지만, 아쉽게도 레드시프트에서 force_hash_grouping 설정 변경은 차단되었다(AWS 지원 서비스를 통해 변경 가능).

Sort 오퍼레이터

쿼리 결과를 정렬하고 병합하는 오퍼레이터이다. 데이터 파이프라인 기술 대신 데이터 버퍼링 기술을 활용한다. 최종 정렬은 리더 노드에서 실행된다.

오퍼레이터	설명
Sort	정렬 기준 컬럼으로 데이터를 정렬한다. 데이터 양이 많으면 디스크 스필이 가능하다. ORDER BY, UNION, DISTINCT 등 정렬이 필요한 곳에 사용된다.
Merge	정렬된 중간 데이터를 병렬로 취합하고 Merge Sort알고리즘으로 정렬한다. 컴퓨팅 노드에서 정렬된 중간 데이터는 리더 노드가 취합하고 최종 정렬 후 결과를 반환한다.

Set 오퍼레이터

두 개 이상의 데이터 셋 혹은 서브 쿼리의 결과를 병합한다.

오퍼레이터	설명
Except	EXCEPT / MINUS 쿼리에 사용된다. Hash Join을 사용하기 때문에 디스크 스필이 가능하다.
Intersect	INTERSECT 쿼리에 사용된다. Hash Join을 사용하기 때문에 디스크 스필이 가능하다.
Append	UNION [ALL] 쿼리 또는 TABLE APPEND에 사용된다. 최종 결과나 중간 결과 데이터 저장이 필요한 경우 디스크 쓰기 작업이 발생한다.

---

3 데이터 파이프라인: 데이터 작업 시퀀스를 중간 데이터 없이 연속으로 처리하는 방식이다. 작업 A→작업 B 시퀀스가 있다면 A 작업의 결과는 바로 B작업의 입력이 된다.

4 데이터 버퍼링: 데이터 작업을 디스크나 메모리에 저장된 중간 데이터를 활용해 처리하는 방식이다.

Network 오퍼레이터

네트워크를 통한 데이터 전송을 위한 오퍼레이터다.

오퍼레이터	설명
Broadcast(배포)	데이터 전체를 모든 노드에 전송한다.
Distribute(분산)	데이터를 나누어 모든 노드의 슬라이스에 분산한다.
Send to Leader(전송)	중간 데이터를 리더 노드에 전송한다.

배포와 분산 오퍼레이터는 JOIN 연산과 관련이 깊다. 옵티마이저가 선택하는 조인 방식에 따라 다른 네트워크 오퍼레이터가 사용되기 때문이다.

조인은 다음과 같은 분산 방식을 사용한다.

- **DS_DIST_NONE**: 데이터를 분산할 필요 없이 모든 조인 작업을 병렬로 처리한다. 조인 작업에 가장 이상적이다.

- **DS_DIST_ALL_NONE**: 내부 테이블이 이미 전체 분산인 경우 데이터 분산 작업이 불필요하다. 전체 분산은 컴퓨팅 노드마다 한 슬라이스에 테이블 전체를 저장하기 때문에 노드마다 한 슬라이스에서 조인 작업을 진행한다. 데이터 전송 과정이 없어 좋은 성능을 기대할 수 있다.

- **DS_DIST_INNER**: 내부 테이블을 재분산해 조인을 처리한다. 내부 테이블 크기가 작으면 재분산 작업은 빠르게 진행되지만 크기가 크면 조인 성능이 느려질 수 있다.

- **DS_DIST_ALL_INNER**: 외부 테이블이 전체 분산을 사용하는 경우 전체 클러스터에서 슬라이스 하나를 선택하고 내부 테이블 전체를 같은 슬라이스에 복사한 후 조인을 처리한다. 클러스터의 모든 슬라이스를 활용하지 못하고 한 슬라이스에서만 순차적인 작업으로 진행되니 조인 성능이 상당히 느릴 수 있다. 또한 내부 테이블이 대용량인 경우 클러스터 성능에 영향을 줄 수 있고, 디스크 점유율이 높아지는 문제가 발생할 수 있다. DS_DIST_ALL_INNER이 발견되면 쿼리 및 테이블 튜닝이 필요하다.

- **DS_DIST_OUTER**: 외부 테이블을 재분산한다. 외부 테이블이 대용량인 경우 조인 쿼리 뿐만 아니라 클러스터 전체 성능에 영향을 줄 수 있으므로 쿼리 및 테이블 튜닝이 필요하다.

- **DS_DIST_ALL_BOTH**: 외부와 내부 테이블 모두 재분산한다. 쿼리 및 테이블 튜닝이 필요하다.

 조인이 완료되면 임시 테이블 영역은 회수되지만 조인이 완료되기 전 디스크를 100% 이상 점유할 가능성이 있다. 이런 경우 데이터 쓰기 작업이 실패하기 시작하고 클러스터 성능도 상당히 느려진다.

조인은 다음과 같은 배포 방식을 사용한다.

- **DS_BCAST_INNER**: 내부 테이블을 모든 컴퓨팅 노드에 배포한다. 내부 테이블이 큰 경우 테이블을 모든 노드에 복사하게 되므로 클러스터 성능에 영향을 줄 수 있고 디스크 점유율이 높아진다. 쿼리 및 테이블 튜닝이 필요하다.

조인에 사용되는 분산 방식은 실행 계획에서 확인할 수 있다.

DML 오퍼레이터

데이터를 실제 변경하는 오퍼레이터다.

오퍼레이터	설명
Insert	데이터를 삽입한다. 데이터 블록을 재생성하거나 새로 추가한다.
Delete	데이터를 삭제한다. 데이터 블록 작업을 줄이기 위해 실제로는 블록 헤더에 삭제 마킹만 한다.
Update	기존 데이터를 삭제하고 신규 데이터를 삽입한다. 데이터 블록을 재생성한다.

기타 오퍼레이터

오퍼레이터	설명
Limit	클라이언트에 반환되는 로우 수를 제한한다.
Materialize	nested loop join 또는 merge join에 필요한 입력 데이터를 디스크에 저장한다.

Parse	데이터를 적재하는 과정에서 입력되는 텍스트 값을 분석한다.
Project	불필요한 컬럼을 제거한다. 컬럼 프로젝션으로 불린다.
Result	데이터 블록을 조회하지 않는 함수의 결과 값을 반환한다. md5(), sysdate() 등의 리더 노드 전용 함수에 사용된다.
Unique	DISTINCT 또는 UNION 쿼리를 실행하면서 중복 레코드를 제거하는 역할을 한다(참고: UNION은 중복 레코드를 제거하고 UNION ALL은 포함한다).
Window	윈도우 함수를 실행한다. 디스크 사용이 가능하다.

이제 어느 정도 쿼리 실행 계획 분석에 익숙해졌을 것이다. 고급 레드시프트 엔지니어가 되려면 실행 계획을 읽고 분석할 줄 알아야 한다. 쿼리가 조금만 수정돼도 실행 계획에서 큰 차이가 발생하므로 쿼리가 변경되면 항상 실행 결과를 확인해 보자.

EXPLAIN VERBOSE 결과는 요약문이 아닌 물리적 실행 계획과 트리를 보여주지만, 이는 일반 유저에게는 불필요한 정보이고 주로 레드시프트 개발자가 디버깅 용도로 사용한다.

종료된 쿼리 분석하기

쿼리 프로파일링은 쿼리 실행 전에만 할 수 있는 건 아니다. 쿼리가 종료된 후 실제 쿼리 실행 과정과 리소스 사용량, 디스크 사용 여부 등의 정보를 분석하는 프로파일링 기술이 있다. 특히 반복적으로 사용되는 쿼리는 종료 후 분석하고 튜닝해 성능 개선을 배로 달성할 수 있다.

실습을 위해 마포구의 연령별 자전거 대여 건수를 집계하는 쿼리를 실행해 보자.

```
SELECT district, age_code, count(*) as count
FROM data.seoul_public_bicycle_rental_place_info r
JOIN data.seoul_public_bicycle_usage u on r.rental_place_num = u.rental_place_num
WHERE age_code is not null and district='마포구'
GROUP BY district, age_code
ORDER BY count DESC;
```

STL_QUERY

STL_QUERY는 쿼리의 ID, 시작 시간과 종료시간, 처리시간, 쿼리 텍스트를 보여준다. 특히 쿼리 ID는 앞으로 쿼리를 분석하는 데 자주 필요하게 된다. 다음 쿼리로 실습 쿼리의 쿼리 ID를 찾을 수 있다.

```
SELECT * FROM stl_query
WHERE querytxt LIKE '%seoul_public_bicycle_rental_place_info%'
ORDER BY starttime DESC;
```

```
Name                          |Value
------------------------------|----------------------
userid                        |100
query                         |71980
label                         |default
xid                           |311731
pid                           |28318
database                      |learn
querytxt                      |SELECT district, age_
starttime                     |2019-05-03 06:17:00
endtime                       |2019-05-03 06:17:03
aborted                       |0
insert_pristine               |0
concurrency_scaling_status    |2
```

조회되는 컬럼의 의미는 다음과 같다.

컬럼 명	설명
userid	사용자 ID
query	쿼리 ID
label	쿼리를 파일로 실행한 경우 파일명, 그렇지 않은 경우 SET QUERY_GROUP 을 설정한 쿼리 그룹 명, 쿼리 그룹이 없으면 default 텍스트가 채워진다.
xid	트랜잭션 ID
pid	프로세스 ID
database	연결된 데이터베이스
querytxt	쿼리 텍스트
starttime	쿼리 시작 시간(UTC 시간 기준)
endtime	쿼리 종료 시간(UTC 시간 기준)

aborted	쿼리가 강제 종료됐는지 표시한다. 사용자나 시스템에 의해 강제 종료된 쿼리는 1, 쿼리가 정상 수행되면 0을 표시한다.
insert_pristine	쿼리 실행 중 다른 쓰기 쿼리가 실행됐는지 표시한다. 0은 쓰기 쿼리가 실행되지 않았고 1은 실행됐음을 표시한다. 쿼리가 다른 쓰기 쿼리에 의해 영향을 받았는지 확인하는 용도로 사용할 수 있다.
concurrency_scaling_status	쿼리가 컨커런시 스케일링 클러스터에서 실행됐는지 표시한다. 값이 1이면 컨커런시 스케일 클러스터에서, 그 외 모든 값은 마스터 클러스터에서 실행됐음을 표시한다.

STL_QUERY는 일반 쿼리만 포함하며, DDL 쿼리와 BEGIN, END, SET 과 같은 부가적인 쿼리는 제외된다. 관리자는 모든 사용자의 쿼리를 볼 수 있고, 일반 사용자는 본인의 쿼리만 볼 수 있다. 디스크 공간을 절약하기 위해 쿼리 빈도에 따라 2~5일치의 쿼리 이력만 보관하는데 필요에 따라 STL_QUERY 테이블을 S3 또는 다른 스토리지로 백업할 수 있다.

STL은 시스템 로그의 약자로 주로 사용자 쿼리 관련 로그와 기록을 보관한다.

> 사용자가 실행한 쿼리가 STL_QUERY 테이블에서 조회되지 않는다면 쿼리의 결과가 리더 노드의 결과 캐시(Result Cache)에서 조회됐을 가능성이 높다. 결과 캐시는 같은 쿼리를 여러 번 실행하는 경우 쿼리 실행 없이 결과를 즉시 받아 볼 수 있는 장점이 있지만, 쿼리를 프로파일링 하는 실습에는 불편한 기능일 수 있다. 다음 SET 쿼리로 세션 설정을 변경할 수 있다.
>
> ```
> SET enable_result_cache_for_session=off;
> ```
>
> 세션이나 커넥션이 끊어지면 세션 설정을 다시 변경해야 한다.

STL_EXPLAIN

과거에 실행했던 쿼리의 실행 계획을 STL_EXPLAIN 시스템 테이블에서 조회할 수 있다. STL_EXPLAIN은 옵티마이저가 생성했던 실행 계획을 고스란히 보관한다.

```
SELECT * FROM stl_explain WHERE query=<쿼리ID> ORDER BY nodeid ASC;
```

```
userid|query|nodeid|parentid|plannode
------|-----|------|--------|----------------------------------------------------------------------
   100|71728|     1|       0|XN Merge  (cost=1000000096398.60..1000000096398.62 rows=9 width=22)
   100|71728|     2|       1|  ->  XN Network  (cost=1000000096398.60..1000000096398.62 rows=9 width=22)
   100|71728|     3|       2|        ->  XN Sort  (cost=1000000096398.60..1000000096398.62 rows=9 width=22)
   100|71728|     4|       3|          ->  XN HashAggregate  (cost=96398.43..96398.46 rows=9 width=22)
   100|71728|     5|       4|            ->  XN Hash Join DS_DIST_NONE  (cost=55.04..94860.33 rows=20
   100|71728|     6|       5|              ->  XN Seq Scan on seoul_public_bicycle_usage u  (cost
   100|71728|     7|       5|              ->  XN Hash  (cost=54.49..54.49 rows=220 width=20)
   100|71728|     8|       7|                    ->  XN Seq Scan on seoul_public_bicycle_rental_p
```

출력된 컬럼의 의미는 다음과 같다.

컬럼 명	설명
userid	사용자 ID
query	쿼리 ID
nodeid	오퍼레이터 노드 ID
parentid	부모 노드 ID. 실행 계획에서 노드가 병렬 처리를 위해 두 갈래로 나눠지는 경우 부모 노드를 식별할 때 필요하다.
plannode	오퍼레이터 정보를 보여준다. XN이 앞에 붙으면 컴퓨팅 노드에서 실행되는 오퍼레이터, LD가 앞에 붙으면 리더 노드에서 실행되는 오퍼레이터이다.
info	필터 컬럼, 조인 컬럼 등 부가적인 정보를 보여준다.

실행 계획은 실행 순서의 역순(아래에서 위)으로 보여지는데, 정순(위에서 아래)으로 보는 것을 선호하면 nodeid를 내림차순으로 변경할 수 있다.

```
SELECT plannode, info FROM stl_explain WHERE query=<쿼리ID>
ORDER BY nodeid DESC;
```

```
plannode
------------------------------------------------------------------------------------------
                        ->  XN Seq Scan on seoul_public_bicycle_rental_place_info r  (cost=0.0
                  ->  XN Hash  (cost=54.49..54.49 rows=220 width=20)
                  ->  XN Seq Scan on seoul_public_bicycle_usage u  (cost=0.00..41962.32 rows=
            ->  XN Hash Join DS_DIST_NONE  (cost=55.04..94860.33 rows=205080 width=22)
          ->  XN HashAggregate  (cost=96398.43..96398.46 rows=9 width=22)
      ->  XN Sort  (cost=1000000096398.60..1000000096398.62 rows=9 width=22)
  ->  XN Network  (cost=1000000096398.60..1000000096398.62 rows=9 width=22)
XN Merge  (cost=1000000096398.60..1000000096398.62 rows=9 width=22)
```

쿼리 ID는 STL_QUERY 테이블과 조인하여 실행된 쿼리 정보를 확인해 볼 수 있다. 다음은 DS_DIST_ALL_INNER 네트워크 오퍼레이터가 사용된 쿼리를 추출하는 예제다.

```
SELECT q.*
FROM stl_query q JOIN (
    SELECT DISTINCT query
    FROM stl_explain
    WHERE plannode LIKE '%DS_DIST_ALL_INNER%'
) e ON q.query = e.query
ORDER BY query;
```

STL_EXPLAIN의 실행 계획은 통계 정보를 기반으로 생성됐기 때문에 실제 실행 과정과는 차이가 있을 수 있다.

이번에는 쿼리 실행 계획이 아닌 실제 쿼리 실행 과정을 확인하는 방법을 살펴보자.

SVL_QUERY_REPORT

SVL_QEURY_REPORT는 스텝 작업 기록과 슬라이스 단위 지표를 컴퓨팅 노드에서 수집해 기록하기 때문에 어디서, 어느 단계에서, 어떤 문제가 왜 발생했는지 분석하기에 적합하다. SVL_QEURY_REPORT 시스템 뷰는 다음 STL 테이블을 조합해서 만들어진다.

- stl_aggr
- stl_bcast
- stl_delete
- stl_dist
- stl_hash
- stl_hashjoin
- stl_insert
- stl_limit
- stl_merge
- stl_mergejoin
- stl_nestloop

- stl_parse

- stl_project

- stl_return

- stl_save

- stl_scan

- stl_sort

- stl_unique

- stl_window

시스템 뷰는 뷰 정의를 확인해 보면 이해하기 쉽다. 다음 쿼리로 뷰 정의를 확인할 수 있다.

```
SELECT pg_get_viewdef('svl_query_report', true)
```

SVL_QUERY_REPORT는 여러 테이블을 조합해서 결과를 보여주기 때문에 응답이 느릴 수 있다. 쿼리 하나의 결과만 조회해 응답 속도를 빠르게 할 수 있다.

```
SELECT *
FROM svl_query_report
WHERE query=<쿼리ID>
ORDER BY segment, step, slice
```

조회되는 컬럼의 의미는 다음과 같다.

컬럼 명	설명
userid	사용자 ID
query	쿼리 ID
slice	스텝이 실행된 슬라이스 ID
segment	세그먼트 ID

step	스텝 ID
start_time	세그먼트 시작 시간(UTC)
end_time	세그먼트 종료 시간(UTC)
elapsed_time	세그먼트 실행 시간(마이크로 초)
rows	슬라이스에서 처리된 레코드 수
bytes	슬라이스에서 처리된 바이트 크기
label	스텝 작업 내역. 오퍼레이터 명, 테이블 ID, 테이블 명 등을 보여준다. 테이블 ID가 0이면 상수 값 조회나 함수 실행을 의미한다.
is_diskbased	스텝에서 디스크 스필이 발생했는지 표시한다.
workmem	스텝에 할당된 메모리 크기(바이트)
is_rrscan	스텝에 range-restricted scan이 사용됐는지 표시한다. Range-restricted scan은 존맵을 활용해 불필요한 블록 스캔을 줄이는 스캔 방식이다. 소트키로 정렬된 테이블의 스캔에 사용된다.
is_delayed_scan	스텝에 delayed scan이 사용됐는지 표시한다. 테이블 스캔에 조건절 필터를 적용할 때 모든 컬럼을 조회할 필요 없이, 조건절 컬럼만 조회해 필터를 적용한 다음 나머지 컬럼에서 필요한 데이터만 스캔하는 방식이다.
rows_pre_filter	슬라이스에서 조건절과 삭제 레코드를 필터링하기 전의 레코드 수. 삭제 마킹된 레코드는 디스크 I/O를 줄이기 위해 VACUUM DELETE ONLY 작업이 실행될 때까지 기다렸다가 한 번에 삭제 처리된다.

쿼리 ID는 STL_QUERY 테이블을 통해 찾을 수 있고, STV_SLICES 뷰에서 슬라이스 ID와 슬라이스가 실행된 컴퓨팅 노드를 확인할 수 있다.

관리자는 모든 사용자의 쿼리를, 일반 사용자는 본인의 쿼리만 확인할 수 있다. STL_QUERY 테이블과 마찬가지로 지난 2~5일의 기록만 보관된다.

STV_QUERY_REPORT 뷰를 사용해 스텝 수행에 데이터 스큐^{Skew}가 없었는지 확인할 수 있다.

```
SELECT
    query,
    segment,
    step,
    count(rows) slice_count,
    max(rows) max_rows,
    min(rows) min_rows,
```

```
    round(CASE
        WHEN sum(rows) > 0
            THEN ((max(rows) - min(rows)) * 1.0 * count(rows)) / sum(rows)
        ELSE 0
    END, 2) data_skew
FROM svl_query_report
WHERE query=<쿼리ID>
GROUP BY query, segment, step
ORDER BY query, segment, step;
```

- slice_count: 스텝을 실행하는 데 사용된 슬라이스 수

- max_rows: 슬라이스에서 처리된 최대 로우 수

- min_rows: 슬라이스에서 처리된 최소 로우 수

- data_skew: 스텝 데이터 스큐율. 수치가 0에 가까울수록 균등한 데이터 처리를 의미한다.

다음은 실습 쿼리의 스큐를 분석해 본 예시다.

query	segment	step	slice_count	max_rows	min_rows	data_skew
71980	0	0	2	40	33	0.19
71980	0	1	2	40	33	0.19
71980	0	2	2	40	33	0.19
71980	0	3	2	40	33	0.19
71980	1	0	2	2041846	2019274	0.01
71980	1	1	2	2041846	2019274	0.01
71980	1	2	2	2041846	2019274	0.01
71980	1	3	2	319537	278361	0.14
71980	1	4	2	319537	278361	0.14
71980	1	5	2	319537	278361	0.14
71980	1	6	2	7	7	0.00
71980	1	7	2	7	7	0.00
71980	2	0	2	8	6	0.29
71980	2	1	2	4	3	0.29
71980	2	2	2	4	3	0.29
71980	2	3	2	4	3	0.29
71980	2	4	2	0	0	0.00
71980	2	5	2	0	0	0.00
71980	2	6	2	0	0	0.00
71980	3	0	2	4	3	0.29
71980	4	0	1	0	0	0.00
71980	4	1	1	7	7	0.00
71980	4	2	1	7	7	0.00

모든 스텝의 데이터 스큐율이 0.29 미만으로 매우 낮아 스텝의 슬라이스에서 비슷한 크기의 데이터를 병렬 처리했음을 확인할 수 있다.

다음은 스큐율이 높은 쿼리의 STV_QUERY_REPORT를 조회한 결과다.

	query	segment	step	slice_count	max_rows	min_rows	data_skew
23	16,995,577	6	0	128	14,528	0	16
24	16,995,577	6	1	128	14,528	0	16
25	16,995,577	6	2	128	14,528	0	16
26	16,995,577	7	0	128	25,307	24,553	0.03
27	16,995,577	7	1	128	25,307	24,553	0.03
28	16,995,577	7	2	128	25,307	24,553	0.03
29	16,995,577	7	3	128	146	93	0.44
30	16,995,577	7	4	128	146	93	0.44
31	16,995,577	7	5	128	146	93	0.44

출력된 결과를 보면 6번 세그먼트의 0,1,2 스텝에서 큰 데이터 스큐와 7번 세그먼트의 3,4,5 스텝에서 약간의 데이터 스큐가 발견됐다. 슬라이스를 처리한 노드를 확인하기 위해 STV_SLICES와 조인했다.

```
SELECT
    s.node, r.slice, localslice, elapsed_time, rows, bytes, label
FROM svl_query_report r
JOIN stv_slices s ON r.slice = s.slice
WHERE query=<쿼리ID> and segment=6 and step=0
ORDER BY step, slice;
```

	node	slice	localslice	elapsed_time	rows	bytes	label
1	0	0	0	1,771,770	14,528	1,510,912	scan tbl=300006 name=Internal Worktable
2	0	1	1	1,771,494	0	0	scan tbl=300006 name=Internal Worktable
3	0	2	2	1,771,530	0	0	scan tbl=300006 name=Internal Worktable
4	0	3	3	1,771,288	0	0	scan tbl=300006 name=Internal Worktable
5	0	4	4	1,771,353	0	0	scan tbl=300006 name=Internal Worktable
6	0	5	5	1,771,314	0	0	scan tbl=300006 name=Internal Worktable
7	0	6	6	1,771,560	0	0	scan tbl=300006 name=Internal Worktable
8	0	7	7	1,772,350	0	0	scan tbl=300006 name=Internal Worktable
9	0	8	8	1,772,291	0	0	scan tbl=300006 name=Internal Worktable
10	0	9	9	1,771,814	0	0	scan tbl=300006 name=Internal Worktable
11	0	10	10	1,772,273	0	0	scan tbl=300006 name=Internal Worktable
12	0	11	11	1,772,200	0	0	scan tbl=300006 name=Internal Worktable
13	0	12	12	1,772,407	0	0	scan tbl=300006 name=Internal Worktable
14	0	13	13	1,772,131	0	0	scan tbl=300006 name=Internal Worktable
15	0	14	14	1,772,141	0	0	scan tbl=300006 name=Internal Worktable
16	0	15	15	1,772,478	0	0	scan tbl=300006 name=Internal Worktable
17	1	16	0	1,773,740	14,528	1,510,912	scan tbl=300006 name=Internal Worktable
18	1	17	1	1,773,046	0	0	scan tbl=300006 name=Internal Worktable

Node 와 Slice 컬럼을 보면 각 노드의 첫 번째 슬라이스에서만 300006번 테이블을 처리하면서 스큐가 발생했다. 300006 테이블은 전체 분산을 사용하여 노드의 첫 번째 슬라이스에만 데이터가 존재했던 것이다. 레코드 수가 14,586 밖에 되지 않아 큰 문제는 아니었지만 만약 전체 분산 테이블이 대용량이었다면 데이터 스큐는 더욱 높았을 것이고 쿼리 성능에 영향을 줄 수 있음을 짐작해 볼 수 있다.

 테이블 ID와 테이블 명, 테이블 속성 매핑은 svv_table_info 시스템 뷰에서 확인할 수 있다.

7번 세그먼트의 경우 스텝 0,1,2은 스큐율이 0.03으로 비교적 균형있는 작업 수행을 했다. 스텝 3,4,5의 경우 처리된 로우 수는 적지만 최대/최소 처리 로우 수가 차이나서 label을 확인해 보니 377 테이블에 hjoin^hash join을 수행하는 작업이었다. 377 테이블의 분산 스큐 가능성을 보여준다. 다행히 377 테이블의 레코드 수가 적기 때문에 큰 문제는 안되지만 만약 377 테이블이 대용량이면 테이블 디자인을 검토해 볼 필요가 있다.

SVL_QUERY_SUMMARY

SVL_QUERY_SUMMARY 뷰는 SVL_QUERY_REPORT와 STL_STREAM_SEGS를 조합해 스트림 정보를 추가하고 슬라이스 단위 지표를 집계한 통계 정보를 보여준다.

```
SELECT * FROM svl_query_summary
WHERE query=<쿼리ID>
ORDER BY query, stm, seg, step;
```

조회되는 컬럼의 의미는 다음과 같다.

컬럼 명	설명
userid	사용자 ID
query	쿼리 ID
stm	스트림 ID
seg	세그먼트 ID

step	스텝 ID
maxtime	스텝의 최대 슬라이스 작업 시간(마이크로 초)
avgtime	스텝의 평균 슬라이스 작업 시간(마이크로 초)
rows	스텝에서 처리한 레코드 수(슬라이스 값의 합)
bytes	스텝에서 처리한 데이터 크기(바이트)(슬라이스 값의 합)
rate_row	스텝의 초당 처리 레코드 수
rate_byte	스텝 초당 처리 바이트 수
label	스텝 작업 내역
is_diskbased	스텝에 디스크 스필 발생 여부 표시
workmem	스텝에서 사용한 메모리 크기(바이트)(슬라이스 값의 합)
is_rrscan	스텝에 range-restricted scan이 사용됐는지 표시한다. range-restricted scan은 존맵을 활용해 불필요한 블록 스캔을 줄이는 스캔 방식이다. 소트키로 정렬된 테이블의 스캔에 사용된다.
is_delayed_scan	스텝에 delayed scan이 사용됐는지 표시한다. 테이블 스캔에 조건절 필터를 적용할 때 모든 컬럼을 스캔할 필요 없이, 조건절 컬럼만 조회해 필터를 적용한 다음 나머지 컬럼에서 필요한 데이터만 스캔하는 방식이다.
rows_pre_filter	슬라이스에서 조건절과 삭제 레코드를 필터링하기 전의 레코드 수. 삭제 마킹된 레코드는 디스크 I/O를 줄이기 위해 VACUUM DELETE ONLY 작업이 실행될 때까지 기다렸다가 한 번에 삭제 처리된다.

관리자는 모든 사용자의 쿼리를 볼 수 있고 일반 사용자는 본인의 쿼리만 볼 수 있으며 2~5일의 이력만 보관된다.

SVL_QUERY_SUMMARY 테이블을 사용해 스텝별 처리 시간, 데이터 크기, 메모리 사용량, 디스크 사용 여부, 스캔 방식을 확인할 수 있다.

```
SELECT
  stm, seg, step, maxtime, rows, bytes, rate_row, workmem, is_diskbased, is_rrscan,
label
FROM svl_query_summary
WHERE query=<쿼리ID>
ORDER BY query, stm, seg, step;
```

stm	seg	step	maxtime	rows	bytes	rate_row	workmem	is_diskbased	is_rrscan	label
0	0	0	401	73	2045		0	f	t	scan tbl=100411
0	0	1	401	73	0		0	f	f	project
0	0	2	401	73	0		0	f	f	project
0	0	3	401	73	3212		548143104	f	f	hash tbl=385
1	1	0	1019236	4061120	98626866	4061120	0	f	t	scan tbl=100479
1	1	1	1019236	4061120	0	4061120	0	f	f	project
1	1	2	1019236	4061120	0	4061120	0	f	f	project
1	1	3	1019236	597898	0	597898	0	f	f	hjoin tbl=385
1	1	4	1019236	597898	0	597898	0	f	f	project
1	1	5	1019236	597898	0	597898	0	f	f	project
1	1	6	1019236	14	784	14	32686080	f	f	aggr tbl=394
1	1	7	1019236	14	0	14	0	f	f	dist
1	2	0	1022300	14	672	14	0	f	f	scan tbl=280384
1	2	1	1022300	7	392	7	522977280	f	f	aggr tbl=397
1	2	2	1022300	7	0	7	0	f	f	project
1	2	3	1022300	7	336	7	130744320	f	f	sort tbl=399
1	2	4	1022300	0	0	0	0	f	f	merge
1	2	5	1022300	0	0	0	0	f	f	aggr tbl=401
1	2	6	1022300	0	0	0	0	f	f	project
2	3	0	57	7	336		0	f	f	scan tbl=399 nam
2	3	1	57	7	0		0	f	f	return
2	4	0	1094	0	0		0	f	f	merge
2	4	1	1094	7	0		0	f	f	project
2	4	2	1094	7	212		0	f	f	return

다음은 위 결과에서 도출할 수 있는 정보다.

- seoul_public_bicycle_rental_place_info에서 73 레코드를 스캔하고 seoul_public_bicycle_usage에서 약 4백만 레코드를 스캔했다.

- seoul_public_bicycle_rental_place_info 테이블과 seoul_public_bicycle_usage를 스캔하면서 존맵을 활용했다.

- 조인에 Hash Join을 사용했고, seoul_public_bicycle_rental_place_info 테이블이 내부 테이블이 되어 해시 테이블이 생성됐다.

- 해시 테이블을 생성하면서 약 540MB의 메모리를 사용했지만, 다행히 디스크 스필은 발생하지 않았다.

- 1번과 2번 세그먼트에서 데이터 집계와 정렬이 진행됐고, 집계에 약 520MB의 메모리, 정렬에 약 130MB의 메모리가 사용됐다.

- 2번 스트림에서 결과를 수집하고 7건의 레코드(212 바이트, 연령별 사용 건 수)가 클라이언트에게 전송됐다.

STL_ALERT_EVENT_LOG

레드시프트는 쿼리 수행 중 나타나는 성능 문제를 STL_ALERT_EVENT_LOG 시스템 테이블에 기록하고 성능 개선 방법을 알려준다. 쿼리를 프로파일링하고 튜닝하려는 사용자한테 매우 유용한 테이블이 될 것이다.

```
SELECT * FROM stl_alert_event_log WHERE query=<쿼리ID>;
```

조회되는 컬럼의 의미는 다음과 같다.

컬럼 명	설명
userid	사용자 ID
query	쿼리 ID
slice	슬라이스 ID
segment	세그먼트 ID
step	스텝 ID
pid	프로세스 ID
xid	트랜잭션 ID
event	발생한 이벤트 설명
solution	개선 방안
event_time	이벤트 발생 시간(UTC)

STL_ALERT_EVENT_LOG 테이블에서 가장 관심있게 봐야 할 컬럼은 event이다. 이벤트 컬럼을 통해 쿼리에서 나타나는 증상을 확인할 수 있다. 텍스트 컬럼이긴 하지만 확인할 수 있는 증상은 다음과 같이 일정하다.

Missing query planner statistics

쿼리하는 테이블에 통계 정보가 누락됐다. 테이블에 대량의 쓰기와 업데이트가 발생하면 ANALYZE를 실행해 통계 정보를 갱신할 수 있고, COPY 쿼리의 STATUPDATE ON 옵션을 사용해서 데이터를 적재하면서 자동으로 통계 정보를 갱신할 수 있다.

Nested Loop Join in the query plan

크로스 조인이 실행됐다. 조인을 확인하여 크로스 조인을 제거하자.

Very selective query filter

사용자한테 반환되는 레코드에 비해 실제 스캔된 데이터가 매우 크다. 사용자한테 반환된 레코드 수와 스캔된 레코드의 비율이 5% 이하인 경우 기록된다. 쿼리가 소트키의 존맵을 제대로 활용하지 못해 불필요한 블록을 스캔한 경우 발생할 수 있으니 테이블에 소트키가 제대로 설정됐는지, 쿼리에서 소트키를 제대로 사용하고 있는지 확인해보자.

Event 컬럼에서 반환된 레코드와 스캔된 레코드 수와 비율을 보여준다.

```
Very selective query filter:ratio=rows(188)/rows_pre_user_filter(3943)=0.047679
```

Scanned a large number of deleted rows

쿼리에서 대량의 삭제 대기 레코드를 스캔했다. 삭제 대기 중인 레코드라도 삭제 마킹을 확인하려면 블록 스캔이 필요하다. 테이블에서 삭제된 로우를 주기적으로 정리하지 않고 방치하는 경우 발생한다. 대량의 삭제가 자주 발생하는 테이블은 VACUUM DELETE ONLY 쿼리를 통해 테이블을 주기적으로 정리해야 한다.

Event 컬럼에서 삭제 레코드와 전체 레코드의 스캔 수와 비율을 보여준다.

```
Scanned a large number of deleted rows:ratio=rows_pre_user_filter(49882)/rows_pre_
filter(124745)=0.399872
```

Distributed a large number of rows across the network

조인 또는 집합 연산에서 백만 건 이상의 레코드가 네트워크를 통해 재분산되면 기록된다. 테이블에 분산키가 설정됐는지 쿼리에서 분산키를 조인키로 사용했는지 확인해보자.

Event 컬럼에서 작업 내역과 분산된 레코드 수를 보여준다.

Distributed a large number of rows across the network:8179498 rows were distributed in order to process the hash join

---

Broadcasted a large number of rows across the network

조인 또는 집합 연산을 통해 백만 건 이상의 로우가 네트워크를 통해 배포되면 기록된다. 테이블에 분산키가 설정됐는지 쿼리에서 분산키를 조인키로 사용했는지 확인해 보자. 테이블이 작은 경우 전체 분산을 사용하면 테이블 재배포를 방지할 수 있다.

Event 컬럼에서 작업 내역과 배포된 레코드 수를 보여 준다.

Broadcasted a large number of rows across the network:1663299 rows were broadcasted in order to process the hash join

---

DS_DIST_ALL_INNER for Hash Join in the query plan

조인을 처리하는 과정에서 DS_DIST_ALL_INNER 배포 방식이 사용됐다. 내부 테이블을 하나의 슬라이스로 복사하고 한 슬라이스에서만 조인을 처리하기 때문에 레드시프트의 장점인 병렬 처리를 활용하지 못한다. 내부 테이블의 크기가 큰 경우 한 슬라이스로 데이터를 복사하는 과정에서 네트워크 및 디스크 병목이 발생할 수 있고, 디스크 공간도 문제가 될 수 있다. 외부 테이블이 전체 분산된 경우 사용되는데 외부 테이블을 전체 분산하는 것은 안티패턴에 해당되므로 테이블이 제대로 선정됐는지, 테이블의 분산 방식이 제대로 설정됐는지 검토할 필요가 있다.

관리자는 다음 쿼리와 같이 쿼리 경고 이벤트 로그를 모니터링할 수 있다.

```
SELECT event, count(*)
FROM (
    SELECT
    CASE
```

```
        WHEN charindex(':', event) <= 0 THEN event
        ELSE substring(event, 1, charindex(':', event)-1)
   END AS event
   FROM STL_ALERT_EVENT_LOG
   WHERE event_time > '2019-05-03' AND event_time < '2019-05-04'
) T
GROUP BY event;
```

```
event                                              |count
---------------------------------------------------|-----
Missing query planner statistics                   |    1
Very selective query filter                        |    6
Distributed a large number of rows across the network|  5
```

다음 쿼리로 특정 문제를 발생시키는 쿼리를 조회할 수 있다.

```
SELECT *
FROM STL_ALERT_EVENT_LOG
WHERE event_time > '2019-05-01' AND event_time < '2019-05-08'
AND
CASE
   WHEN charindex(':', event) <= 0 THEN event
   ELSE substring(event, 1, charindex(':', event)-1)
END = 'Distributed a large number of rows across the network';
```

시스템 점유율 분석하기

쿼리가 사용한 시스템 자원 점유율을 조회하는 방법을 알아보자. 레드시프트에서는 다음과 같은 테이블과 뷰를 제공한다.

STL_QUERY_METRICS

완료된 쿼리의 스텝, 세그먼트, 쿼리 단위로 다음과 같은 시스템 리소스 사용량을 보여준다.

STV_QUERY_METRICS

STL_QUERY_METRICS 테이블과 같지만 실행 중인 쿼리만 보여준다.

위 두 테이블은 데이터에 코드와 약자를 사용해 사용자가 분석하기엔 어려움이 있다. 다음 두 시스템 뷰는 사용자가 읽기 편한 결과로 변경해서 제공해 준다.

SVL_QUERY_METRICS_SUMMARY

SVL_QUERY_METRICS 뷰를 쿼리 단위로 집계한 지표를 보여준다. 쿼리 단위 지표를 먼저 확인하고 더 세밀한 분석이 필요하면 SVL_QUERY_METRICS 뷰를 사용할 수 있다.

SVL_QUERY_METRICS_SUMMARY 뷰는 다음과 같이 구성된다.

컬럼 명	설명
userid	사용자 ID
query	쿼리 ID
service_class	WLM 쿼리 대기열 ID(참고: stv_wlm_service_class_config)
query_cpu_time	쿼리 수행에 사용된 CPU 시간[5](초)
query_blocks_read	쿼리에서 조회한 데이터 블록 수
query_execution_time	쿼리 실행 시간(WLM 대기열 대기 시간 제외)(초)
query_cpu_usage_percent	쿼리 CPU 점유율. 쿼리 단위 지표에만 보여지며 쿼리CPU 시간과 실행 시간의 비율을 나타낸다.
query_temp_blocks_to_disk	쿼리 수행 중 디스크 스필이 발생한 임시 데이터 크기(MB)
segment_execution_time	최대 세그먼트 실행 시간(초)
cpu_skew	슬라이스 처리 작업 최대와 평균 CPU 점유율 비율
io_skew	슬라이스 처리 작업 최대와 평균 DISK IO 비율
scan_row_count	삭제 레코드와 사용자 정의 필터링을 적용하기 전의 스캔 레코드 수
join_row_count	조인 스텝에서 처리된 레코드 수의 합
nested_loop_join_row_count	Nested Loop 조인에서 처리된 레코드 수의 합
return_row_count	쿼리에서 반환된 결과 레코드 수
spectrum_scan_row_count	스펙트럼 테이블을 통해 S3에서 스캔된 레코드 수
spectrum_scan_size_mb	스펙트럼 테이블을 통해 S3에서 스캔된 데이터 크기

---

5   CPU Time: 작업 실행 시간과는 다르게 순 CPU 시간을 나타낸다. 이는 모든 CPU 코어에서 작업을 수행한 시간에 I/O wait time 시간을 빼고 합한 값이다.

```
SELECT * FROM svl_query_metrics_summary WHERE query=<쿼리ID>;
```

```
Name                         |Value
-----------------------------|-------
userid                       |100
query                        |71980
service_class                |6
query_cpu_time               |2
query_blocks_read            |17
query_execution_time         |3
query_cpu_usage_percent      |32.87
query_temp_blocks_to_disk    |
segment_execution_time       |1
cpu_skew                     |1.05
io_skew                      |1.06
scan_row_count               |3817472
join_row_count               |551934
nested_loop_join_row_count   |
return_row_count             |
spectrum_scan_row_count      |
spectrum_scan_size_mb        |
```

실행 계획이나 쿼리 리포트에서 볼 수 없었던 시스템 관련 지표를 볼 수 있다.

- 쿼리의 CPU 시간과 점유율을 확인할 수 있다. 실습 클러스터의 CPU 코어가 두 개밖에 안되기 때문에 점유율이 상당히 높다. CPU 점유율이나 쿼리 실행 시간에 비해 CPU 시간이 터무니 없이 낮다면 병렬 처리를 제대로 활용하지 못하거나 I/O 대기 시간[wait time]에 많은 시간을 뺏기는 경우가 될 수 있다.

- query_temp_blocks_to_disk는 없거나 낮을 수록 좋다.

- cpu_skew, io_skew는 1에 가까울 수록 좋다.

- nested_loop_join_row_count는 없거나 낮을 수록 좋다.

- 스펙트럼 테이블을 조회하는 경우 스캔된 레코드 수 와 데이터 크기를 보여준다.

SVL_QUERY_METRICS

스텝 단위 시스템 지표와 정보를 제공해주는 뷰이다. SVL_QUERY_METRICS_SUMMARY 뷰에서 이상이 발견됐을 때 어떤 스텝에서 문제가 발생했는지 확인하기에 좋다.

```
SELECT * FROM svl_query_metrics WHERE query=<쿼리ID>;
```

SVL_QUERY_METRICS 뷰는 다음과 같이 구성된다.[6]

컬럼 명	설명
userid	사용자 ID
query	쿼리 ID
service_class	WLM 쿼리 대기열 ID(참고: stv_wlm_service_class_config)
dimension	집계 디멘전(query, segment, step). 디멘전에 따라 조회되는 컬럼 데이터가 달라진다.
segment	세그먼트 ID. 값이 0인 경우 쿼리 레벨 집계를 의미
step	스텝 타입 ID. 레드시프트에서 정의하는 스텝의 ID인데 크게 중요하진 않다.
step_label	스텝 명(오퍼레이터)
query_cpu_time	쿼리 수행에 사용된 CPU 시간[6](초)
query_blocks_read	쿼리에서 조회한 데이터 블록 수
query_execution_time	쿼리 실행 시간(WLM 대기열 대기 시간 제외)(초)
query_cpu_usage_percent	쿼리 CPU 점유율
query_temp_blocks_to_disk	쿼리 수행 중 디스크 스필이 발생한 임시 데이터 크기(MB)
segment_execution_time	세그먼트 실행 시간(초)
cpu_skew	세그먼트의 슬라이스 처리 작업 최대와 평균 CPU 점유율 비율
io_skew	세그먼트의 슬라이스 처리 작업 최대와 평균 DISK IO 비율
scan_row_count	(스캔) 스텝에서 스캔된 레코드 수. 삭제 레코드와 사용자 정의 필터링을 적용하기 전의 스캔 수다.
join_row_count	(조인) 스텝에서 처리된 레코드 수
nested_loop_join_row_count	(Nested Loop 조인) 스텝에서 처리된 레코드 수
return_row_count	(Return) 스텝에서 반환된 레코드 수
spectrum_scan_row_count	스펙트럼 테이블을 통해 S3에서 스캔된 레코드 수
spectrum_scan_size_mb	스펙트럼 테이블을 통해 S3에서 스캔된 데이터 크기

---

6 CPU Time: 작업 실행 시간과는 별개로 순 CPU 시간을 나타낸다. 이는 모든 CPU 코어에서 작업을 수행한 시간에 wait time, I/O 시간을 빼고 합한 값이다.

4.3 쿼리 튜닝

4장에서 배운 내용을 바탕으로 쿼리 튜닝 기법을 정리해 보자.

쿼리 패턴 분석과 테이블 디자인

레드시프트에서 가장 중요한 튜닝은 사용자 쿼리 패턴을 미리 분석해 테이블을 디자인하는 것이다. 아쉽게도 사용자의 모든 쿼리에 최적화된 테이블은 생성할 수 없다. 쿼리 성능은 테이블 디자인에 의해 지배되기 때문에, 쿼리에 최적화된 테이블 디자인을 선택해야 하고, 이것이 가능하려면 테이블을 생성하기 전에 미리 사용자 쿼리 패턴 분석이 완료돼야 한다.

다음 그림과 같은 스타 스키마를 사용한 데이터 마트를 생각해 보자.

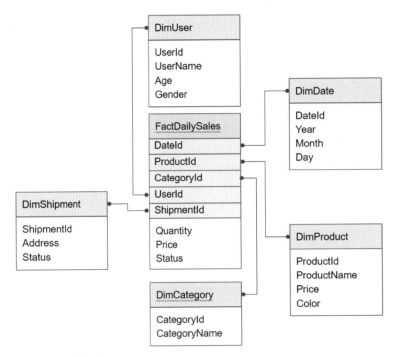

그림 4-12 스타 스키마

스키마의 주축이 되는 팩트 테이블을 기준으로 다양한 디멘전이 제공돼 사용자 분석을 편리하게 해준다. 위와 같은 스키마 디자인이 도출됐으면 사용자가 실행할 분석 쿼리를 쿼리 명세서로 정리할 수 있다. 쿼리 명세서는 다음과 같이 활용할 수 있다.

- 디멘전과 팩트 테이블을 생성할 때 모든 사용자 쿼리 패턴을 참고할 수 있다.
- 자주 사용되는 쿼리를 분석해 역정규화된 마트 테이블을 생성할 수 있다.
- 기존 쿼리의 적절한 조인절과 조건절을 참고해 새로운 쿼리를 작성할 수 있다.

다음과 같은 아동 카테고리의 월 상품별 판매 수, 월 상품 색상별 판매 수를 조회하는 쿼리를 생각해 보자.

```
SELECT p.productid, count(*)
FROM fact_daily_sales ds
JOIN dim_date d ON ds.dateid = d.dateid
JOIN dim_product p ON ds.productid = p.productid
JOIN dim_category c ON ds.categoryid = c.categoryid
WHERE d.year=2019 and d.month=5 and c.category='아동' and ds.status='결제완료'
GROUP BY p.productid;

SELECT p.color, count(*)
FROM fact_daily_sales ds
JOIN dim_date d ON ds.dateid = d.dateid
JOIN dim_product p ON ds.productid = p.productid
JOIN dim_category c ON ds.categoryid = c.categoryid
WHERE d.year=2019 and d.month=5 and c.category='아동' and ds.status='결제완료'
GROUP BY p.color;
```

쿼리 명세서를 작성하면 다음과 같다.

표 4-1 쿼리 패턴 명세서

쿼리 ID	쿼리	조회 테이블	조회 컬럼	조건절 컬럼	조인 컬럼
001	아동 상품 별 판매 수 조회	fact_daily_sales dim_product dim_date dim_category	productid	year month category status	dateid productid categoryid
002	아동 상품 색상 별 판매 수 조회	fact_daily_sales dim_product dim_date dim_category	color	year month category status	dateid productid categoryid

···

표 4-1을 관찰해 보면 테이블에 소트키와 분산키로 선정해야 할 컬럼을 판별할 수 있다. 두 쿼리에서 사용되는 조인 컬럼 중 카디널리티가 높은 productid를 분산키로, 조건절의 컬럼을 컴파운드 소트키로 선정할 수 있다.

1번 쿼리와 2번 쿼리의 결과는 다르지만 조인하는 테이블과 조인 방식은 같다. 이러한 경우 조인에 사용된 테이블을 역정규화해서 하나의 mart_daily_sales_product 마트 테이블로 구성할 수 있다.

MartDailySalesProduct
Year Month Day ProductId Color Category Status
소트키: compound sortkey(year, month, category, status) 분산키: productid

그림 4-13 마트 테이블 예제

소트키를 컴파운드 소트키(year, month, category, status)로, 분산키를 productid로 구성하면 쿼리가 다음과 같이 간단해지고 쿼리 성능도 높아진다.

```
SELECT productid, count(*)
FROM mart_daily_sales_product
WHERE year=2019 and month=5 and category='아동' status='결제완료'
GROUP BY productid;

SELECT color, count(*)
FROM mart_daily_sales_product
WHERE year=2019 and month=5 and category='아동' status='결제완료'
GROUP BY color;
```

복잡한 조인 작업을 하나 이상의 쿼리에서 제거했으니 쿼리 자체적인 성능뿐만 아니라 클러스터 리소스 점유율도 줄어든다. 쿼리 명세서를 정리해 자주 사용되는 쿼리와 테이블을 병합Mix-and-match하는 작업이 가능해졌다.

컬럼 프로젝션

컬럼 프로젝션Projection은 SELECT * 쿼리를 SELECT a, b로 변경해 필요한 컬럼만 조회하는 튜닝 기술이다. 컬럼 프로젝션을 통해 조회하는 데이터 블록 수를 줄일 수 있다.

데이터 스캔 줄이기

WHERE 조건절로 불필요한 데이터 스캔을 줄이자. 조건절에 사용되는 컬럼은 소트키를 사용해 존맵을 최대한 활용하자. VACUUM DELETE ONLY 작업을 주기적으로 실행해 삭제된 레코드 스캔을 줄일 수 있다.

조건절에 함수 피하기

WHERE 조건절에 함수를 사용하면 데이터 순서와 함수 결과의 순서가 달라서 테이블의 소트키가 무의미해진다. 예를 들어 date 컬럼 대신 DATE_PART(month, date)=4

를 조건으로 사용할 경우 date 컬럼을 사용하더라도 블록에 4월 데이터가 있는지 알 수 없으므로 모든 블록을 스캔하게 되고 결국 쿼리 성능이 느려질 수 있다.

GROUP BY 튜닝

자주 사용되는 GROUP BY 컬럼에 분산키 또는 소트키를 사용할 경우 집계 성능이 개선될 수 있다.

GROUP BY에서 사용되는 컬럼을 ORDER BY의 첫 번째 정렬 컬럼으로 사용하면 정렬 작업을 줄일 수 있다.

커밋 빈도 줄이기

커밋 쿼리는 커밋 대기열에 등록돼 순차적으로 실행된다. 데이터 쓰기 작업이 많아지면 여러 쿼리를 한 번에 묶어 커밋하는 게 효율적이다. INSERT 쿼리를 멀티 인서트문으로 변경하는 방법이 있고, COPY 쿼리를 사용해 한 번에 적재하는 방법이 있다. 커밋 대기열은 stl_commit_stats 시스템 테이블로 확인할 수 있다.

통계 정보 최신으로 유지하기

실행 계획을 분석하면서 쿼리 플래너가 통계 정보를 활용하는지 확인하고 그렇지 않다면 대상 테이블의 통계 정보를 주기적으로 업데이트하자.

데이터 재분산 & 재배포 피하기

조인문에서 분산키를 사용해 불필요한 네트워크 전송을 줄일 수 있다. 쿼리 실행 계획에서 DS_DIST_ALL_INNER, DS_DIST_OUTER, DS_DIST_ALL_BOTH와 같은 네트워크 작업이 발견될 경우 반드시 쿼리와 테이블을 튜닝하자.

쿼리 결과 최소화하기

쿼리의 최종 결과 크기가 커지면 결과를 클라이언트로 전송하면서 상당한 시간이 지체될 수 있다. AWS 리전 내 데이터 전송은 매우 빠르지만 레드시프트와 사용자 사이의 네트워크 성능은 그렇지 않을 가능성이 높다. 샘플 데이터를 확인해야 할 경우에는 LIMIT 조건을 추가해 일부 데이터만 확인할 수 있으며, 대량의 데이터가 꼭 필요한 경우 UNLOAD 문으로 S3에 결과를 저장해서 데이터를 받아보는 방법이 있다.

서울 리전에 저장된 천억 건의 데이터를 시애틀의 한 사무실에서 조회하는 경우 쿼리를 수행하는 과정보다 데이터를 시애틀 사무실로 전송하는 시간이 더 오래 걸릴 수 있다. 표 4-2는 각 AWS 리전과 시애틀 구간의 데이터 전송 속도를 보여준다.

표 4-2 시애틀 기준 AWS 리전별 데이터 전송 속도와 지연 속도

AWS 리전	데이터 전송 속도(Mb/s)	지연 속도(ms)
미주 동부(us-east-2)	10.61	101
미주 서부(us-west-2)	16.15	35
서울(ap-northeast-2)	4.54	185.5
도쿄(ap-northeast-1)	3.67	176

(출처: https://cloudharmony.com/speedtest-for-aws)

시애틀에서 미주 서부 리전 사이의 전송 속도와 서울 리전과의 전송 속도는 4배 차이가 발생한다. https://cloudharmony.com/speedtest-for-aws를 방문해 독자의 네트워크에서 AWS 리전과 데이터 전송 속도를 확인할 수 있다.

 팁 AWS Direct Connect 서비스를 사용하면 사용자 환경과 AWS 시스템 구간의 네트워크 대역폭, 속도, 안정성이 향상된다.

고급 데이터 분석가라면 SQL 작성 뿐만 아니라 쿼리를 실행하는 시스템(클러스터 & 네트워크) 환경을 잘 이해하고 있어야 한다.

4.4 정리

자동차 메카닉이 부품을 수리하기 위해 샵에 있는 모든 도구를 사용하지 않고 풍부한 경험을 통해 필요한 도구만 사용하듯이, 레드시프트 엔지니어도 쿼리의 특성에 따라 필요한 프로파일링과 튜닝 기술을 사용하는 게 중요하다. 4장을 통해 학습한 기술을 실전에 적용하면서 경험을 쌓는 게 중요하다. 튜닝 기술이 익숙해지면 쿼리를 작성하면서 여러가지 튜닝 기법이 머리 속에 떠오르게 될 것이다.

다음 5장, '클러스터 최적화'에서 클러스터 관리와 클러스터 최적화 기술을 학습할 계획이다. 앞서 언급했듯이 고급 데이터 분석가는 SQL 작성 뿐만 아니라 쿼리가 실행되는 시스템 특징을 잘 파악하고 있어야 한다. 다음 5장, '클러스터 최적화'에서 학습하게 될 내용은 레드시프트 관리자를 대상으로 작성했지만 데이터 분석가가 더욱 향상된 쿼리를 작성하는 데도 큰 도움이 될 것이다.

5

클러스터 최적화

레드시프트가 AWS 클라우드 서비스로 지원된다고 해서 모든 관리 업무까지 담당해 주는 것은 아니다. 레드시프트 클러스터를 생성하고 쿼리를 실행하면 나쁘지 않은 성능으로 실행될 것이다. 하지만 한 사용자만을 위한 클러스터가 아닌 이상 사용자가 늘어나고 테이블과 데이터도 늘어나게 된다. 누군가는 클러스터를 쾌적한 상태로 유지하고 모니터링해야 할 필요가 있다. 사용자가 실행하는 쿼리와 생성하는 테이블, 적재하는 데이터도 역시 검토해야 한다. 5장에서는 멀티테넌시^{Multitenancy} 지원을 위한 WLM 구성, 클러스터 백업, 모니터링, 테이블 최적화 등 클러스터를 최적의 상태로 유지할 수 있는 방법을 배워보겠다.

5.1 클러스터 설정

2장, '레드시프트 시작하기'에서 생성한 레드시프트 클러스터를 설정하고 최적화하는 방법을 알아보자.

관리자 뷰

먼저 클러스터 관리와 모니터링에 사용될 관리자 뷰를 생성하자. 레드시프트 클러스터에 설치되지 않았지만, GitHub을 통해 오픈소스로 제공되고 클러스터 관리자가 직접 설치할 수 있다.

https://github.com/awslabs/amazon-redshift-utils

뚜렷한 개발 계획과 품질 관리가 적용된 프로젝트는 아니지만, 레드시프트 개발 팀과 사용자들이 경험을 통해 자주 사용되는 툴과 스크립트를 공유하는 프로젝트다. 프로젝트에는 다음과 같은 하위 프로젝트가 있고 주로 SQL이나 Python 2.7 언어로 작성됐다.

- Admin Scripts
- Admin Views
- Analyze & Vacuum Utility
- Authentication
- Redshift Automation
- Cloud Data Warehousing Benchmark
- Column Encoding Utility
- Investigations
- Metadata Transfer
- Multiple Table Restore Utility
- Simple Replay Utility
- Snapshot Manager
- System Table Persistence Utility
- Unload/Copy Utility
- QMR Notification Utility
- WLM Scheduler

5장에선 관리자 뷰^{AdminViews}만 사용하게 되지만, 나머지 프로젝트들도 독자가 직접 연구해 보면 클러스터 운영에 큰 도움이 될 것이고, 레드시프트 개발 팀과 다른 사용자는 어떤 방식으로 클러스터를 운영하는지 엿볼 수 있는 기회가 될 것이다.

레드시프트에서 제공하는 시스템 테이블은 대부분 공간 절약을 위해 최대한 정규화, 간소화, 코드화돼 있어 여러 테이블을 조인해서 봐야 하는 불편함이 있다. AdminViews 프로젝트는 클러스터 관리에 자주 사용하는 관리자 쿼리를 뷰로 정리해서 제공한다.

관리자 뷰를 클러스터에 설치해 보자.

Git에 익숙한 사용자라면 Git 명령어로 프로젝트를 받아볼 수 있다. Git에 익숙하지 않아도 GitHub 웹 사이트에서 프로젝트를 압축 파일로 다운로드할 수 있다. GitHub 화면 우측을 보면 **다운로드** 버튼이 있다.

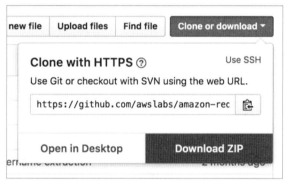

그림 5-1 amazon-redshift-utils 다운로드

다운로드한 파일의 압축을 해제한다.

```
$ cd $HOME/Downloads
$ unzip amazon-redshift-utils-master.zip
```

관리자 뷰를 설치하기 전에 admin 스키마를 생성해야 한다. 관리자 뷰 설치에는 2장에서 학습한 psql을 사용한다.

```
psql -h learn-redshift.cdajsehb3lbs.ap-northeast-2.redshift.amazonaws.com -U master -d
learn -p 5439 -a -v AUTOCOMMIT=on -c "CREATE SCHEMA IF NOT EXISTS admin AUTHORIZATION
master"
```

psql의 -a 옵션은 모든 로그를 출력하고, -c 옵션은 인라인 쿼리를 받는 옵션이다. -v AUTOCOMMIT=on 옵션은 오토커밋 모드를 설정한다.

다음 명령으로 관리자 뷰 중 하나인 v_check_data_distribution를 설치할 수 있다.

```
psql -h learn-redshift.c4fawz05qcqn.ap-northeast-2.redshift.amazonaws.com -U master
-d learn -p 5439 -a -v AUTOCOMMIT=on -f ~/Downloads/amazon-redshift-utils-master/src/
AdminViews/v_check_data_distribution.sql
```

모든 뷰를 설치하고 싶다면 다음 명령을 수행해 보자.

```
cat amazon-redshift-utils-master/src/AdminViews/*.sql | psql -h learn-redshift.
c4fawz05qcqn.ap-northeast-2.redshift.amazonaws.com -U master -d learn -p 5439 -a -v
AUTOCOMMIT=on
```

cat 명령어로 모든 뷰 생성 쿼리를 한 파일로 수집하고 리눅스 파이프라인으로 psql 명령어에 전달했다.

DBeaver로 확인해 보면 다음과 같이 모든 관리자 뷰가 생성된 것을 확인할 수 있다.

그림 5-2 관리자 뷰

만약 관리자 뷰가 보이지 않으면 위 화면에서 Views를 선택하고 **새로고침**하면 메타 데이터가 갱신되어 설치한 뷰가 보일 것이다.

다음과 같은 관리자 뷰가 설치됐을 것이다. 목록은 클러스터 관리에 필요한 뷰로 간추렸다.

뷰	설명
v_check_data_distribution.sql	테이블의 슬라이스에 저장된 데이터 분산 정도를 보여준다.
v_check_transaction_locks.sql	현재 실행되고 있는 트랜잭션의 Lock을 보여준다.
v_check_wlm_query_time.sql	지난 7일 동안 발생한 모든 쿼리의 대기열 대기 시간, 순 실행 시간, 총 실행 시간(대기시간 + 순 실행 시간)을 보여준다.
v_check_wlm_query_trend_daily.sql	WLM 대기열의 일별 쿼리 수, 대기열 대기 시간, 총 실행 시간, 대기 시간과 총 실행 시간 비율을 보여준다.
v_check_wlm_query_trend_hourly.sql	v_check_wlm_query_trend_daily 뷰와 같으나 일별 대신 시간별 합을 보여준다.
v_connection_summary.sql	클라이언트 접속 정보와 시간 등의 지표를 보여준다.
v_constraint_dependency.sql	테이블 간 외래키(Foreign key)로 연결된 관계를 보여준다.
v_extended_table_info.sql	테이블의 상세 정보를 보여준다. 컬럼 수, PK, FK, 분산 스타일, 소트 키, 테이블 크기, 통계 정도 정확도 등의 정보를 한 눈에 볼 수 있다.
v_find_dropuser_objs.sql	사용자가 소유하고 관리하는 모든 오브젝트를 보여준다. 사용자 계정을 삭제할 때 사용할 수 있다.
v_fragmentation_info.sql	조각난 테이블을 보여준다.
v_generate_cancel_query.sql	쿼리 취소 이력을 보여준다.
v_generate_cursor_query.sql	실행 중인 커서 정보와 쿼리 텍스트를 보여준다.
v_generate_database_ddl.sql	데이터 베이스 생성 쿼리를 보여준다.
v_generate_group_ddl.sql	그룹 생성 쿼리를 보여준다.
v_generate_schema_ddl.sql	스키마 생성 쿼리를 보여준다.
v_generate_tbl_ddl.sql	테이블 생성 쿼리를 보여준다.
v_generate_terminate_session.sql	pg_terminate_backend() 사용 이력을 보여준다.
v_generate_udf_ddl.sql	UDF 생성 쿼리를 보여준다.
v_generate_user_grant_revoke_ddl.sql	데이터베이스에 사용자와 그룹 권한을 제어하는 GRANT, REVOKE 쿼리를 보여준다.
v_generate_user_object_permissions.sql	오브젝트(뷰, 테이블)별 사용자 접근 권한을 제어하는 GRANT 쿼리를 보여준다.
v_generate_view_ddl.sql	뷰 생성 쿼리를 보여준다.

v_get_blocking_locks.sql	쿼리를 중단시키는 Lock과 Lock 소유자를 보여준다.
v_get_cluster_restart_ts.sql	클러스터 마지막 재 시작 시간을 보여준다.
v_get_obj_priv_by_user.sql	오브젝트(뷰, 테이블) 사용자 접근 권한을 보여준다.
v_get_schema_priv_by_user.sql	스키마 사용자 접근 권한을 보여준다.
v_get_tbl_priv_by_user.sql	테이블 사용자 접근 권한을 보여준다.
v_get_tbl_reads_and_writes.sql	테이블에 수행된 읽고 쓰기 이력과 쿼리 ID와 트랜잭션 ID를 보여준다.
v_get_tbl_scan_frequency.sql	테이블 스캔 빈도를 보여준다.
v_get_users_in_group.sql	그룹에 속한 사용자 정보를 보여준다.
v_get_vacuum_details.sql	베큠(Vacuum) 잡 실행 이력과 실행 결과를 보여준다.
v_get_view_priv_by_user.sql	뷰 사용자 접근 권한을 보여준다.
v_my_last_copy_errors.sql	현재 세션에서 실패한 마지막 COPY 쿼리와 실패 원인을 보여준다.
v_my_last_query_summary.sql	현재 세션에서 마지막 실행된 쿼리의 SVL_QUERY_SUMMARY 정보를 보여준다.
v_object_dependency.sql	오브젝트에 종속된 오브젝트를 보여준다.
v_open_session.sql	모든 세션 이력과 세션 지속 시간을 보여준다.
v_query_type_duration_summary.sql	지난 7일 동안 실행된 쿼리(INSERT, SELECT 등)별, 시간별 지표를 보여준다.
v_session_leakage_by_cnt.sql	클라이언트 호스트의 접속 횟수와 쿼리를 정상 수행하지 않고 강제 종료된 횟수를 보여준다.
v_space_used_per_tbl.sql	테이블의 디스크 사용량과 정렬되지 않은 데이터 크기를 보여준다.
v_vacuum_summary.sql	stl_vacuum 테이블을 베큠 잡 단위로 집계해서 베큠 잡 정보를 보여준다.
v_view_dependency.sql	뷰에 종속된 오브젝트를 보여준다.

시스템 테이블

관리자 뷰는 레드시프트에서 제공하는 시스템 테이블과 뷰를 사용한다. 시스템 테이블과 뷰는 pg_catalog 스키마에 보관되고 테이블과 뷰 이름 앞에 다음과 같은 구분자를 사용한다.

PG

PostgreSQL DB에서 상속되는 시스템 테이블이다. 주로 데이터베이스 운영에 필요한 설정과 메타 정보를 저장한다.

STL

시스템 로그를 저장하는 테이블이다. 데이터는 디스크에 저장되며 디스크 공간 절약을 위해 1~2주 분량의 데이터만 저장한다. 시스템 로그를 유지하기 위해서는 사용자 생성 테이블이나 S3로 복사해야 한다.

SVL

시스템 로그를 조회하는 뷰이다. STL 테이블과 메타 테이블을 조인해 사용자가 해석하기 쉬운 뷰로 제공한다.

STV

현재 시점의 데이터를 보여주는 스냅샷 테이블이다. 데이터는 메모리에 보관되며 3~5일치 데이터만 보관된다. STV 데이터를 유지하려면 STL 테이블과 마찬가지로 사용자 생성 테이블이나 S3로 복사해야 한다.

SVV

시스템 스냅샷 테이블을 조회할 수 있는 뷰이다. STV 테이블과 메타 테이블을 조인하여 사용자가 해석하기 쉬운 뷰로 제공한다.

레드시프트에는 약 500개 정도의 시스템 테이블과 뷰가 있다. 모든 시스템 테이블과 뷰를 연구할 필요는 없다. 앞서 설치한 관리자 뷰를 활용해도 대부분의 관리 업무가 가능할 것이다. 필요한 관리자 뷰가 없으면 SVL, SVV, STL, STV 순으로 시스템 테이블을 조회해 보자. 관리자가 자주 사용하는 관리용 쿼리는 뷰로 생성해 등록할 수 있다.

STV, SVV 구분자 마지막의 V는 버츄얼(Virtual)을 의미한다. 버추얼 테이블은 데이터를 디스크에 보관하지 않고 메모리에 저장하기 때문에 STV 테이블 조회가 STL 테이블 조회보다 빠르다.

SVV 구분자 가운데 V는 뷰를 의미한다. SVV는 STV를 바라보는 뷰이다. SVV 뷰를 조회할 때마다 내재된 SQL을 실행하기 때문에 STV보다 조회 속도가 느릴 수 있지만, 사용자 뷰나 SVL 조회보다는 빠를 것이다.

파라미터 그룹

레드시프트 파라미터 그룹에서 클러스터에 연결하는 방식, 결과 서식, 세션 쿼리 대기열 등 사용자 세션 관련 설정을 변경할 수 있다. 생성한 파라미터 그룹은 하나 이상의 클러스터에 적용할 수 있다. AWS RDS 파라미터 그룹과 같은 기능이다. 파라미터 그룹 패밀리 버전에 따라 적용 가능한 레드시프트 엔진 버전과 설정이 달라지지만, 지금은 패밀리 버전이 redshift-1.0 하나뿐이므로 걱정할 필요는 없다.

		이름	패밀리	설명
	▶ 🔍	default.redshift-1.0	redshift-1.0	Default parameter group for redshift-1.0
	▶ 🔍	learn-redshift	redshift-1.0	Practice Cluster

클러스터 파라미터 그룹 만들기 　 파라미터 편집 　 WLM 편집 　 삭제 　 태그 관리

필터: 🔍 검색... ✕

그림 5-3 파라미터 그룹 관리 화면

레드시프트 클러스터를 처음 생성하는 경우 디폴트 파라미터 그룹(default.redshift-1.0)이 제공되고 사용자 생성 파라미터 그룹은 모두 디폴트 파라미터 그룹의 설정 값을 상속받는다. 다음은 파라미터 그룹에서 사용자가 변경할 수 있는 설정이다.

파라미터	기본 값	설명
auto_analyze	true	비교적 최근 추가된 기능으로, 테이블의 통계 정보를 자동으로 갱신한다.

datestyle	ISO, MDY	쿼리 결과의 날짜 서식과 연월일 순서를 설정한다. 날짜 서식: ISO, Postgres, SQL, German 연월일 순서: DMY, MDY, YMD (Y:년, M:월, D:일) ※ DBeaver와 SQLWorkbench/J 같은 쿼리 툴을 사용하면 날짜와 시간 서식을 쿼리 툴이 변경할 수 있다.
enable_user_activity_logging	false	Audit 로깅을 사용할 때 사용자 이벤트(쿼리) 로그를 추가한다.
extra_float_digits	0	부동 소수점 자료형을 표시할 소수점 자리 수를 −15 ~ 2사이의 숫자로 정한다
max_concurrency_scaling_clusters	1	컨커런시 스케일에서 최대 확장 가능한 클러스터 수를 설정한다. 0-10 사이의 숫자를 입력하도록 돼 있지만, AWS 서포트를 통해 더 높은 설정을 할 수 있다.
max_cursor_result_set_size	default	쿼리 결과가 너무 크면 리더 노드에서 디스크 스필이 발생하는데 리더 노드 성능을 유지하기 위해 조회 가능한 최대 데이터 크기를 제한한다. ※ 최근 레드시프트에서 리더 노드 타입에 따라 자동 설정되도록 변경했고 사용자가 직접 변경할 수 없다. https://docs.aws.amazon.com/redshift/latest/dg/declare.html#declare−constraints
query_group	default	사용자 쿼리가 실행될 쿼리 그룹을 정한다
require_ssl	false	데이터 보안을 위해 SSL 연결 여부를 설정한다.
search_path	$user, public	쿼리에 테이블 스키마를 제공하지 않을 경우 스키마 검색 순서를 설정한다. $user는 사용자 계정 명을 의미한다.
statement_timeout	0	쿼리의 실행 시간을 제한한다. 밀리(1/1000)초 단위로 입력한다. 쿼리가 실행되는 시간만 적용되며, 쿼리 결과를 전송되는 시간은 제외된다. WLM 설정의 max_execution_time 값과 비교하여 둘 중 낮은 값을 사용한다. 0 값은 시간 제한을 없앤다.
use_fips_ssl	false	FIPS 표준과 호환되는 SSL 모드를 사용한다. FIPS는 미국 정부에서 사용하는 보안 표준으로, 미국 공공 시스템과 데이터에 연동하지 않는 이상 변경할 필요는 없다.
wlm_json_configuration	[{"query_concurrency":5}]	WLM 설정을 JSON 형식으로 보여준다. WLM 설정 화면을 통해 변경할 수 있다. ※ WLM 설정을 파라미터 그룹에서 수정 가능하다는 것은 WLM 설정이 세션 레벨 설정임을 의미한다. 아래에서 세션 내 WLM 설정을 변경하는 방법을 알아볼 것이다.

AWS 웹 콘솔에 로그인해 파라미터 그룹을 만들어 보자. 레드시프트 대시보드의 파라미터 그룹 메뉴를 클릭하고, **클러스터 파라미터 그룹 만들기** 버튼을 클릭한다.

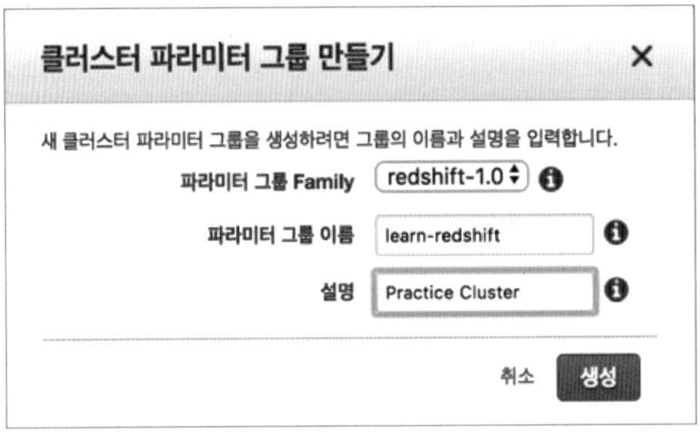

그림 5-4 파라미터 그룹 생성

파라미터 그룹은 하나 이상의 클러스터에 적용할 수 있지만 보통 클러스터마다 파라미터 그룹을 생성하므로 파라미터 그룹 이름을 클러스터 이름과 연관 지으면 식별하기 편하다. 그림 5-4와 같이 파라미터 그룹 이름과 설명을 입력하고 **생성** 버튼을 클릭한다.

파라미터 그룹이 생성됐다. 파라미터 그룹을 선택하고 **파라미터 편집** 버튼을 클릭해 파라미터 편집 화면으로 이동한다.

이름 ❶	유형 ❶	값 ❶	허용된 값 ❶
auto_analyze `New`	boolean	true	true,false
datestyle	string	ISO, YMD	
enable_user_activity_logging	boolean	true	true,false
extra_float_digits	integer	0	-15-2
max_concurrency_scaling_clusters	integer	1	0-10
max_cursor_result_set_size	integer	default	0-14400000
query_group	string	default	
require_ssl	boolean	true	true,false
search_path	string	$user, public	
statement_timeout	integer	0	100-2147483647

그림 5-5 파라미터 그룹 편집

실습 클러스터에는 datestyle을 한국 표준에 맞춰 ISO, YMD로 변경하고 require_ssl 과 enable_user_activity_logging 설정을 'true'로 변경했다.

변경된 사항을 저장하고, 새로 생성한 파라미터 그룹을 클러스터에 적용하는 것을 잊지 말자. 파라미터 그룹 적용은 클러스터 설정 변경 화면에서 가능하다.

WLM 설정을 제외한 파라미터 그룹 변경은 클러스터 재시작 없이 바로 적용되고 새로 연결되는 사용자 세션부터 적용된다.

WLM

WLM^Work Load Management^은 쿼리를 담당하는 대기열^Queue^을 구성한다. 쿼리는 실행과 동시에 대기열에 등록된다. WLM 대기열을 통해 쿼리 실행 우선 순위를 다르게 하거나 쿼리에 규칙과 액션을 적용할 수 있다. 레드시프트 클러스터를 처음 시작하면 디폴트 대기열^default^과 슈퍼유저 대기열^superuser^이 생성되는데, 디폴트 대기열은 5개의 쿼리를 동시에 실행할 수 있도록 5개의 슬롯^Slot^이 배정되고 슈퍼유저 대기열은 항상 하나의 슬롯이 배정된다.

AWS 웹 콘솔을 통해 WLM 설정을 변경해 보자.

레드시프트 관리 페이지를 열어 **워크로드 관리 구성** 메뉴를 선택하고 **파라미터 그룹** 드롭다운 리스트에서 learn-redshift 파라미터 그룹을 선택하면 다음과 같은 화면을 볼 수 있다.

그림 5-6 WLM 관리 화면

편집 버튼을 클릭해 대기열을 추가하거나 수정할 수 있다.

대기열을 추가해 보자.

| 대기열 1 | | | | | | 삭제 ∧ ∨ |

Memory (%) ❶	Concurrency on main ❶	Concurrency Scaling mode ❶	Timeout (ms) ❶	User groups ☑ Match wildcards	Query groups ☐ Match wildcards
90	5	Off ⬍	1,800,	learn* ✕	learn ✕
				train* ✕ ⊕	train ✕ ⊕

▼ Query Monitoring Rules (0)   템플릿에서 규칙 추가 | 사용자 지정 규칙 추가

규칙이 정의되지 않았습니다.

| 기본 대기열 | | | | 삭제 ∧ ∨ |

Memory (%) ❶	Concurrency on main ❶	Concurrency Scaling mode ❶	Timeout (ms) ❶
10	5	Off ⬍	0

▼ Query Monitoring Rules (0)   템플릿에서 규칙 추가 | 사용자 지정 규칙 추가

규칙이 정의되지 않았습니다.

그림 5-7 WLM 대기열 수정 화면

실습용 대기열(대기열1)을 추가했다.

Memory: 대기열에서 차지할 메모리 비율을 설정한다. 해당 클러스터는 실습 이외의 용도가 없으므로 90%로 높은 비율을 설정했다.

Concurrency: 대기열에서 최대 동시 실행 쿼리 수를 설정한다.

Timeout: 쿼리가 강제 종료되는 타임아웃 시간을 정한다. 쿼리의 결과가 클라이언트에 전송되는 시간은 제외된다. 단위는 밀리 초이며 1,800,000(30분)으로 입력했다. (COPY와 VACUUM, ANALYZE 같은 관리 쿼리는 타임아웃이 적용되지 않는다)

User Groups: 대기열에 사용자 그룹을 등록한다. 사용자 그룹에 속한 모든 사용자의 쿼리는 대기열에 자동으로 실행된다. 대기열에 여러 사용자 그룹을 추가할 수 있고, 와일드카드를 사용해 그룹 이름 패턴에 의한 대기열 등록이 가능하다.

Query Groups: 대기열에 쿼리 그룹을 설정한다. 사용자는 쿼리 그룹으로 쿼리가 실행되는 대기열을 선택할 수 있다.

대기열 구성이 완료됐으면 **저장**을 클릭해 편집을 완료하자.

WLM 설정에는 클러스터 재시작이 필요한 설정과 필요 없는 설정이 있다.

클러스터 재시작이 필요한 WLM 설정:

- 대기열 추가 및 삭제
- User Group
- Query Group

클러스터 재시작이 필요 없는 WLM 설정:

- Concurrency
- Memory
- Timeout

대기열 구성을 변경하는 대기열 추가/삭제, 사용자와 쿼리 그룹을 변경하는 설정은 재시작이 필요하고, 쿼리의 메모리 설정과 타임아웃 같이 런타임에 조정 가능한 설정은 재시작이 필요 없다. 재시작이 필요 없는 설정을 변경하는 경우 이미 실행되고 있는 쿼리에는 적용되지 않는다.

클러스터 재시작이 필요한 경우 레드시프트 관리 페이지에 다음과 같이 **재시작 보류중**이란 메시지가 보여질 것이다.

learn-redshift	available, 재시작 보류중

실습을 통해 대기열을 추가했으니 클러스터를 재시작해야 한다. 클러스터 재시작을 기다리면서 WLM의 미스터리를 풀어보자.

클러스터를 처음 시작하면 슈퍼유저 대기열과 디폴트 대기열이 제공된다.

슈퍼유저 대기열

슈퍼유저 대기열은 WLM 편집 화면에는 보이지 않고 변경할 수 없는 대기열이다. 컨커런시는 항상 1이고 메모리는 컴퓨팅 노드 메모리의 약 5%로 정해진다. 슈퍼유저 대기열은 긴급한 상황을 위해 항상 비워 둬야 한다. 문제를 발생시키는 쿼리를 강제 종료하거나 클러스터 상태를 확인하는 용도로만 사용해야 한다. 슈퍼유저 대기열을 클러스터 운영 및 관리 대기열로 잘못 인식해 슈퍼유저 대기열에 VACUUM 쿼리를 주기적으로 실행하는 사용자가 있었다. 이런 경우 급하게 쿼리를 강제 종료하고 싶어도 VACUUM 쿼리가 끝날 때까지 기다려야 한다.

슈퍼유저 대기열을 사용하려면 사용자 대기열과 마찬가지로 SET query_group 쿼리로 대기열을 정해야 한다.

```
SET query_group TO 'superuser';
```

레드시프트 클러스터의 마스터유저는 슈퍼유저다. 슈퍼유저만 슈퍼유저 대기열을 사용할 수 있고, 슈퍼유저만 슈퍼유저를 생성할 수 있다. 일반 사용자에게 CREATEUSER 권한을 부여하면 슈퍼유저가 된다.

```
CREATE USER superpoweruser CREATEUSER PASSWORD 'Superpoweruser1';
```

일반 사용자를 슈퍼유저로 변경할 수 있다.

```
ALTER USER superpoweruser CREATEUSER;
```

슈퍼유저는 관리자에게만 제공하고 슈퍼유저 대기열 사용을 제한해야 한다.

디폴트 대기열

쿼리가 실행될 대기열을 찾지 못하는 경우 디폴트 대기열을 사용한다. 멀티테넌시 클러스터가 아닌 싱글 애플리케이션이나 사용자를 위한 클러스터인 경우 디폴트 대기열만 사용해도 문제 없다.

WLM 리소스 배정

대기열은 WLM의 컨커런시 수 만큼 슬롯을 설정하고 슬롯은 쿼리를 하나씩 실행한다. 대기열에 5개의 슬롯이 있으면 5개의 쿼리를 병렬로 실행할 수 있다. 클러스터 메모리는 슬롯에 균등하게 배정되기 때문에 슬롯이 늘어날수록 한 슬롯이 차지하는 메모리 크기는 줄어든다. AWS에서 레드시프트 클러스터 컨커런시를 50으로 제한하는 이유이기도 하다. 컨커런시를 높게 설정하면 그림 5-8과 같이 많은 쿼리를 동시에 실행할 수 있지만 쿼리 성능은 오히려 느려질 수 있다. 가벼운 쿼리는 레드시프트에서 제공하는 SQA^{Short Query Acceleration} 대기열로 실행할 수 있으므로 대기열의 컨커런시 계산에서 배제해도 된다. 클러스터 전체 컨커런시는 1~20 사이로 설정하는 게 권장 사항이다. 컨커런시는 작게 시작해서 필요에 따라 늘려가는 것을 추천한다.

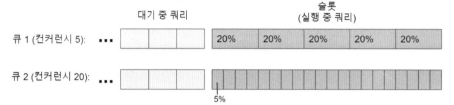

그림 5-8 대기열 컨커런시 메모리 배정

다음은 WLM 구성의 제약 사항이다.

- 시스템 대기열을 제외한 사용자 대기열은 8개까지 생성할 수 있다.

- 대기열의 최대 컨커런시는 50이다.

- 클러스터 전체 최대 컨커런시는 50이다.

노트

WLM을 구성하면서 대기열의 CPU 코어 수를 제한하지 않았다. 레드시프트와 같은 데이터베이스의 프로세스는 메모리 집약적(Memory-Bound)인 경우가 대부분이기 때문이다. 다만 쿼리 세그먼트 당 코어 하나를 사용하는데, 한 쿼리에서 컴퓨팅 노드의 코어 수보다 많은 세그먼트를 실행하면 모든 CPU 코어를 독점하게 되므로 다른 쿼리의 성능에 영향을 미칠 수 있다.

특정 쿼리에 높은 메모리를 할당해야 할 경우가 생길 수 있다. 이런 경우 클러스터 WLM 설정을 변경하면 다른 쿼리에 영향을 줄 수 있으므로, 다음과 같이 세션 슬롯 카운트를 줄여 해당 세션에서 실행되는 쿼리에만 높은 메모리를 할당할 수 있다.

```
SET wlm_query_slot_count to 3;
```

슬롯 카운트를 3으로 낮추면 대기열의 메모리를 3등분 한 만큼의 메모리를 사용하게 된다. 높은 메모리 크기를 할당받아야 하기 때문에 가용 자원이 생길 때까지 대기 시간은 늘어날 수 있지만 쿼리 실행 시간은 줄어들 것이다. 세션 슬롯 카운트는 대기열 슬롯 카운트보다 높게 설정할 순 없다.

WLM 관리 테이블

WLM 대기열 상태와 정보를 확인하려면 다음 시스템 테이블과 뷰를 사용할 수 있다.

테이블	설명
svl_query_queue_info	완료된 쿼리의 대기열 정보와 대기 시간, 실행 시간을 보여준다.
stv_wlm_query_state	실행중인 쿼리의 정보를 보여준다.
stv_wlm_service_class_state	WLM 대기열의 통계 정보를 보여준다.
stv_wlm_service_class_config	WLM 대기열 설정을 보여준다.
stv_wlm_classification_config	쿼리의 대기열 배치 규칙을 보여준다.
stv_wlm_query_task_state	실행중인 쿼리와 태스크 정보를 보여준다.
stv_wlm_query_queue_state	대기열에 등록된 쿼리와 실행 순서를 보여준다.
admin.v_wlm_queue_state	WLM 대기열 설정과 실행중인 쿼리 수를 보여준다.

팁

WLM 관리 테이블에서 서비스 클래스(Service class) 용어를 자주 볼 수 있다. 서비스 클래스는 대기열과 같은 의미이다. 사용자 대기열을 식별할 때, 사용자 대기열은 서비스 클래스 5번부터 시작하므로 대기열 번호는 서비스 클래스 번호에서 5를 뺀 값을 사용한다. stv_wlm_service_class_config 테이블을 조회해 보면 서비스 클래스 번호와 용도를 확인할 수 있다.

🔑 service_class	T name
1	Service class for system user (Health Check)
2	Service class for system user (Metrics Collection)
3	Service class for system user (CM Stats)
4	Service class for system user (Operator)
5	Service class for super user
6	Service class #1
7	Service class #2
14	Short query queue
15	Service class for vacuum/analyze

그림 5-8 서비스 클래스 조회

1에서 4번 서비스 클래스는 시스템 관리, 5번은 슈퍼유저, 6, 7번은 사용자 대기열, 14번은 SQA 대기열, 15번은 오토 베큠 대기열임을 확인할 수 있다.

쿼리 대기열 라우팅

쿼리 대기열 라우팅은 쿼리가 실행될 대기열을 검색하고 선정하는 작업을 말한다. 사용자 그룹과 쿼리 그룹 라우팅이 있다.

사용자 그룹 대기열 라우팅

사용자 그룹 대기열 라우팅은 사용자가 속한 그룹 명으로 대기열을 찾아 쿼리를 실행하는 방식이다. 사용자가 속한 그룹 명을 대기열에 등록하면 사용자가 실행하는 쿼리를 해당 대기열에 실행한다. 실습에서는 사용자 그룹에 와일드 카드를 사용해 train과 learn으로 시작하는 모든 사용자 그룹을 대기열에 등록했다. 와일드카드는 별표(*)와 물음표(?)를 이용해 패턴 매칭할 수 있다. 별표는 모든 길이의 문자를 매칭하고 물음표는 정확히 한 문자를 매칭한다. 예를 들어 learn*은 learn과 learn_lv1을 매칭하고 learn?은 learn1을 매칭한다. 와일드 카드는 대소문자를 구분하지 않는다.

앞서 사용자 그룹 패턴을 대기열에 등록했으니 사용자 그룹을 생성하고 사용자를 사용자 그룹에 추가해 보자.

```
CREATE GROUP learn_beginner;
CREATE USER beginner1 password 'Beginner1';
ALTER GROUP learn_beginner ADD USER beginner1;

CREATE GROUP learn_advanced;
CREATE USER advanced1 PASSWORD 'Advanced1';
ALTER GROUP learn_advanced ADD USER advanced1;
```

Beginner1 또는 advanced1사용자로 접속해서 쿼리를 실행하면 1번 대기열에서 쿼리가 실행되는 것을 확인할 수 있다.

쿼리 그룹 대기열 라우팅

쿼리 그룹 대기열 라우팅은 사용자가 직접 선정한 쿼리 그룹으로 대기열을 찾아 쿼리를 실행한다. WLM대기열을 구성하면서 1번 대기열에 learn과 train 쿼리 그룹을 등록했었다. 실습에는 와일드카드 매칭을 사용하지 않았지만 필요한 경우 사용자 그룹과 같은 방식으로 사용할 수 있다. SET 쿼리로 쿼리 그룹을 설정해 보자.

```
SET query_group 'learn';
```

쿼리 그룹 설정은 사용자 세션 동안 유지되며 세션 동안 실행된 쿼리는 세션 쿼리 그룹으로 대기열을 선정하게 된다. 세션을 종료하면 쿼리 그룹은 리셋이 된다. 세션 쿼리 그룹은 다음과 같이 확인할 수 있다.

```
SHOW query_group;
```

세션 쿼리 그룹은 다음과 같이 리셋할 수 있다.

```
RESET query_group;
```

만약 쿼리가 하나 이상의 대기열과 매칭되면 어떻게 될까? 대기열은 WLM 관리 화면에 보이는 가장 상단부터 하단 순서로 검색된다. 1번 대기열부터 사용자 그룹이 일치하는지 확인하고, 일치하지 않으면 쿼리 그룹이 일치하는지 확인한다. 두 방식 모두 일치하지 않으면 다음 대기열을 확인한다. 디폴트 대기열은 가장 마지막에 확인된다. 매칭된 대기열이 없으면 디폴트 대기열을 사용한다.

> ⊘ 주의
> SET query_group TO 'default';로 대기열을 선정하고 쿼리를 실행해보면 디폴트 대기열에서 실행된다. 디폴트 대기열에 default 쿼리 그룹이 등록돼 선택된 건 아니고 default 쿼리 그룹을 찾지 못해 디폴트 대기열에서 실행되는 것이다. 만약 사용자 정의 대기열 중 하나에 default 쿼리 그룹을 등록하면 디폴트 대기열 대신 해당 대기열에서 쿼리가 실행될 것이다.

쿼리 대기열 호핑

WLM 대기열 설정에는 타임아웃^{timeout}이 있다. 쿼리의 실행 시간이 타임아웃을 넘어가면 어떻게 될까? 만약 쿼리를 그대로 강제 종료한다면 사용자한테 불편하게 적용될 것이다. 쿼리 대기열 호핑은 쿼리가 타임아웃되는 경우 다음 대기열에서 쿼리를 실행하는 기능이다. 쿼리가 대기열을 옮겨 다닌다는 의미의 대기열 호핑이라 불린다.

쿼리 대기열 호핑이 적용 가능한 쿼리는 SELECT, CREATE TABLE AS^{CTAS} 작업과 INSERT, UPDATE, DELETE 등의 DML 작업이다. UNLOAD, UDF(사용자 정의 함수)는 타임아웃 초과 시 대기열 호핑 없이 실패 된다. COPY, ANALYZE, VACUUM은 타임아웃 제한이 없기 때문에 대기열 호핑 대상에서 제외된다.

대기열 호핑이 발생하면 쿼리 작업은 경우에 따라 다음 대기열에서 재시작되거나 마지막 작업부터 지속된다. 사용자는 가능하면 쿼리가 지속되길 원할 것이다. 다음 조건이 모두 성립되면 쿼리는 다음 대기열에서 지속된다.

- 쿼리를 전달받아 실행할 수 있는 대기열이 있다.
- 대기열에 여분의 슬롯이 있다.
- 대기열에 쿼리에 필요한 여분의 메모리가 있다.

쿼리를 전달받은 대기열은 슬롯과 메모리 여분이 있는지 확인하고, 여분이 있다면 쿼리를 지속 실행하고 그렇지 않다면 쿼리가 재시작되는데, 이런 경우 대기열에서 다시 순서를 기다려야 한다. 대기열 호핑을 할 대상 대기열이 없으면 쿼리는 실패한다.

QMR

QMR^{Query Monitoring Rule}은 관리자가 정한 규칙에 따라 쿼리에 액션을 취하는 기능이다. 레드시프트는 MPP 시스템 특징을 기반으로 쿼리를 대량 병렬 처리하는데 초점이 맞춰져 있다. 다만 한 쿼리가 모든 클러스터 자원을 장시간 점유하고 있으면 클러스터 성능에 큰 영향을 준다. 사용자 쿼리 패턴을 미리 분석해 쿼리에서 사용 가능한 CPU, 메모리, 디스크 자원에 제한을 두고 제한 경계선을 넘어가면 쿼리를 호핑 및 종료하도록 규칙을 설정할 수 있다. WLM 쿼리 호핑과 비슷해 보이지만 타임아웃 이외에 더욱 다양한 규칙과 액션을 설정할 수 있다. WLM 대기열의 타임아웃 설정은 QMR 기능 출시 이후 도태되고 있고 곧 레드시프트 기능에서 제외된다 한다. QMR은 WLM 대기열 설정 화면에서 설정할 수 있다.

그림 5-9 QMR 편집 화면

Add custom rule 버튼을 클릭하면 QMR 규칙을 추가할 수 있다.

- **규칙 이름**: QMR 규칙을 식별하기 위한 이름
- **조건자**: QMR 규칙
- **작업**: 규칙 조건이 성립될 경우 조치 작업
    - **로그**: 쿼리 영향 없이 로그에 기록만 남긴다.
    - **홉**: 쿼리 대기열 호핑을 적용해 다음 대기열에서 재시작한다.
    - **중단**: 쿼리를 강제 종료한다.

조건자에는 다음과 같은 규칙이 있다.

조건자	설명	단위
쿼리 CPU 시간	쿼리에서 소비한 전체 CPU 시간	초
블록 읽기	조회된 블록 수	수
행 개수 스캔	스캔된 레코드 수	수
쿼리 실행 시간	대기 시간과 리턴 시간을 제외한 순 쿼리 실행 시간	초
CPU 사용량	CPU 점유율	%
디스크 메모리	디스크 스필된 데이터 크기	MB
CPU 스큐	쿼리를 통해 발행한 CPU 스큐(세그먼트 단위 최대 & 평균 CPU 점유율 비율). 1에 가까울수록 좋다.	비율
I/O 스큐	쿼리를 통해 발생한 블록 조회 스큐(세그먼트 단위 최대 & 평균 블록 조회 수 비율). 1에 가까울수록 좋다.	비율
조인된 행	조인에 사용된 레코드 수	수

중첩 루프 조인 행 개수	Nested Loop 조인에 사용된 레코드 수	수
행 개수 반환	클라이언트에 리턴된 레코드 수	수
세그먼트 실행 시간	세그먼트 실행 시간(세그먼트 중 하나라도 조건이 성립되면 액션을 취한다)	초
Spectrum 스캔 행 개수	스펙트럼을 통해 스캔된 레코드 수	수
Spectrum 스캔	스펙트럼을 통해 스캔된 데이터 크기	MB

QMR 설정을 돕기 위해 자주 사용되는 규칙은 템플릿으로 제공된다.

	템플릿 이름	조건자
☐	중첩 루프 조인	중첩 루프 조인 행 개수(행) > 100
☐	쿼리는 많은 수의 행을 반환함	행 개수 반환(행) > 1000000
☐	많은 수의 행을 통해 조인	조인된 행(행) > 1000000000
☐	중간 결과를 작성할 때의 높은 디스크 사용량	디스크 메모리(1MB 블록) > 100000
☐	I/O 스큐(skew)가 높은 장기 실행 쿼리	세그먼트 실행 시간(초) > 120 및 I/O 스큐(비율) > 2

그림 5-10 QMR 템플릿

QMR 템플릿을 보면 4장, '쿼리 최적화'에서 학습한 내용과 비슷하다.

- 실수로 실행된 크로스 조인을 막기 위해 Nested Loop Join된 행이 100건 이상이면 액션을 취한다. 조인 제한이 100건으로 매우 낮은 만큼 크로스 조인은 최대한 피해야 한다.
- 불필요한 네트워크 I/O를 막기 위해 쿼리 결과가 백만 건 이상일 때 액션을 취한다.
- 사용자가 의도하지 않은 조인 실수를 막기 위해 조인된 행이 10억 건 이상일 때 액션을 취한다.
- 과도한 디스크 I/O를 막기 위해 디스크 스필 된 블록 수가 10만 건 이상일 때 액션을 취한다.
- 세그먼트에서 지나치게 많은 데이터를 처리하는 것(데이터 스큐)을 막기 위해 세그먼트 최대 수행 시간이 120초 이상 또는 I/O 스큐 비율이 2배 이상일 때 액션을 취한다.

조건이 성립될 경우 사용자가 정한 액션을 취한다. 템플릿에 설정된 제약들은 사용자가 변경할 수 있지만 기본 값을 사용해도 훌륭해 보인다. 쿼리 실행 시간에 의한 규칙은 WLM 타임아웃 기능이 있어 템플릿에 제공되지 않지만 대기열 호핑 액션 대신 강제 종료 액션을 사용하려면 QMR을 사용할 수 있다.

SQA

SQA^Short Query Acceleration은 숏 쿼리(실행 시간이 짧은 쿼리)를 위한 전용 대기열을 관리하는 기능이다. 숏 쿼리의 기준은 20초 내 완료되는 쿼리이다. 이 기능이 출시되기 전에는 Short Query 대기열과 Long Query 대기열을 생성하고 Short Query 대기열에 20초의 짧은 타임아웃을 설정해 20초 이상 실행되는 쿼리는 Long Query 대기열로 호핑하도록 구성했지만 SQA 기능 출시 이후로 숏 쿼리와 롱 쿼리 대기열을 구성할 필요가 없어졌다. SQA 대기열은 SQA를 위해 예약된 시스템 자원을 사용하기 때문에 다른 대기열에 비해 빠르게 실행된다. 사용자 대기열의 컨커런시를 계산할 때 SQA에서 실행될 숏 쿼리는 배제해도 된다.

모든 SELECT 쿼리는 SQA 대상이 된다. CREATE TABLE AS(CTAS), INSERT .. SELECT등 SELECT 쿼리를 사용하는 DDL에도 적용된다. SQA 숏 쿼리를 정하는 기준은 쿼리 실행 시간 임계치다. 실행 시간 임계치는 관리자가 WLM 관리 화면에서 수동 설정하거나 클러스터가 자동으로 계산하게 설정할 수 있다.

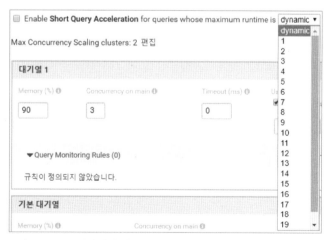

그림 5-11 SQA 실행 시간 제한 설정

기본 설정은 레드시프트가 자동으로 계산하는 다이나믹^{Dynamic}이다. 다이나믹 설정을 사용하지 않고 수동 설정하려면 신중하게 설정해야 한다. 10초로 설정하면 10초 이상 실행되는 쿼리는 재시작될 대기열을 찾아 대기열 호핑을 하는데, 쿼리 재시작은 작업 효율을 떨어트리기 때문에 SQA 임계치를 잘못 설정할 경우 오히려 안 좋은 성능을 초래할 수 있다. 수동으로 설정하려면 클러스터에서 실행된 쿼리의 실행 시간 이력과 통계를 확인해야 한다.

```
SELECT
  avg(total_exec_time / 1000000),
  min(total_exec_time / 1000000),
  max(total_exec_time / 1000000),
  percentile_cont(0.1) within group (order by total_exec_time / 1000000)
Percentile10th,
  percentile_cont(0.2) within group (order by total_exec_time / 1000000)
Percentile20th,
  percentile_cont(0.3) within group (order by total_exec_time / 1000000)
Percentile30th,
  percentile_cont(0.4) within group (order by total_exec_time / 1000000)
Percentile40th,
  percentile_cont(0.5) within group (order by total_exec_time / 1000000)
Percentile50th,
  percentile_cont(0.6) within group (order by total_exec_time / 1000000)
Percentile60th,
  percentile_cont(0.7) within group (order by total_exec_time / 1000000)
Percentile70th,
  percentile_cont(0.8) within group (order by total_exec_time / 1000000)
Percentile80th,
  percentile_cont(0.9) within group (order by total_exec_time / 1000000)
Percentile90th,
  percentile_cont(1.0) within group (order by total_exec_time / 1000000)
Percentile100th
FROM stl_wlm_query
WHERE userid >= 100;
```

```
Name           |Value
---------------|------
avg            |6
min            |0
max            |2447
percentile10th |0.0
percentile20th |0.0
percentile30th |0.0
percentile40th |0.0
percentile50th |1.0
percentile60th |2.0
percentile70th |3.0
percentile80th |6.0
percentile90th |13.0
percentile100th|2447.0
```

SQA 임계치는 70 퍼센타일의 실행 시간에서 시작하는 게 좋다. 쿼리 결과를 보면 3초가 된다. 하지만 위 클러스터의 경우 90 퍼센타일의 쿼리는 13초 안에 나쁘지 않은 성능으로 실행됐기 때문에 공격적인 설정을 하려면 13초로 정할 수 있다. 90 퍼센타일 이상 쿼리부터 실행 시간에 큰 차이가 보이므로 SQA 대기열에 포함시키지 않았고, SQA 임계치는 15초 이하로 정하는 게 좋다.

다이나믹 설정을 선택하게 되면 이러한 분석을 클러스터가 주기적으로 실행해 SQA 쿼리 실행 시간 임계치를 자동으로 업데이트해주기 때문에 뚜렷한 임계치가 없으면 다이나믹 설정으로 유지하자.

레드시프트가 쿼리를 SQA 대기열에서 실행할지 결정하려면 쿼리 실행 시간 예측이 필요한데, 레드시프트는 머신 러닝^{Machine Learning}과 테이블 통계 정보를 사용해 예측 값을 찾아낸다. 클러스터를 처음 생성하거나 클러스터 용도가 크게 바뀐 경우 예측 모델이 학습되지 않아 예측 값이 정확하지 않을 수 있지만 예측 정확도는 쿼리가 많이 실행될수록, 실행되는 쿼리가 비슷할수록 높아진다.

SQA 대기열에서 실행된 쿼리는 다음과 같이 확인할 수 있다.

```
SELECT
  a.queue_start_time, a.total_exec_time, label, a.final_state, trim(querytxt)
FROM stl_wlm_query a JOIN stl_query b on a.query = b.query
```

```
WHERE  a.service_class = 14
ORDER BY b.query DESC LIMIT 100;
```

WLM 베스트 프랙티스

레드시프트 WLM과 SQA, QMR 등 여러 기능을 배웠지만, 레드시프트를 처음 준비하는 관리자라면 WLM을 초기 디자인하는 부분이 가장 어려울 것이다. WLM을 구성하는 모범 사례를 살펴보자.

사례 #1, 단일 애플리케이션

레드시프트가 하나의 애플리케이션에서 사용되면 기본 WLM 설정을 유지해도 좋다. 쿼리가 동시에 하나만 실행돼도 쿼리는 클러스터의 모든 시스템 자원을 활용하기 때문에 쿼리가 빠르게 실행될 것이다.

사례 #2, 롱 쿼리

앞서 설명한 SQA에서는 최대 20초 이하로 수행되는 쿼리는 숏 쿼리로 분류한다. 20초 이상의 쿼리는 모두 같은 대기열에서 경합하게 될 것이다. 그 중에서도 많은 리소스를 요구하는 쿼리 또는 10분 이상 실행되는 롱 쿼리는 대기열 호핑과 QMR을 이용해 다른 쿼리들로부터 격리시킬 필요가 있다. 롱 쿼리들을 위한 대기열을 별도로 생성하여 다른 작업에 영향을 미치지 않도록 분류할 수 있다.

사례 #3, 멀티테넌시

여러 팀이 레드시프트 클러스터를 공유해서 사용하는 멀티테넌시 환경이라면 한 팀에서 대부분의 리소스를 차지하여 시스템 전체에 영향을 주는 사태를 겪게 된다. 사용자 그룹(혹은 팀)별로 WLM 대기열을 생성해 한 그룹에서 모든 자원을 점유하는 것을 방지할 수 있다. 다만, 대기열이 늘어날수록 대기열 당 할당받는 메모리가 적어진다. AWS는 클러스터 전체 컨커런시를 15개 내외로 유지하도록 권장하지만 멀티테넌시 클러스터의 경우 20개 내외까지도 적절하다고 본다. 그룹마다 5개의 컨커런시를 배정한다면 클러스터 당 4그룹까지 지원할 수 있다. 4개의 그룹과 5개의 컨커런시 설정은 일부 독자에겐 충분할 수도 있고 일부 독자에겐 부족할 수도 있다. WLM 구성은 쿼리 유형에 크게 지배받는다. 높은 시스템 자원을 요구하는 쿼리의 경우 컨커런시를 낮추거나 클러스터를 확장해 쿼리가 활용할 수 있는 메모리를 높일 수 있다. 단순히 쿼리 수가 많아 컨커런시가 부족한 경우 컨커런시를 조금 높여보거나 이 책의 마지막 장 부록에서 설명하는 컨커런시 스케일링 기능을 사용할 수 있다. 클러스터에 더 많은 그룹을 지원하고 싶다면 스냅샷을 이용해서 복제 클러스터를 생성하고 추가되는 그룹에게 제공할 수 있다.

스냅샷

기존 데이터베이스에서는 여러가지 백업 소프트웨어를 사용해 별도의 백업 장치를 가지고 스토리지 또는 백업 테이프 등에 백업을 받아 시스템에 문제가 발생했을 때 복구에 사용했다. 그러나 레드시프트에서는 이 스냅샷이 레드시프트 클러스터 특정 시점을 S3에 저장해 기존의 백업을 대체하게 된다. 스냅샷은 항상 모든 데이터를 전체 백업하지 않고, 가장 최근 생성된 스냅샷 데이터를 기준으로 변경된 데이터만을 백업해 마지막 스냅샷과 연결하므로 새로운 전체 스냅샷을 생성한다. 이와 같은 방식은 저장되는 스냅샷의 사이즈를 감소시키고 S3를 사용하면 비용을 절약해 준다. 그뿐만 아니라 노드 수, 노드 타입, 마스터 사용자 계정 등의 모든 클러스터 정보를 포함해 스냅샷으로 새로운 클러스터를 생성할 수 있도록 지원한다.

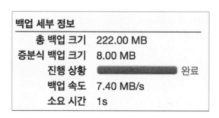

그림 5-12 스냅샷 세부 정보

레드시프트는 스냅샷을 S3에 SSL 연결로 전송하고 스냅샷 데이터를 서버-사이드 암호화SSE 방식으로 암호화해서 저장한다. 스냅샷에는 스케줄 또는 데이터 증가에 따른 자동 스냅샷과 클러스터 관리자가 수동으로 생성할 수 있는 수동 스냅샷이 있다.

자동 스냅샷

레드시프트 클러스터에 자동 스냅샷을 설정하면 레드시프트는 주기적으로 클러스터 스냅샷을 생성하게 된다. 기본적으로 8시간 또는 5기가 이상의 데이터 변화가 발생했을 때 스냅샷을 생성하게 되는데 클러스터 생성과 동시에 자동 스냅샷을 생성하기 시작하고 기본 값으로 보존 기간이 1일로 설정된다. 자동 스냅샷을 사용하지 않으려면 클러스터 편집 화면에서 스냅샷 보존 기간을 0으로 설정하면 된다.

> **(!)** 자동 스냅샷 보존 기간을 0으로 설정하면 보관 중인 자동 스냅샷도 함께 삭제되기 때문에 이 부분
> **주의** 을 유념하길 바란다.

최근에 Cron 스케줄 기능을 추가해 일정을 통해 자동 스냅샷을 관리할 수 있도록 지원한다. 다만, 1시간 미만 또는 24시간을 초과하는 빈도로 설정할 수 없다. 자동으로 생성된 스냅샷은 사용자가 직접 삭제할 수는 없으나, 보존 기간을 설정해 오래된 스냅샷을 정리할 수 있다. 클러스터를 삭제하면 클러스터의 모든 자동 스냅샷도 함께 삭제되기 때문에, 자동 스냅샷을 장기간 보관하고 싶다면 스냅샷 관리 화면에서 자동 스냅샷을 수동 스냅샷으로 복사해 생성하면 클러스터 삭제와 관계없이 보관할 수 있다.

수동 스냅샷

사용자는 수동 스냅샷을 언제든지 생성할 수 있다. 수동 스냅샷은 자동 스냅샷과 달리 보존 기간의 제약이 없고, 클러스터가 삭제되더라도 스냅샷을 보존할 수 있다. 레드시프트 관리 콘솔에서 원하는 클러스터를 선택한 후 **백업** → **스냅샷 생성**을 클릭하면 수동 스냅샷을 생성할 수 있다.

그림 5-13 수동 스냅샷 생성

이 때, Snapshot retention period(스냅샷 보존 기간)을 설정할 수 있는데 -1을 입력하면 무기한으로 해당 스냅샷을 보관할 수 있다. 그러나 스냅샷은 S3를 사용하고 그에 따라 요금이 부과될 수 있기 때문에 정책을 수립해 관리해야 한다.

스냅샷 요금

레드시프트는 클러스터 스토리지 크기와 같은 크기의 S3의 스냅샷 공간을 무료로 제공한다. 무료 저장 공간 한도에 도달하게 되면 한도를 넘어가는 S3 저장 공간의 요금을 지불하게 된다. 예를 들어 ds2.xlarge 노드 4대로 구성된 클러스터는 8TB의 스냅샷을 무료로 보관할 수 있다. 이는 작은 공간이 아니지만 스냅샷을 자동으로 생성하고 보관하다 보면 무료 저장 공간이 소진될 수 있기 때문에 추가적인 비용을 피하기 위해 자동 스냅샷은 보존 기간을 설정할 수 있다. 수동 생성된 스냅샷은 관리자가 직접 정리해야 하고 수동 스냅샷도 보존 기간을 설정할 수 있다.

그림 5-14와 같이 클러스터 편집 화면에서 스냅샷 보존 기간을 설정할 수 있다.

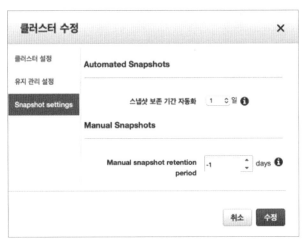

그림 5-14 스냅샷 설정 화면

 노트 임시 테이블과 같이 백업이 필요 없는 테이블은 CREATE TABLE 쿼리의 BACKUP NO 파라미터를 사용해 백업 대상 테이블에서 제외할 수 있다.

스냅샷으로 클러스터 복원하기

스냅샷으로 클러스터 복원을 실행하면 새로운 클러스터가 생성되고 가장 최근 사용된 데이터부터 적재하여 복원 작업이 완료되기 전에도 클러스터 사용이 가능하도록 복원을 진행한다. 복원 작업 중 사용자가 쿼리한 데이터 적재가 완료되지 않았다면 해당 데이터의 우선 순위를 높여 적재하기 때문에 쿼리는 종료되지 않고 계속 진행된다. 다만 쿼리는 평소보다 느릴 수 있다. 클러스터 복원에 사용되고 있는 스냅샷은 복원 중 삭제해도 복원이 완료될 때까지 보관된다.

 노트 현재 가용 중인 클러스터를 스냅샷 시점으로 복원하는 작업은 할 수 없다. 스냅샷을 사용해 새로운 클러스터를 생성한 후 기존 클러스터를 종료시키는 클러스터 교체 작업이 가능하다.

이제 클러스터 복원 방법을 살펴보도록 하자.

AWS 관리 콘솔에서 레드시프트 대시보드에 접속하면 왼쪽 메뉴에서 스냅샷을 확인할 수 있을 것이다.

1. AWS 레드시프트 관리 콘솔에 로그인한다.

2. 레드시프트 서비스에 접속하게 되면 왼쪽에 **[스냅샷]** 메뉴가 보인다. 클릭해보면 생성돼 있는 스냅샷 리스트를 확인할 수 있다. 만약 리스트에 보이지 않는다면 필터를 이용해 기간을 조정하고, 혹시 다른 리전에 생성돼 있는지 확인해 보자.

3. 원하는 스냅샷을 선택한 후에 **작업 → 스냅샷에서 복원**을 클릭한다.

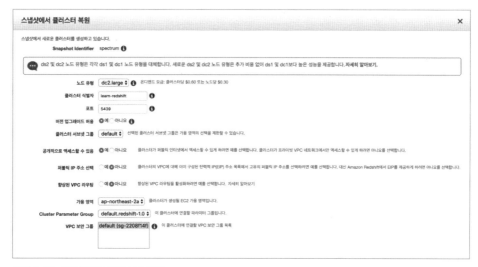

그림 5-15 스냅샷에서 클러스터 복원

4. 스냅샷에 클러스터 속성 정보가 포함돼 복원 화면에 시큐리티 그룹과 파라미터 그룹과 같은 클러스터 속성이 이미 입력돼 있을 것이다. 클러스터 속성은 사용자가 클러스터 복원 화면에서 변경 가능하다.

5. 마지막으로 **복원** 버튼을 클릭한다.

모두 완료됐다면 **클러스터** 메뉴를 클릭해 복원되는 상태를 확인하자. 클러스터 상태가 available 상태로 변경되고 DB 상태가 **정상**으로 보인다면 복원된 클러스터에 접속해 쿼리를 수행할 수 있을 것이다.

스냅샷으로 테이블 복원하기

사용자는 전체 클러스터를 복원하지 않고도 스냅샷으로 테이블 단위의 데이터를 복원할 수 있다. 이 기능은 사용자 실수 또는 여러 장애 상황에서 빠르고 간단하게 테이블을 복원하는 방법으로 저자도 여러 번 도움을 받았던 기능이다.

클러스터에 테이블을 복원할 때에는 해당 클러스터의 스냅샷으로만 복원할 수 있으며 다른 클러스터의 스냅샷은 사용할 수 없다. 클러스터 리사이즈 작업(노드 추가, 삭제, 변경)이 있었다면, 리사이즈 작업 이전의 스냅샷은 테이블 복원에 더 이상 사용할 수 없으니 주의하자. 또한 스냅샷에서 복원하는 테이블 명은 원본 테이블과 같을 수 없다. 대상 테이블 명을 다르게 해 복구하는 방법이 있고, 만약 원본 테이블과 같은 이름을 유지하고 싶다면 원본 테이블 명을 변경하거나 원본 테이블을 제거(DROP TABLE)한 후 복원할 수 있다.

이제 AWS관리 콘솔에서 테이블을 복원하는 방법을 살펴보자.

1. 먼저 AWS 레드시프트 관리 콘솔에 로그인한다.

2. 복원 대상이 되는 클러스터를 선택하고, 상단 탭에서 **테이블 복원** 탭을 선택하고 **테이블 복원** 버튼을 클릭한다.

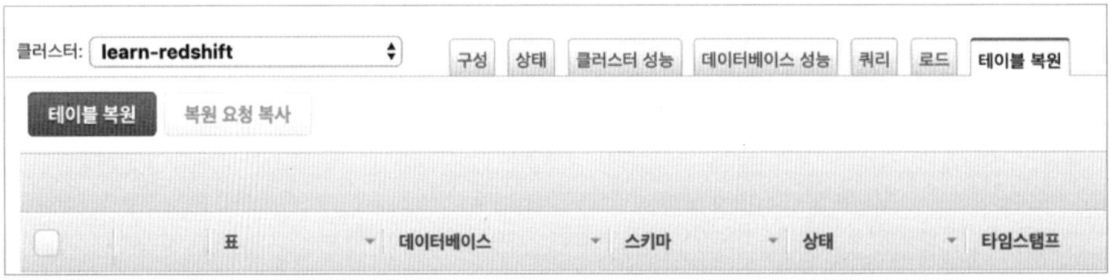

그림 5-16 테이블 복원

3. **이 범위의 스냅샷 선택** 란에서 스냅샷이 생성된 기간을 선택해 원하는 스냅샷을 선택한다.

그림 5-17 테이블 복원

4. 스냅샷 선택이 완료됐다면 아래 복원 정보를 정확히 입력한다.

   - 복원할 원본 테이블

     □ 데이터베이스 – 원본 테이블의 데이터베이스 명을 입력한다.

     □ 스키마 – 원본 테이블의 스키마 명을 입력한다.

     □ 표(테이블) – 원본 테이블 명을 입력한다.

   - 복원할 대상 테이블

     □ 데이터베이스 – 복원하고자 하는 데이터베이스 명을 입력한다.

     □ 스키마 – 복원하고자하는 스키마 명을 입력한다.

     □ 새 테이블 이름 – 새로 복원될 테이블 명

5. **복원** 버튼을 클릭한다.

복원 요청이 완료되면 바로 테이블 복원 리스트에서 해당 테이블의 복원 진행사항을 모니터링할 수 있다. 상태가 SUCCEEDED로 변경되면 클러스터 내에 복원이 완료돼 조회 가능한 상태가 됐음을 의미한다.

교차 리전 스냅샷

스냅샷이 데이터 백업 기능에 해당한다면 교차 리전 스냅샷은 재해 복구^{DR: Disaster Recovery} 기능으로 사용할 수 있다. 교차 리전 스냅샷은 우선 같은 리전에 스냅샷을 저장하고, 2차적으로 스냅샷을 사용자가 정의한 다른 리전에 복사한다. 자동 스냅샷의 경우 리전마다 스냅샷 보존 기간을 다르게 설정할 수 있고, 기본 설정으로 7일 동안 보존하게 된다. 이렇게 저장된 스냅샷은 만약 리전에 장애가 발생할 경우, 2차 리전에 레드시프트 클러스터를 복구해 서비스를 유지하는 데 사용할 수 있다.

5.2 클러스터 모니터링

레드시프트 클러스터 관리에는 모니터링을 빼놓을 수 없다. 클러스터에 데이터가 늘어나고 사용자를 늘려가다 보면 점진적으로 데이터 엔트로피가 높아지고 사용자 쿼리 성능도 불규칙해진다. 클러스터 관리자는 쿼리 성능에 문제를 발생시키는 테이블 또는 사용자 쿼리가 있는지 모니터링할 필요가 있다. 레드시프트는 클러스터 상태와 사용자 쿼리를 모니터링하는 데 필수적인 툴을 제공한다.

레드시프트 웹 콘솔 모니터링

AWS 웹 콘솔에서 레드시프트 클러스터 단위로 시스템 성능과 리소스, 사용자 쿼리를 모니터링할 수 있다. AWS 웹 콘솔의 레드시프트 관리 화면에서 learn-redshift 클러스터를 선택하면 클러스터 성능, 데이터베이스 성능, 쿼리, 로드의 탭에서 세부적인 클러스터 상태를 점검할 수 있다.

그림 5-18 클러스터 상태 정보

클러스터 성능 모니터링

클러스터 성능 대시보드는 시간대별 클러스터 자원 사용률을 보여준다. 대시보드 상단에는 쿼리 타임라인을 간트 차트^{Gantt Chart} 형식으로 보여주는데, 클러스터 대시보드에 쿼리 타임라인을 보여주는 이유는 쿼리의 시스템 점유율을 함께 보여주기 위함이다. 쿼리 차트에서 사용자가 실행한 쿼리를 찾아 마우스를 올려보면 대시보드 하단의 모든 차트에서 쿼리가 실행된 구간을 하이라이트해준다. 다만 클러스터 대시보드는 쿼리 단위 지표가 아닌 클러스터 단위이기 때문에 해당 구간 실행된 모든 쿼리의 리소스 점유율을 보여 준다. 그렇기 때문에 사용자 쿼리를 자세히 프로파일링하는 데 적합하지 않지만, 시스템 자원이 높게 사용된 구간을 판별하고 해당 구간에서 실행된 쿼리를 찾아내는 용도로 사용할 수 있다. 두 번째 용도로는 쿼리 실행 분포도를 확인해 필요한 경우 쿼리 실행 시간을 조정하는데 사용할 수 있고, 세 번째 용도로는 롱 쿼리를 확인하는 데 사용할 수 있다.

클러스터 성능 대시보드 활용 사례를 살펴보자. 그림 5-19를 보면 쓰기 IOPS가 상당히 높은 구간이 보인다. 해당 시점 실행된 5개의 쿼리 중 하나가 무리한 쓰기 작업을 실행하는 것으로 짐작할 수 있다. 또한 점선으로 표시한 쿼리가 1시간 이상 실행되는 것을 대시보드를 통해 확인할 수 있다.

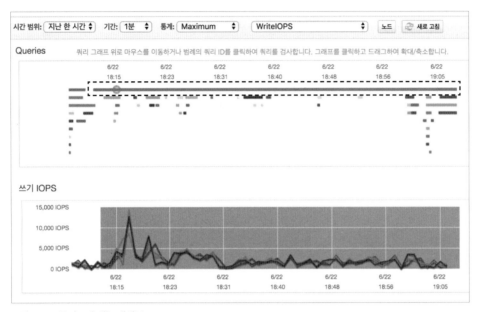

그림 5-19 클러스터 성능 대시보드

대시보드를 열어보면 지난 한 시간의 클러스터 성능을 보여준다. 상단 메뉴의 **시간 범위** 메뉴로 리포트의 시간대를 변경할 수 있다. 시간 범위가 넓어질수록 리포트를 로드하는 데 오래 걸린다. **기간** 메뉴로 리포트를 집계하는 시간 단위를 설정한다. 기간이 작을수록 리포트를 로드하는 데 오래 걸린다. **통계** 메뉴로 집계 함수를 선택할 수 있다. 평균, 최소, 최대, 합계, 샘플 값을 선택할 수 있다. **노드** 메뉴로 리더와 컴퓨팅 노드 중 일부를 선택해 조회할 수 있다. 클러스터 성능 대시보드에서는 다음과 같은 시스템 자원 지표를 제공한다.

지표	설명
PercentageDiskSpaceUsed	노드별 디스크 점유율(%)을 보여준다. 디스크 모니터링과 노드 간 데이터 스큐 모니터링 용도로 사용한다. 전체 디스크 점유율은 70% 이하로 관리하기를 권장한다.
AutoVacuumSpaceFreed	자동 삭제 베큠으로 회수된 디스크 공간(MB)을 보여주는데, 데이터 대량 삭제 모니터링과 대량 삭제 원인을 파악하기 위한 용도로 사용한다.

CPUUtilization	CPU 사용률(%)을 보여준다. CPU 사용률은 사실 높을수록 좋다. 너무 낮은 경우 쿼리 슬롯을 충분히 사용하지 못하거나 메모리가 부족하다는 의미가 될 수 있다. CPU는 50%~90%으로 유지하는 게 좋다. 배치 작업을 등록할 때 하루 중 CPU 점유율이 낮은 시간을 찾는 데 사용하기도 한다. CPU 스큐를 발견하는 데 사용할 수 있다. 레드시프트에서 노드 간 CPU 스큐는 잘 발생하지 않지만 UDF를 사용하거나 조인 작업에서 외부 테이블이 전체 분산인 경우 한 노드에서만 조인이 처리되니 발생 가능하다.
NetworkReceiveThroughput NetworkTransmitThroughput	노드별 네트워크 송수신율(MB/s)을 보여준다. 조인 작업 중 네트워크 송수신율을 모니터링 하는데 사용할 수 있다. 높은 네트워크 송수신율이 발견되면 쿼리와 테이블 속성을 검토해 보자.
WriteIOPS ReadIOPS	초당 읽고 쓰기 작업량(IO/s)을 보여준다. WriteIOPS가 높을 경우 불필요하게 테이블을 업데이트하는 작업이 있는지, 조인 쿼리에서 불필요하게 해시 테이블과 임시 테이블을 생성하지 않는지 확인해 보자.
WriteThroughput ReadThroughput	데이터 읽고 쓰기 처리량(MB/s). IOPS에 비해 쓰루풋이 선형적이지 않다면 병렬 처리와 슬라이스를 최대한 활용하지 못함을 암시한다.
WriteLatency ReadLatency	읽고 쓰기 지연 시간. IO 작업 수행 시간을 보여준다. IO 작업이 한 노드 또는 한 디스크에 무리하게 실행되는 경우 Latency 값이 크게 늘어날 수 있다.
DatabaseConnections	데이터베이스 접속자 수. 쿼리 실행과 상관없이 리더 노드와 접속을 유지하고 있는 커넥션 수이다. 100 이하로 유지하길 권장하며, 접속자 수가 터무니없이 높아지면 사용자 애플리케이션에서 커넥션을 정상 종료하지 않는 경우일 가능성이 높다.
HealthStatus	클러스터 상태를 보여준다. 사용자가 접속해서 쿼리를 실행할 수 있는 상태면 HEALTHY, 그러치 않으면 UNHEALTHY를 보여준다.
MaintenanceMode	유지 관리 모드. 사용자가 정의한 시간에 클러스터를 유지 관리 모드로 변경하고 클러스터 업그레이드를 진행한다. 저자는 사용자 활동이 많지 않은 토요일 새벽으로 스케줄을 설정한다.

설치형 데이터베이스에서는 관리자가 직접 시스템 지표를 수집하고 모니터링 대시보드를 구성해야 하는 경우가 많았다. 아마존 레드시프트에서는 모니터링 대시보드를 클러스터와 함께 제공해 클러스터 관리자는 관리와 운영에 집중할 수 있게 됐다.

노트

컨커런시와 접속자 수는 다른 의미다. 컨커런시는 레드시프트가 동시에 실행하는 작업 수인 반면, 동시 접속자 수는 쿼리 실행과 상관없이 커넥션을 종료하지 않고 접속 중인 세션 수와 같다. 보통 DBeaver와 같은 클라이언트에서 세션을 종료하지 않거나 JDBC 코드에서 커넥션을 제대로 종료하지 않을 경우에 발생한다. 세션이 늘어날수록 리더 노드가 관리해야 하는 커넥션 수는 늘어나고 이는 곧 성능에 영향을 줄 수 있다. 장시간 동안 아무런 작업을 하지 않는 세션은 종료시켜서 동시 접속 세션 수를 100 이하로 유지하자.

데이터베이스 성능 모니터링

이번에는 **데이터베이스 성능** 탭을 클릭해 보자. 클러스터 성능에서는 시스템 관련 모니터링을 한 것과는 달리 데이터베이스 성능에서는 한 단계 높은 관점의 클러스터 단위 쿼리 처리 성능과 WLM 성능 모니터링을 제공한다. 대시보드에는 워크로드 실행 분석, WLM 대기열에 의한 쿼리 처리량, WLM 대기열에 의한 쿼리 기간, 쿼리 처리량, 쿼리 기간 차트가 보인다. 하나씩 살펴보자.

워크로드 실행 분석

워크로드 실행 분석은 쿼리의 작업 유형별 실행 시간을 보여준다. 요약 보기는 쿼리 플랜, 대기, 읽기, 쓰기를 보여주고 세부 정보 보기는 INSERT, DELETE, UPDATE, CTAS, UNLOAD, COPY 작업 시간이 추가로 보여진다.

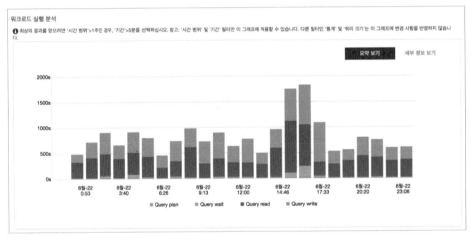

그림 5-20 워크로드 실행 분석 #1

워크로드 실행 분석 차트로 쿼리 작업 유형별 소요 시간을 확인할 수 있다. 차트에서 Y축은 상단 메뉴의 통계 옵션과 상관없이 항상 모든 쿼리의 합계를 보여준다. 클러스터가 주로 어느 유형의 작업 또는 쿼리를 수행하고 있으며, 어느 유형의 작업에서 가장 긴 시간을 소비하는지 확인하는 용도로 사용할 수 있다. 레드시프트는 분석용 데이터베이스이기 때문에 위 차트와 같이 읽기 작업에 많은 시간을 소비하는 게 이상적이다. 다음은 읽기 작업보다 쓰기 작업이 월등히 많은 사례다.

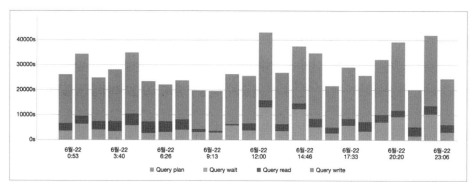

그림 5-21 워크로드 실행 분석 #2

 이렇게 읽기 작업보다 쓰기 작업이 월등히 높은 경우 두 가지 문제가 발생한다. 첫 번째는 쓰기 쿼리에서 대기열 슬롯을 대부분 차지하기 때문에 분석 쿼리가 늘어나면 대기 시간도 늘어나게 된다. 두 번째는 클러스터의 효율성이다. 쓰기 작업이 그림 5-21과 같이 많아지고 길어지면 그만큼 클러스터 성능과 저장 공간을 높여야 한다. 그러나 분석 작업에 할당되는 시스템 자원은 증가하는 클러스터 비용에 비해 적으니 비용과 성능 측면에서 비효율적이다. 이런 경우 레드시프트 클러스터를 스토리지 클러스터로 사용하는 안티 패턴에 해당된다. 독자의 작업 유형이 그림 5-21과 비슷한 윤곽을 나타낸다면 불필요한 쓰기 쿼리는 없는지, 대량의 인서트, 업데이트, 삭제 작업으로 인한 불필요한 데이터 블록 재생성 작업이 발생하는지 사용자 유즈케이스를 검토해 보자. 클러스터에서 발생하는 쓰기 작업보다 사용자 분석 활동을 늘려야 할 것이다.

다음은 쿼리 대기 시간이 다른 쿼리 작업에 비해 월등히 높은 사례이다.

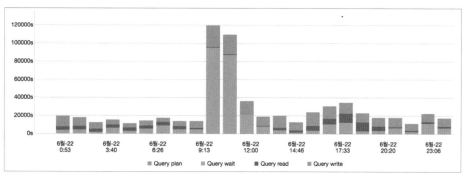

그림 5-22 워크로드 실행 분석 #3

그림 5-22와 같이 대기 시간이 길어질수록 클러스터 사용자의 경험은 더욱 나빠질 것이다. 간단한 쿼리 실행에도 대기 시간이 매우 길었다는 증거다. 대기 시간이 길었던 원인은 다음과 같이 짐작할 수 있다. 클러스터 성능에 비해 실행되는 쿼리가 너무 많아 줄을 오래 서는 경우다. 클러스터 동시 접속자와 실행 쿼리 수를 확인해 보고, 실행되는 쿼리를 검토해 볼 필요가 있다. 쿼리 수가 너무 많다면 작은 쿼리를 한 쿼리로 병합하는 방법이 있다. WLM 대기열과 컨커런시 설정에 문제가 있을 수 있다. 쿼리 수에 비해 대기열의 컨커런시가 너무 낮을 수 있고, 롱 쿼리가 대기열 슬롯을 모두 차지하는 경우일 수 있다. 쿼리와 WLM 설정 모두 정상적인데 대기 시간이 길다면 클러스터 성능이 낮을 가능성이 있어 노드 추가 또는 업그레이드, 컨커런시 스케일링을 고려해 볼 수 있다.

WLM 대기열에 의한 쿼리 처리량

WLM 대기열의 초당 쿼리 처리량을 보여준다.

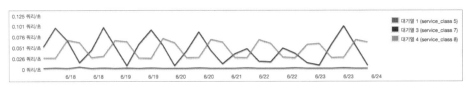

그림 5-23 WLM 대기열에 의한 쿼리 처리량

WLM 대기열이 관리자가 예상한 쿼리 처리량을 달성하고 있는지 확인하는 용도로 사용할 수 있다. 그림 5-23과 같이 일부 대기열의 처리량이 0 쿼리/초에 가까운 경우 클러스터 자원을 불필요하게 점유하고 있음을 의미하며 WLM 재구성이 필요하다.

WLM 대기열에 의한 쿼리 기간

WLM 대기열에서 실행된 쿼리의 실행 시간을 보여준다. 쿼리 실행 시간은 대기 시간과 결과 전송 시간을 제외한 순 실행 시간이다.

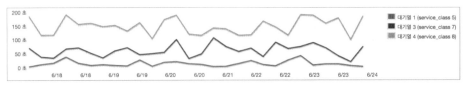

그림 5-24 WLM 대기열에 의한 쿼리 기간

대기열의 쿼리 처리량에 비해 쿼리 시간이 높다면 쿼리가 평균적으로 많은 시스템 자원을 요구하는 것을 짐작할 수 있으며, 위 차트를 통해 대기열의 메모리 설정을 조정할 수 있다.

쿼리 처리량

클러스터의 쿼리 유형(Short, Medium, Long)별 처리량을 보여준다. 클러스터가 주로 어떤 유형의 쿼리를 처리하고 있는지 모니터링하는 용도로 사용할 수 있다.

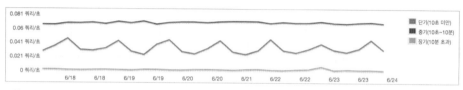

그림 5-25 쿼리 처리량

2장에서 살펴본 바로 레드시프트는 대량의 짧은 쿼리를 처리하는 것보다 적은 수의 대용량 쿼리를 병렬 처리하는데 최적화돼 있다. 10초 미만의 쿼리가 늘어난다면 쿼리를 병합하거나 사용자의 레드시프트 활용 용도를 검토해 봐야 한다.

쿼리 기간

쿼리 유형별 실행 시간을 보여준다. 쿼리 실행 시간은 대기 시간과 결과 전송 시간을 제외한 순 실행 시간이다.

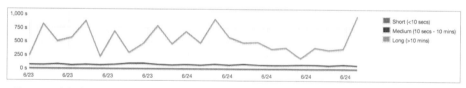

그림 5-26 쿼리 기간

클러스터와 대기열 메모리 자원 할당의 기반 지표로 사용할 수 있으며, 앞서 살펴본 SQA, QMR 설정의 지표로 사용할 수 있다.

쿼리 모니터링

클러스터에 실행되고 있거나 완료된 쿼리의 성능 정보를 제공한다. 사용자는 이 정보를 사용해 수행시간이 긴 쿼리나 다른 쿼리의 수행을 방해하는 쿼리를 확인하고 문제점을 찾을 수 있다. **쿼리** 탭에서 문제가 되는 쿼리를 확인하고 강제 종료시킬 수 있다. 쿼리 리스트에서 종료시킬 쿼리들을 선택하고, 쿼리 종료 버튼을 누른 후 확인 버튼을 눌러 종료할 수 있다. 문제의 쿼리를 클릭해 쿼리 상세 정보를 조회할 수 있다.

쿼리 상세 정보 조회

쿼리 리스트에서 원하는 쿼리를 클릭하면 쿼리 상세 정보 화면을 볼 수 있다. 레드시프트의 SVL_QUERY_REPORT와 STL_EXPLAIN 및 시스템 테이블의 정보를 취합해 보여준다.

- 쿼리 속성 : 쿼리 ID, 쿼리 실행 사용자 명, 수행 시간, 상태 등과 같은 쿼리의 간략한 정보를 보여준다.

- SQL : 수행된 쿼리를 보여준다.

- 쿼리 실행 세부 정보

  - 계획^{Plan} : 쿼리의 실행 계획을 보여준다. 쿼리가 어떻게 실행되는지 파악하고, 필요에 따라 효율성 및 성능에 맞게 수정하는 데 사용된다.

  - 실제^{Actual} : 쿼리의 작업별 실제 타임라인과 실행 시간을 보여준다. 문자로 된 계층 구조와 시각적인 차트로 시간 흐름에 따른 수행 시간으로 보여준다. 문제가 있는 작업은 경고 탭에 실행 시간과 함께 보여준다.

  - 지표^{Metrics} : 컴퓨팅 노드별 작업 시간, 총 반환되는 결과 크기, 작업 시간별 반환된 레코드 수를 보여준다.

- Cluster Performance During Query Execution : 쿼리 수행 시간 동안 클러스터의 성능 정보를 보여준다.

Audit 로깅

Audit(감사) 로그로 커넥션 로그, 사용자 로그, 사용자 이벤트 로그를 S3 스토리지에 저장하여 보안 감사나 이슈 분석에 사용할 수 있다.

- 커넥션 로그 : 로그인, 커넥션 생성과 종료 기록

- 사용자 로그 : 사용자 계정 관련 작업 기록

- 사용자 이벤트 로그 : 사용자가 실행한 쿼리 기록
  (파라미터 그룹의 enable_user_activity_logging 파라미터가 true로 설정돼야 한다)

Audit 로깅은 레드시프트 관리 콘솔의 **데이터베이스 → 감사 로깅 구성**에서 활성화시킬 수 있다.

그림 5-27 Audit 로깅 구성

감사 로깅 구성 팝업 창에서 S3 버킷의 **새로 생성**을 클릭하고, 버킷 경로와 S3 경로를 다음 그림과 같이 설정하자. S3 키 접두사는 클러스터 이름과 슬래시(/)를 붙여 클러스터마다 다른 폴더에 저장하도록 구성했다.

그림 5-28 Audit 로깅 구성

기존에 생성된 버킷에 생성해도 되지만 S3 버킷에 버킷 정책을 추가해야 한다.

```json
{
    "Version": "2008-10-17",
    "Statement": [
        {
            "Sid": "put_permission",
            "Effect": "Allow",
            "Principal": {
                "AWS": "arn:aws:iam::<AWS계정ID>:user/logs"
            },
            "Action": "s3:PutObject",
            "Resource": "arn:aws:s3:::<S3버킷명>/*"
        },
        {
            "Sid": "get_permission",
            "Effect": "Allow",
            "Principal": {
                "AWS": "arn:aws:iam::<AWS계정ID>:user/logs"
            },
            "Action": "s3:GetBucketAcl",
            "Resource": "arn:aws:s3:::<S3버킷명>"
        }
    ]
}
```

S3 버킷 새로 생성 옵션을 선택하면 버킷 정책이 자동으로 입력된다.

저장되는 로그는 다음과 같이 구성된다.

커넥션 로그

컬럼 명	설명
event	이벤트 명
recordtime	이벤트 발생 시간
remotehost	접속 호스트 IP
remoteport	접속 호스트 포트

pid	프로세스 ID
dbname	접속 데이터베이스 명
username	사용자 명
authmethod	인증 방식
duration	커넥션 지속 시간(마이크로 초)
sslversion	SSL 버전
sslcipher	SSL 방식
mtu	네트워크 최대 전송 패킷 크기
sslcompression	SSL 압축 방식
sslexpansion	SSL 추가 기능

사용자 로그

컬럼 명	설명
userid	대상 사용자 시스템 ID
username	대상 사용자 명
oldusername	사용자 명을 변경하는 경우 본래 사용자 명
action	작업 내용 • alter • create • drop • rename
usecreatedb	대상 사용자 DB 생성 권한 유/무
usesuper	대상 사용자 슈퍼유저 권한 유/무
usecatupd	대상 사용자 시스템 카탈로그 변경 권한 유/무
valuntil	사용자 암호 유효기간
pid	프로세스 ID
xid	트랜잭션 ID
recordtime	이벤트 발생 시간(UTC)

사용자 이벤트 로그

컬럼 명	설명
recordtime	이벤트 발생 시간

db	데이터베이스 명
user	사용자 명
pid	프로세스 ID
userid	사용자 ID
xid	트랜잭션 ID
query	실행된 쿼리

 팁 Audit 로깅에서 저장하는 데이터는 시스템 테이블에서도 조회 가능하다.

- 컨넥션 로그: STL_CONNECTION_LOG
- 사용자 로그: STL_USERLOG
- 사용자 이벤트 로그: STL_QUERY

레드시프트 어드바이저

레드시프트 어드바이저는 2018년 출시된 기능으로 클러스터의 성능을 향상시키고 운영 비용을 줄일 수 있는 구체적인 조언을 제공한다. 4장 '쿼리 최적화' '쿼리 분석 & 프로파일링'에서 살펴본 STL_ALERT_EVENT_LOG 테이블이 쿼리 성능 관련 조언을 하는데 비해 어드바이저는 클러스터 운영과 성능 관련 조언을 제공한다.

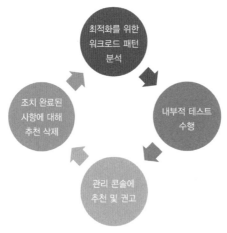

그림 5-29 어드바이저 수행 사이클

어드바이저는 성능 통계 정보와 수행 데이터를 기반으로 클러스터의 워크로드를 분석한다. 분석된 데이터를 기반으로 내부적으로 테스트를 수행하고 그 결과에 따라 시스템 성능 향상에 영향을 줄 수 있을 때 사용자에게 추천 및 권고를 하게 된다. 만약 조언한 내용이 해결되면 리스트에서 자동으로 지워지고, 이 사이클을 계속해서 반복하게 된다.

AWS 레드시프트 콘솔에서 왼쪽 메뉴의 **Advisor**를 클릭하면 아래와 같은 화면을 확인할 수 있다.

그림 5-30 어드바이저 화면

어드바이저는 여러 사항들에 대한 조언을 제공하지만 크게 아래와 같이 분류된다.

- **기본 설정**: 성능이 향상될 수 있는 네트워크 및 노드 유형 변경을 권장한다.
- **워크로드 관리** : SQA 사용 및 WLM에 대한 권장 사항이 포함된다.
- **테이블 디자인 및 관리**: 통계 정보 갱신, 데이터 스큐, 소트키 관리 등의 권장 사항들이 포함된다.
- **COPY 적재 성능**: S3 데이터의 압축 및 병렬 처리를 위한 파일 분할 등으로 적재 성능을 향상시킬 수 있는 경우에 추천한다.
- **비용 최적화**: 사용량이 적은 클러스터에 대해 알림을 주고 압축되지 않은 데이터를 관리하도록 권장한다.

어드바이저에서 제공하는 조언들을 살펴보자.

- Compress Table Data

  사용자 테이블에서 압축되지 않은 스토리지를 추적하여 압축되지 않은 공간이 총 스토리지 양의 15%를 초과할 때 권장한다. 문제가 되는 테이블을 파악해서 테이블을 압축해 재적재함으로써 문제를 해결할 수 있다.

- Compress Amazon S3 File Objects Loaded by COPY

  COPY 명령어로 데이터를 적재할 때 압축되지 않은 파일을 적재함에 따라 소모되는 네트워크 리소스를 낭비하지 않기 위해 S3파일 개체의 압축을 권장한다. GZIP, LZOP 또는 BZIP2로 압축해 각 객체가 128MB를 초과하지 않도록 한다.

- Reallocate Workload Management(WLM) Memory

  WLM 대기열에서 메모리 자원을 충분히 활용하지 못할 때 메모리를 재할당하도록 권장한다. 메모리를 다른 대기열에 할당해 클러스터 자원을 효율적으로 활용할 수 있게 된다.

- Skip Compression Analysis During COPY

  레드시프트는 빈 테이블에 데이터를 적재할 때 적용할 인코딩을 분석한다. 테이블에 미리 ENCODE 파라미터를 사용하거나 COPY 작업에 COMPUPDATE OFF 파라미터를 사용하여 인코딩 분석 단계를 생략할 수 있다.

- Split Amazon S3 Objects Loaded by COPY

  COPY 쿼리의 병렬 처리 성능을 극대화하기 위해서는 클러스터 슬라이스의 배수만큼의 S3 데이터 파일을 생성해 적재해야 한다.

- Update Table Statistics

  사용자 테이블에 통계가 오래되거나 누락된 경우 통계 정보를 업데이트하도록 권장하고 있다.

- Enable Short Query Acceleration

  워크로드 패턴 및 최근 수행 쿼리 수를 분석해 필요한 경우 SQA 기능을 사용하기를 추천한다.

- Replace Single-Column Interleaved Sort Keys

테이블에 인터리브 소트키가 설정됐지만 소트키가 하나만 설정된 경우, 컴파운드 소트키보다 쿼리와 관리 측면에서 비효율적이므로 컴파운드 소트키로 변경하길 추천한다. 3장, '데이터 최적화' '소트키'에서 살펴봤듯이 컴파운드 소트키는 JOIN, GROUP BY, ORDER BY, PARTITION BY 쿼리에도 효과적이며 VACUUM REINDEX를 이용한 테이블 정리 작업이 필요 없으므로 인터리브 소트키보다 효율적이다.

5.3 테이블 최적화

ANALYZE

레드시프트는 통계 정보를 활용해 쿼리 계획을 생성한다. 결국 좋은 통계 정보 없이는 데이터에 적합한 계획이 아닌 차선책의 결과로 쿼리를 수행하게 될 것이고, 조인 또는 정렬 같은 명령어를 수행할 때 성능 저하가 나타날 수 있을 것이다.

기본적으로 클러스터는 자동 분석Auto Analyze이 활성화돼 있어 백그라운드에서 시스템 부하가 적을 때 자동으로 수행된다. 새 테이블을 생성하고 데이터를 초기 적재하는 경우에도 자동으로 분석을 수행해 통계 정보를 업데이트 한다.

노트 다음 명령어를 사용하면 새 테이블에 대해 분석을 수행한다.
- CREATE TABLE AS(CTAS)
- CREATE TEMP TABLE AS
- SELECT INTO
- COPY FROM .. STATUPDATE ON

팁 COPY 쿼리의 STATUPDATE 파라미터로 데이터를 적재하면서 통계 정보를 자동으로 갱신할 수 있다. 기본 설정은 ON이다. 임시 테이블의 경우 테이블이 한 번만 사용되고 폐기된다면 OFF로 설정해 적재 시간을 줄일 수 있다.

자동 분석 기능에도 불구하고 통계 정보가 누락되거나 부실한 통계 정보들이 발생할 수 있다. 아래의 쿼리를 사용해 분석 대상 테이블을 확인해 보자.

누락된 통계 정보 확인 쿼리:

```
SELECT trim(plannode) AS plannode, COUNT(*) query_count
FROM stl_explain
WHERE plannode LIKE '%missing statistics%'
AND plannode NOT LIKE '%redshift_auto_health_check_%'
GROUP BY plannode
ORDER BY 2 DESC;
```

부실한 통계 정보 확인 쿼리:

```
SELECT database, schema || '.' || "table" AS "table", stats_off
FROM svv_table_info
WHERE stats_off > 5
ORDER BY 2;
```

대용량 테이블에서 전체 데이터를 대상으로 분석을 수행하게 되면 굉장히 오랜 시간이 걸릴 수 있다. 이러한 경우에는 아래와 같이 주로 사용하는 컬럼을 정의해서 수행할 수 있다.

```
ANALYZE <테이블명> (컬럼1, 컬럼2);
```

VACUUM

레드시프트는 불변 블록을 사용한다. 행이 삭제되면 논리적으로 삭제 마킹(삭제됨을 표시)을 하지만 실제로는 디스크에 그대로 남아있다. 업데이트의 경우에는 새 데이터를 새로운 데이터 블록에 써서 붙여 넣고 기존 데이터는 삭제와 마찬가지로 삭제됨을 표시해 놓을 뿐이다. 이러한 결과로 이전 버전의 데이터를 그대로 가지고 있기 때문에 시스템의 공간을 더 사용하게 될 뿐 아니라 사용자가 쿼리할 때 삭제된 데이터 또한 스캔하게 되면서 그만큼의 시스템 자원을 더 사용하게 돼 성능에 저하를 일으킬 수 있게 된다. 이러한 삭제된 행들을 정리하고 삭제된 공간을 클러스터에 반환하고, 데이터 블록을 재정렬 해주는 작업이 VACUUM이다. 레드시프트에서는 4가지 유형의 베큠을 지원하고, 베큠 유형을 지정하지 않으면 VACUUM FULL을 기본 설정으로 사용한다.

VACUUM SORT ONLY

테이블에 정의된 소트키를 기준으로 데이터를 정렬해준다. 데이터가 입력되면 디스크의 **비 정렬** 구간으로 저장되기 때문에 비 정렬 구간을 정렬하고 기존의 정렬 구간과 병합하는 작업에 사용된다.

VACUUM DELETE ONLY

삭제 마킹된 데이터를 정리한다. 대량의 데이터가 삭제되면 후행 쿼리에서 삭제된 데이터를 스캔하는 작업을 피하기 위해 수동으로 실행할 수 있다.

VACUUM FULL

VACUUM FULL은 SORT ONLY와 DELETE ONLY의 작업을 함께 수행한다. 비 정렬 데이터의 정렬과 병합 작업 후 삭제 마킹된 데이터 블록을 정리해 가용 공간을 확보해 준다. 이 과정은 테이블 사이즈가 클 경우 무거운 작업이 될 수 있지만 동시에 실행함으로써 중복 작업을 줄이는 장점이 있기 때문에 DELETE & INSERT 작업 후 VACUUM SORT ONLY와 VACUUM DELETE ONLY 작업을 VACUUM FULL 쿼리로 대체할 수 있다.

VACUUM REINDEX

인터리브 소트키를 사용하면 성능을 크게 향상시키는 것이 가능하나 시간이 지남에 따라 데이터의 정렬 비율이 떨어지면서 성능 저하를 유발할 수 있다. 인터리브 테이블에 데이터를 초기 적재할 때 레드시프트는 소트키 컬럼 데이터의 분산을 분석한 후 해당 정보를 사용해 소트키 컬럼에서 최적의 인터리브를 구한다. 이후 테이블 크기가 커지면서 소트키 컬럼의 데이터, 특히 DATE 또는 TIMESTAMP 컬럼에서 데이터 스큐가 발생할 수 있다. 이때 정렬 키를 다시 분석해 성능을 복원하는데 VACUUM REINDEX 쿼리를 실행한다. VACUUM REINDEX는 데이터에 대한 추가 분석이 필요하기 때문에 VACUUM SORT ONLY보다 시간이 오래 걸릴 수 있다. KEY 분산 스큐와 마지막 실행된 REINDEX 시간은 아래 쿼리를 실행해 확인할 수 있다.

```
SELECT
  tbl,
  stv_tbl_perm.name,
  col,
  interleaved_skew,
  last_reindex
FROM svv_interleaved_columns
JOIN stv_tbl_perm ON svv_interleaved_columns.tbl = stv_tbl_perm.id
WHERE interleaved_skew IS NOT NULL;
```

오토 베큠

2018 re:Invent에서 레드시프트 오토 베큠의 기능이 출시됐다. 자동으로 VACUUM DELETE ONLY가 수행되기 때문에 앞으로 사용자가 직접 VACUUM DELETE ONLY를 실행해야 하는 부담은 줄어들 것이다. 레드시프트에서 쿼리 로드와 테이블의 삭제된 행의 수에 따라 자동으로 스케줄돼 백그라운드에서 수행되고, 오토 베큠 작업은 사용자들이 수행하는 쿼리에 영향을 줄이기 위해서 클러스터 부하가 적을 때만 수행된다. 만약 무거운 사용자 쿼리가 실행되면 오토 베큠 작업은 일시적으로 중지되고 추후에 다시 진행하도록 돼 있다. 모든 테이블을 대상으로 작업하지 않고, 삭제 베큠 작업이 필요 없는 테이블은 스킵하고, 베큠 대상 테이블의 일부분만 정리하기 때문에 시스템 리소스를 적게 사용할 수 있는 특징이 있다.

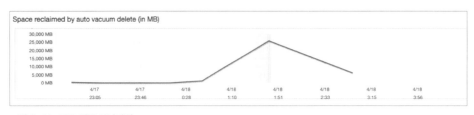

그림 5-31 오토 베큠 모니터링

그림 5-31과 같이 AWS 웹 관리 콘솔에서 클러스터 성능 탭에 오토 베큠 진행사항을 모니터링하거나 CloudWatch의 AutoVacuumSpaceFreed 메트릭으로 모니터링을 할 수 있다.

딥 카피

대용량 테이블이 20% 이상 정렬되지 않은 데이터를 가지고 있다면 베큠 작업을 수행하는 것보다 테이블 딥 카피$^{Deep Copy}$를 수행하는 것이 시스템 자원 및 수행 시간 면에서 훨씬 빠르다.

아래의 방법들로 테이블 딥 카피를 수행할 수 있다.

딥 카피 #1: 테이블 재생성

CREATE TABLE 쿼리를 사용할 수 있는 경우, 가장 빠른 딥 카피 방식이다. 기본 키와 외래 키를 비롯해 모든 테이블 및 열 속성을 사용자가 지정할 수 있다.

1. 원본 테이블의 CREATE TABLE 쿼리를 사용해 임시 테이블을 생성한다.
2. INSERT INTO ⋯ SELECT 문을 사용해 원본 데이터를 임시 테이블에 적재한다.
3. ALTER TABLE 문을 사용해 원본 테이블 이름을 백업 테이블 이름으로 변경한다.
4. ALTER TABLE 문을 사용해 임시 테이블 명을 원본 테이블 명으로 변경한다.
5. 딥 카피가 완료됐으면 백업 테이블을 삭제한다.

```
CREATE TABLE <임시테이블명> ( … );
INSERT INTO <임시테이블명> (SELECT * FROM example);
ALTER TABLE <원본테이블명> RENAME TO <백업테이블명>;
ALTER TABLE <임시테이블명> RENAME TO <원본테이블명>;
-- 원본 테이블 데이터 확인 후, 백업 테이블 삭제
DROP TABLE <백업테이블명>;
```

딥 카피 #2: CREATE TABLE LIKE 사용

CREATE TABLE LIKE 쿼리를 사용해 원본 테이블의 스키마를 복제한 후 딥 카피를 수행한다.

1. CREATE TABLE LIKE 쿼리를 사용해 임시 테이블을 생성한다.

2. INSERT INTO … SELECT 문을 사용해 원본 데이터를 임시 테이블에 적재한다.

3. ALTER TABLE 문을 사용해 원본 테이블 이름을 백업 테이블 이름으로 변경한다.

4. ALTER TABLE 문을 사용해 임시 테이블 명을 원본 테이블 명으로 변경한다.

5. 딥 카피가 완료됐으면 백업 테이블을 삭제한다.

```
CREATE TABLE <임시테이블명> ( LIKE example );
INSERT INTO <임시테이블명> (SELECT * FROM <원본테이블명>);
ALTER TABLE <원본테이블명> RENAME TO <백업테이블명>;
ALTER TABLE <임시테이블명> RENAME TO <원본테이블명>;
-- 원본 테이블 데이터 확인 후, 백업 테이블 삭제
DROP TABLE <백업테이블명>;
```

주의

CREATE TABLE LIKE 구문을 사용할 경우 새 테이블은 원본 테이블의 ENCODE, DISTKEY, SORTKEY, NOTNULL 속성을 상속받지만, 기본 키 및 외래 키 속성은 상속받지 못한다. ALTER TABLE을 사용해 기본키 및 외래키를 설정할 수 있다.

딥 카피 #3: CTAS 사용

CTAS 쿼리로 임시 테이블을 생성한 후 딥 카피를 수행한다.

1. CREATE TABLE AS 쿼리를 사용해 임시 테이블을 생성한다. CTAS 쿼리는 원본 테이블의 데이터를 함께 복사한다.

2. 원본 테이블을 TRUNCATE 한다.

3. INSERT INTO … SELECT 문을 사용해 임시 테이블에서 원본 테이블로 데이터를 다시 복사한다.

4. 임시 테이블을 삭제한다.

```
CREATE TABLE <임시테이블명> AS SELECT * FROM <원본테이블명>;

-- 임시 테이블의 데이터 확인 후, 원본 테이블 데이터 삭제
TRUNCATE <원본테이블명>;
INSERT INTO <원본테이블명> (SELECT * FROM <임시테이블명>);

-- 원본테이블의 데이터 확인 후, 임시 테이블 삭제
DROP TABLE <임시테이블명>;
```

주의 임시 테이블을 생성할 때 CREATE TEMP TABLE을 사용하면 세션 종료와 동시에 임시 테이블은 자동으로 삭제된다. 그러나 TRUNCATE 쿼리는 실행 완료와 동시에 COMMIT 되기 때문에 트랜잭션에서 ROLLBACK 할 수 없다. 만약 TRUNCATE는 성공했지만 딥 카피 작업이 완료되기 전 세션이 종료된다면 원본 테이블에 있던 데이터는 손실된다. 데이터 손실 위험을 피하기 위해 실습에선 CREATE TEMP TABLE을 사용하지 않았다.

데이터의 균형

테이블을 생성할 때 분산 스타일, 분산키를 설정해 슬라이스 간에 데이터를 고르게 분산할지 또는 열 중 하나를 기준으로 특정 슬라이스에 데이터를 할당할지를 결정하게 된다. 일반적으로 조인되는 컬럼을 선택하면 조인 작업 중 네트워크를 통해 전송되는 데이터 양을 최소화할 수 있게 돼 쿼리 성능 향상에 큰 도움을 준다.

일반적으로 좋은 분산 키는 다음과 같은 속성을 나타내야 한다.

- **높은 카디널리티**: 클러스터 슬라이스에 데이터가 고르게 분포될 수 있도록 고유 데이터 수가 높아야 한다.
- **균일 분포 / 낮은 스큐**: 분산키 컬럼의 각 고유 값은 비슷한 횟수만큼 발생해야 한다. 즉 컬럼 값을 히스토그램으로 표현했을 때 데이터 분포도가 높아야 한다. 분포도가 높으면 클러스터의 각 슬라이스에서 비슷한 수의 레코드를 담당하게 된다.

- **조인키**: 분산키는 조인에 가장 자주 사용되는 컬럼이어야 한다. 사용 빈도가 비슷한 조인키가 있다면 가장 많은 데이터를 조인하는 컬럼을 선택할 수 있다.

불균형한 분산키를 사용하면 쿼리를 실행하는 동안 쿼리 스텝에서 같은 데이터 양을 처리하지 않고 불균형하게 데이터를 처리한다. 쿼리는 가장 마지막 스텝이 완료될 때까지 완료되지 않기 때문에 균형있는 데이터 처리는 쿼리 성능에 큰 영향을 미친다.

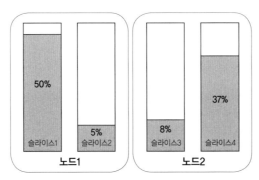

그림 5-32 데이터 불균형

그림 5-32의 예제를 보면 가장 많은 데이터를 갖는 슬라이스는 50%, 적은 데이터를 갖는 슬라이스는 5% 정도의 데이터만을 가지고 있다. 이러한 경우에 50%의 데이터를 처리하기 위해 5%를 갖는 슬라이스는 처리를 완료하고 대기 상태에 빠지게 된다. 이러한 데이터 불균형 문제가 있다면 노드 성능(IOPS)이 클러스터에서 고르지 않은 것으로 나타날 것이다. 불균형한 분산키가 설정된 테이블은 높은 카디널리티와 균일한 분포도를 보이는 컬럼을 분산키로 변경하도록 하자. 아래 쿼리와 같이 CTAS^{CREATE TABLE AS}를 사용해 새로운 테이블을 새로운 분산키로 정의해 생성할 수 있다.

```
CREATE TABLE <신규테이블명> DISTKEY (<분산키명>) AS
SELECT * FROM <원본테이블명>;
```

레코드에 적절한 분산키가 없다면 균등 분산(EVEN)으로 변경하는 것이 더 효과적일 수 있다. 작은 테이블의 경우 DISTSTYLE ALL을 선택해 데이터를 모든 노드의 첫 번째 슬라이스에 저장할 수 있다.

5.4 클러스터 자동화

레드시프트 클러스터 관리 작업을 자동화하려면 AWS SDK와 API 사용을 피할 수 없다. 예를 들어 새벽 1시 배치 작업을 위해 WLM 설정을 변경하고 아침 7시 쿼리 성능과 처리량을 높이기 위해 다른 리전에 복제 클러스터를 스냅샷에서 복원하는 작업이 있다면 관리자가 매일 새벽 1시와 7시에 일어나 AWS 관리 콘솔에서 작업을 할 순 없다. 관리자의 행복한 삶을 위해 이러한 작업은 자동화 코드와 워크플로우를 작성하고 스케줄러를 사용해 매일 정해진 시간에 작업이 실행되도록 설정할 수 있다. 시작하기 전에 먼저 AWS 프로그램 인터페이스와 스케줄러를 정해야 한다.

AWS 프로그램 인터페이스에서 지원하는 프로그래밍 언어는 다음과 같다.

- .NET
- C++
- Go
- Java
- JavaScript
- Node.js
- PHP
- Python
- Ruby

실습에선 AWS Lambda에 파이썬 코드를 작성해 사용하겠다. 다른 언어는 다음 링크를 참고하자.

https://aws.amazon.com/tools/#sdk

스케줄러는 선택의 폭이 매우 넓지만 간추리면 다음 옵션들이 떠오른다.

- Airflow
- AWS CloudWatch Events
- Cron
- Jenkins
- Pentaho
- Quartz
- Talend
- Windows Task Scheduler

실습에서는 AWS CloudWatch Events를 사용하겠다.

매일 새벽 1시 WLM을 배치 작업 환경으로 변경하는 Lambda 함수를 생성하고 Cloud Watch Events로 등록해 보자.

AWS Lambda

AWS Lambda 관리 콘솔에 접속한다.

https://console.aws.amazon.com/lambda

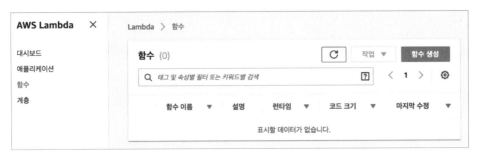

그림 5-33 AWS Lambda 관리 화면

함수 화면에서 **함수 생성** 버튼을 클릭하자.

기본 정보

함수 이름
함수의 용도를 설명하는 이름을 입력합니다.

redshift_update_wlm

공백 없이 문자, 숫자, 하이픈 또는 밑줄만 사용합니다.

런타임 정보
함수를 작성하는 데 사용할 언어를 선택합니다.

Python 3.7 ▼

권한 정보
Lambda는 로그를 Amazon CloudWatch Logs에 업로드할 수 있는 권한을 가진 실행 역할을 생성합니다. 트리거를 추가할 때 권한을 추가로 구성하고 수정할 수 있습니다.

▼ 실행 역할 선택 또는 생성

실행 역할
함수에 대한 권한을 정의하는 역할을 선택합니다. 사용자 지정 역할을 생성하려면 IAM 콘솔로 이동하십시오.

기본 Lambda 권한을 가진 새 역할 생성 ▼

ⓘ 역할 생성에는 몇 분이 걸릴 수 있습니다. 새 역할은 현재 함수의 범위로 지정됩니다. 다른 함수와 함께 이를 사용하려면 IAM 콘솔에서 수정하면 됩니다.

Lambda는 로그를 Amazon CloudWatch Logs에 업로드할 수 있는 권한을 가진 redshift_update_wlm-role-b9si3teo이라는 실행 역할을 생성합니다.

취소   함수 생성

그림 5-34 람다 함수 기본 정보 입력

새로 작성 버튼을 클릭하고 기본 정보에 그림 5-34와 같이 함수 이름을 입력하고 런타임은 Python 3.7, 실행 역할(IAM Role)은 **기본 Lambda 권한을 가진 새 역할 생성**을 선택한다.

⚡ 팁   Python 버전은 2.x보다 3.x 사용을 추천한다.

다음 화면으로 이동하면 AWS Lambda디자인 화면이 보인다. 화면 아래로 내려가보면 함수 코드를 입력하는 창이 보인다. 다음 코드를 입력하자.

```python
import boto3
import json
# WLM 변경 람다 핸들러
def lambda_handler(event, context):
    # WLM을 변경할 파라미터 그룹 명
    pgn = 'learn-redshift'
    # WLM 정의
    wlm = [
        # 배치 대기열
        {
            "query_concurrency" : 3,
            "max_execution_time" : 0,
            "memory_percent_to_use" : 90,
            "query_group" : [],
            "query_group_wild_card" : 0,
            "user_group" : [ "batch*" ],
            "user_group_wild_card" : 1
        },
        # 디폴트 대기열
        {
            "query_concurrency" : 5,
            "max_execution_time" : 0,
            "memory_percent_to_use" : 20,
            "query_group" : [],
            "query_group_wild_card" : 0,
            "user_group" : [],
            "user_group_wild_card" : 0
        },
        {
            "short_query_queue" : False
        }
    ]
    # 레드시프트 클라이언트 생성
    client = boto3.client('redshift')
    # 파라미터 그룹 변경
    response = client.modify_cluster_parameter_group(
        ParameterGroupName=pgn,
        Parameters=[
            {
                'ParameterName': 'wlm_json_configuration',
                'ParameterValue': json.dumps(wlm),
```

```
        },
    ]
)
# 핸들러 결과 리턴
return {
    'statusCode': 200,
    'body': json.dumps(response)
}
```

화면 하단의 **실행 역할**을 보면 새로운 IAM 역할이 생성됐다. IAM 역할에 레드시프트 파라미터 그룹을 변경할 수 있는 권한을 부여해야 한다. 그림 5-35에서 **IAM 역할** 링크를 클릭한다.

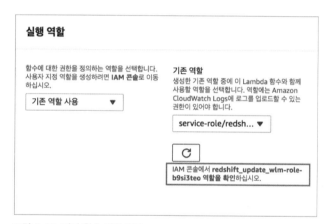

그림 5-35 람다 함수 실행 역할

AWS IAM 관리 콘솔 창이 열리면 **정책 연결** 버튼을 클릭하고, 다음 화면에서 Amazon RedshiftFullAccess을 선택하고, **정책 연결** 버튼을 클릭해 레드시프트 전체 권한을 부여한다.

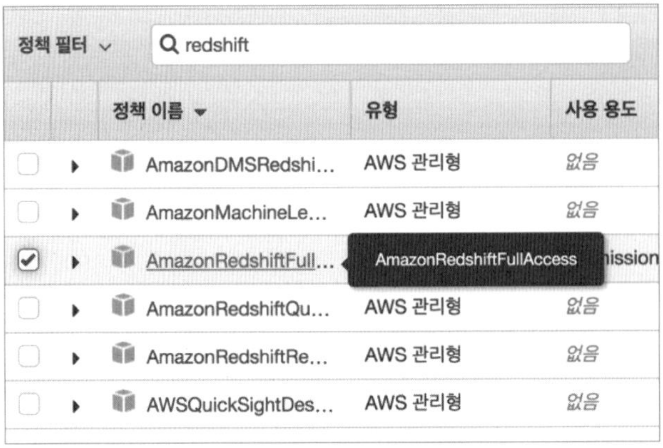

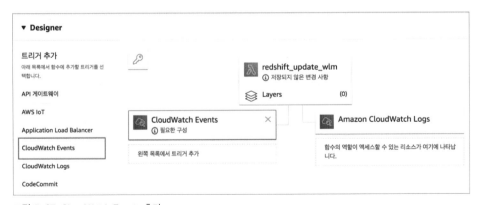

그림 5-36 IAM Role 레드시프트 권한 부여

실습에선 레드시프트 전체 권한을 부여했지만 프로덕션 환경에선 레드시프트 ModifyClusterParameterGroup 권한만 부여한다.

CloudWatch Events

다시 람다 함수 구성화면으로 이동해 CloudWatch Events 버튼을 클릭해 스케줄을 등록한다.

그림 5-37 CloudWatch Events 추가

화면 아래에 트리거 구성 창이 열릴 것이다.

트리거 구성

규칙
기존의 규칙을 선택하거나 새로운 규칙을 생성합니다.

새 규칙 생성 ▼

새 규칙 선택 또는 생성

규칙 이름*
규칙을 고유하게 식별하려면 이름을 입력합니다.

redshift_update_wlm

규칙 설명
규칙에 대한 선택적 설명을 제공합니다.

Updates Redshift WLM every 1am

규칙 유형
이벤트 패턴이나 자동 일정에 따라 대상을 트리거합니다.
○ 이벤트 패턴
◉ 예약 표현식

예약 표현식*
cron 또는 rate 표현식을 사용하여 자동 일정에 따라 대상을 자체 트리거합니다. cron 표현식은 UTC 기준입니다.

cron(0 16 * * ? *)

예: rate(1 day), cron(0 17 ? * MON-FRI *)

Lambda는 Amazon CloudWatch Events이(가) 이 트리거에서 Lambda 함수를 호출하는 데 필요한 권한을 추가합니다.
아보기.

☑ 트리거 활성화
지금 트리거를 활성화하거나 테스트를 위해 비활성화된 상태로 생성합니다(권장).

그림 5-38 트리거 구성 화면

그림 5-38과 같이 규칙 이름과 설명을 입력하고 규칙 유형은 예약 표현식을 선택해
CRON 스케줄을 등록하자. CRON은 UTC 시간 기준으로 한국시간 새벽 1시인 16시
UTC를 선택했다.

팁

CloudWatch Events CRON 문법은 표준 CRON 문법과 다소 차이가 있다. 자세한 문법은 다음 링
크를 참고하자.

https://docs.aws.amazon.com/ko_kr/AmazonCloudWatch/latest/events/ScheduledEvents.
html

트리거 **추가** 버튼을 클릭하고, 최종적으로 **Lambda 함수 저장** 버튼을 클릭하면 Lambda 함수가 저장되고 CloudWatch Events에 등록돼 매일 새벽 1시에 WLM을 업데이트하게 된다.

5.5 정리

5장에서 레드시프트 클러스터의 관리, 노하우, 모범 사례 등을 알아봤다. 시스템은 작게 시작해 확장해야 하기 때문에 오늘 당장 레드시프트 관리에 필요한 모든 기술을 모두 응용할 필요는 없다. 향후 독자가 사용하는 레드시프트 클러스터가 성숙해지고 확장될 때마다 필요한 기능은 자연스레 늘어날 것이다. 그때마다 5장에서 학습했던 내용을 복습하면 큰 도움이 될 것이다.

레드시프트 보안

6장에서는 레드시프트에서 지원하는 보안 기능을 살펴본다. 아쉽게도 AWS에서 지원하는 보안 서비스를 100% 이해하려면 책 한 권으로도 부족할 수 있다. 대신 레드시프트를 사용하는 데 꼭 필요한 AWS 시스템과 플랫폼 보안을 시작으로 레드시프트 네트워크 방화벽, 사용자 인증과 권한 설정, 데이터 보안에 걸쳐 SSL 접속 설정까지 학습할 계획이다.

데이터베이스 보안은 시스템 보안과 인증^{Authentication}, 권한^{Authorization}으로 이뤄진다. 인증은 시스템에 접근을 요청하는 주체가 침략자가 아닌 올바른 주체인지 확인하는 절차로, 사용자 아이디와 암호를 이용해 인증하는 방법이 일반적이다. 권한은 데이터나 리소스를 요청하는 주체가 해당 리소스에 접근 권한이 있는지 확인하는 절차이며, 주로 GRANT 문으로 권한을 부여한다. 인증과 권한은 6장 후반에서 다룬다. 시스템 보안은 물리적인 네트워크 보안에 추가로 가상 스위치와 가상 네트워크 등의 클라우드 시큐리티^{Cloud Security} 서비스로 구성된다. AWS 서비스는 다행히 시스템 자체에 보안 취약점이 발견된 사례는 아직까지 없었다. 과거에 AWS 사용자가 S3 버킷을 퍼블릭으로 공개하거나, AWS 계정 암호를 GitHub 서비스에 올리는 등의 사용자 실수로 데이터가 노출돼 계정이 해킹된 경우가 있었지만, 이를 AWS 보안 취약점이라 보긴 힘들다. AWS의 높은 수준의 보안은 AWS 클라우드 서비스를 사용하면서 얻는 가장 큰 이점 중 하나이다. 아마존 레드시프트를 최대한 활용하기 위해 AWS 시스템 보안 구성부터 살펴보자.

6.1 레드시프트 네트워크 인프라

네트워크 플랫폼

레드시프트를 비롯한 과거의 모든 AWS 시스템은 EC2-Classic 플랫폼에서 운영됐었다. EC2-Classic은 가상 네트워크 구성 없이 레드시프트에서 사용하는 모든 EC2 서버를 단일 네트워크 환경에서 관리하고, EC2 보안 그룹을 생성해 인바운드 규칙[1]과 아웃바운드 규칙[2]을 정해 불필요한 외부 접속을 차단했었다. 하지만 이러한 방화벽 규칙을 설정하는 과정에서 보안 취약점이 발생했고 이는 상당수의 업체가 AWS EC2 플랫폼을 사용하는 걸림돌이 됐었다. 고객들은 다른 업체의 네트워크와 독립적인 네트워크를 구성하기 원했고, AWS는 2009년 버추얼 프라이빗 클라우드^{Virtual Private Cloud, VPC} 서비스를 출시했다. 이제 사용자는 하나 이상의 VPC를 생성해 독립된 네트워크를 구성할 수 있게 됐다. VPC 네트워크에서 동작하는 EC2 플랫폼을 EC2-VPC 플랫폼으로 부른다. 2014년부터 생성된 AWS 계정은 EC2-VPC 플랫폼만 사용할 수 있기 때문에 EC2-Classic에서 사용하는 보안 그룹은 설명하지 않겠다. 레드시프트 웹 콘솔에서 보안 그룹 설정 화면을 열어보면 다음과 같은 문구를 볼 수 있다.

 귀하의 계정은 이 리전의 EC2-Classic 플랫폼을 지원하지 않습니다. 클러스터 보안 그룹은 EC2-Classic 플랫폼이 지원되는 경우에만 사용할 수 있습니다. 대신 VPC 보안 그룹을 사용하여 클러스터에 대한 액세스를 제어할 수 있습니다. VPC 보안 그룹을 보려면 **EC2 콘솔로 이동** 진행을 합니다. 자세한 내용은 **지원되는 플랫폼에 대한 Amazon Redshift 설명서** 및 **VPC에서 클러스터 관리** 단원을 참조하십시오.

그림 6-1 EC2-Classic 경고 화면

VPC & 서브넷

AWS는 사용자에게 독립적인 가상 네트워크인 버추얼 프라이빗 클라우드 서비스를 제공한다. 물리적인 네트워크와 VPC의 차이점은 물리적인 네트워크는 네트워크 스위치에 맞물린 서버들에서만 네트워크나 서브넷을 구성할 수 있지만, VPC는 물리적인 공간 제약 없이 소프트웨어적으로 여러 위치(데이터센터, 랙, 서버)에서 생성된 EC2 가상

1 　인바운드 규칙: 외부 네트워크에서 AWS 네트워크로 들어오는 연결을 통제하는 규칙

2 　아웃바운드 규칙: AWS 네트워크에서 외부 네트워크로 나가는 연결을 통제하는 규칙

머신을 같은 VPC로 구성할 수 있어 확장성과 가용성이 매우 좋다.

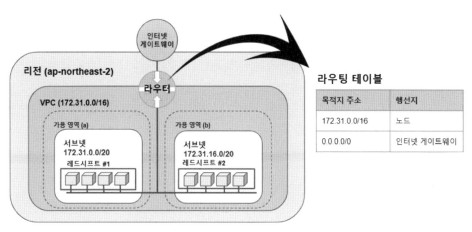

그림 6-2 레드시프트 VPC 네트워크

VPC는 AWS 리전에 종속적이며 VPC를 하나 이상의 리전에 걸쳐 구성할 수는 없다. VPC간 프라이빗 연결이 필요하면 VPC Peering 서비스를 사용해야 한다. 다만, VPC Peering 서비스를 사용하면 추가적인 비용이 발생하기 때문에 대량의 데이터가 오가는 시스템은 같은 VPC에 구성하는 것을 추천한다. AWS 리전은 하나 이상의 가용 영역 Availability Zone, AZ으로 구성되고, 가용 영역은 물리적으로 독립된 위치를 의미한다. 한국에는 현재 3개의 가용 영역이 있다. 시스템 내부적으로 독립적인 보안이 필요하면 그림 6-3과 같이 가용 영역 내에 서브넷을 생성해 방화벽을 구성할 수 있다.

서브넷 ID	상태	VPC	IPv4 CIDR	사용 가능한 IPv4	IPv6 CIDR	가용 영역
subnet-095c2545	available	vpc-61504b09	172.31.16.0/20	4091	-	ap-northeast-2c
subnet-d66b7ebe	available	vpc-61504b09	172.31.0.0/20	4090	-	ap-northeast-2a

그림 6-3 가용 영역에 할당된 서브넷

가용 영역은 레드시프트 클러스터를 생성할 때 선택할 수 있고, 이미 생성된 클러스터의 가용 영역은 변경할 수 없다. 자동 설정을 선택하면 AWS는 여분의 IP 주소가 많은 가용 영역을 선택하고, 다음 그림과 같이 사용자가 직접 가용 영역을 선택할 수 있다.

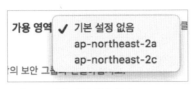

그림 6-4 가용 영역 선택 화면

레드시프트 클러스터에 자주 접속하는 클라이언트 또는 시스템과 같은 가용 영역을 선택하면 네트워크 응답 속도가 빨라지고 네트워크 비용이 절감되는 장점이 있다.

노트 레드시프트 클러스터와 클라이언트가 같은 가용 영역에 있으면 데이터 전송(송수신)은 무료지만, 다른 가용 영역에 위치하면 데이터 전송 추가 비용이 발생한다. 데이터 전송 관련 비용은 다음 URL에서 확인할 수 있다.

https://aws.amazon.com/ko/ec2/pricing/on-demand/

모든 AWS 서비스를 하나의 가용 영역에 생성할 경우, 해당 가용 영역에 장애가 발생하면 큰 문제가 된다. AWS 시스템 안정성이 높다 해도 100% 서비스 품질을 보장할 수는 없다(실제로 AWS는 99.99% 시스템 업타임을 보장하고 업타입이 95% 이하로 내려가면 모든 시스템 비용을 크레딧으로 환불해 준다). 발생 가능성은 희박하지만 가용 영역의 모든 DNS 서버에 장애가 발생하면 가용 영역 내부의 모든 서버에 통신이 불가능해질 수 있다. 이런 경우 레드시프트 클러스터도 당연히 영향을 받는다. 이러한 시스템 장애를 대비해 5장에서 학습한 스냅샷을 다른 리전으로 복사하는 교차 리전 스냅샷 기능을 활용할 수 있다.

실습 클러스터는 기본 제공되는 VPC, 가용 영역, 서브넷을 사용했지만 프로덕션 시스템을 설계하고 구성하는 단계라면, 네트워크 전문가 또는 AWS Well-Architected Framework(아키텍처 지원 서비스)의 도움을 받기를 추천한다.

라우팅 테이블

라우팅 테이블은 네트워크에 전송되는 데이터 패킷의 경로를 관리한다. 집 또는 사무실에서 쉽게 볼 수 있는 물리적 라우터 장비와 비슷한 역할을 한다. 자동 생성되는 메인 라우팅 테이블이 있기 때문에 사용자가 추가로 생성할 필요는 없으며, 가용 영역에 자동 생성된 메인 서브넷은 메인 라우터에 연결된다. 인터넷 게이트웨이, 가상 프라이빗 게이트웨이Virtual Private Gateway, VPG, VPC Peering, VPC Endpoints 등의 네트워크 작업에는 패킷 전송 경로를 변경해야 하므로 라우팅 테이블을 수정하게 된다. 라우팅 테이블을 **VPC 대시보드 → 라우팅 테이블**에서 확인해 보자.

Destination	Target
172.31.0.0/16	local
0.0.0.0/0	igw-f1c90799

그림 6-5 메인 라우팅 테이블

라우팅 테이블에는 하나 이상의 경로가 설정된다. 패킷을 전송할 때는 가장 상세한 경로(그림 6-5의 상단)부터 순서대로 검색하고, 매칭되는 경로가 없으면 모든 트래픽 (0.0.0.0/0)을 의미하는 가장 마지막 경로를 선택해 인터넷 게이트웨이로 전송되도록 설정된다.

인터넷 게이트웨이

인터넷 게이트웨이Internet Gateway, igw는 VPC에 생성된 인스턴스의 외부 인터넷 접근을 가능하게 한다. 그림 6-5의 라우팅 테이블에서 매칭되는 라우트가 없으면 인터넷 게이트웨이를 향하게 됐다. 라우팅 테이블에서 인터넷 게이트웨이 라우트를 제거하거나 인터넷 게이트웨이를 VPC에서 분리하면 라우팅 테이블을 바라보는 모든 EC2 인스턴스는 구글과 같은 외부 인터넷 접근이 불가능해지고, 같은 VPC에서 동작하는 인스턴스에 프라이빗 연결만 가능해진다. 레드시프트 VPC 외부의 서비스(SSH, S3, EMR, DynamoDB)에서 데이터를 COPY, UNLOAD 하려면 인터넷 게이트웨이 설정이 필요하다. 인터넷 게이트웨이는 AWS의 고가용성과 자동 확장성 기술이 적용돼 AWS에서 서비스 안정성과 성능을 보장한다.

NAT 게이트웨이

메인 서브넷에 생성된 모든 인스턴스는 퍼블릭 IP 주소를 부여받고 인터넷 게이트웨이를 통해 외부 인터넷과 1:1로 통신할 수 있다. 외부 인터넷 연결이 가능한 서브넷을 퍼블릭 서브넷이라 부르는데, 퍼블릭 서브넷은 외부 네트워크에서도 인바운드 연결이 가능한 문제가 있다. 실제로 퍼블릭 서브넷에 EC2 인스턴스를 생성하고 웹 서버를 구동한 후 웹 서버 포트를 오픈하면 정체를 알 수 없는 클라이언트가 연결을 시도한 로그가 보일 것이다. 서브넷의 퍼블릭 IP 주소 할당 옵션을 해제해 프라이빗 서브넷으로 변경할 수 있고, 프라이빗 서브넷에서 아웃바운드 연결을 허용하되 외부 네트워크의 인바운드 연결을 차단하려면 AWS의 NAT 게이트웨이 서비스를 사용할 수 있다. NAT^{Network Address Translation}는 프라이빗 인스턴스의 외부 통신을 대신 수행하고 돌아오는 응답을 프라이빗 인스턴스에 전달하는 역할을 한다. 외부 인터넷은 프라이빗 인스턴스의 주소를 알 수 없으므로 직접적인 통신이 불가능하다. 레드시프트에서 VPC 외부의 데이터를 적재 또는 추출하면서 인터넷 게이트웨이 대신 NAT 게이트웨이를 사용할 수 있다. NAT 게이트웨이는 인터넷 게이트웨이와는 다르게 추가 비용이 발생하고 네트워크 대역폭 제한이 있다.

 NAT 게이트웨이는 AWS에서 제공하는 서버리스(Severless) 서비스 중 하나이다. 차선책으로 네트워크 관리자가 직접 EC2 인스턴스에 NAT 서비스를 설치해 NAT 서버를 운영할 수 있다.

VPN(Virtual Private Network)

2장에서 레드시프트 클러스터를 생성하면서 퍼블릭 IP 주소를 할당하고 공개적 액세스를 허용했었다. 이는 실습 차원에서 독자의 PC에서 접근을 허용하기 위함이었는데, 이는 퍼블릭 서브넷과 마찬가지로 전세계 모든 네트워크 혹은 해커들에게 클러스터를 노출시키는 위험이 있다. 그렇다고 공개적 액세스를 허용하지 않으면 클러스터 접속이 안된다. 클러스터와 같은 VPC에 생성된 EC2 서버를 통해 접속하거나 AWS Lambda 등의 서비스를 통해 접속하는 방법이 있지만, 이러한 접속 환경은 레드시프트를 통해 데이터를 분석하는 사용자의 생산성을 저하시킬 수 있다. 사용자가 위치한 사무실이나 가정에서 레드시프트 클러스터를 접속할 수 있게 하려면 IPsec AWS Site-to-Site VPN 커넥션을 구성할 수 있다.

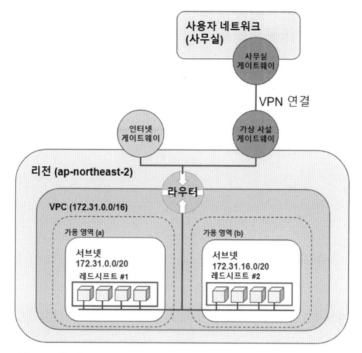

그림 6-6 레드시프트 VPN 구성

VPN^Virtual Private Network^은 가정 또는 사무실의 네트워크가 마치 AWS 데이터센터 내에 위치한 듯한 가상 사설 네트워크 환경을 제공하고, 사용자 클라이언트에 VPC에서 관리하는 사설 IP를 부여하는 네트워크 기술이다. 데이터 분석가는 VPN 클라이언트를 설치하여 사설 IP를 부여받아 레드시프트 클러스터에 바로 접속할 수 있다.

VPC Endpoints(PrivateLink)

레드시프트에 접근하려는 클라이언트가 AWS의 EC2 혹은 Lambda 서비스이지만 다른 VPC에서 연결하는 경우 VPC Endpoints(정식 명칭: AWS PrivateLink)를 사용할 수 있다. 레드시프트에 퍼블릭 IP를 부여하는 위험한 방식 대신 VPC Endpoints를 생성해 다른 VPC 서비스에서 프라이빗 연결로 레드시프트 클러스터에 접속하게 할 수 있다.

클라이언트 커넥션이 AWS 외부에 노출되지 않으니 더욱 안전하다. 여러 VPC를 구성하여 레드시프트 클라이언트가 다른 VPC에 구성된 경우 좋은 적용 사례가 될 수 있다.

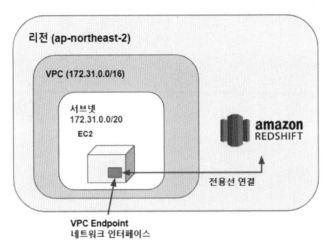

그림 6-7 VPC Endpoints

네트워크 방화벽

네트워크 방화벽은 트래픽의 허용과 차단을 제어한다. AWS에서는 VPC 보안 그룹과 네트워크 ACL 두 가지 방화벽이 제공된다. 두 방화벽의 큰 차이점은 방화벽이 적용되는 위치이다. VPC 보안 그룹은 EC2 인스턴스 또는 레드시프트 클러스터마다 다르게 적용할 수 있는 반면 네트워크 ACL은 서브넷에 적용하는 방화벽이다. 서브넷에 적용된 네트워크 ACL은 서브넷의 모든 시스템에 적용된다.

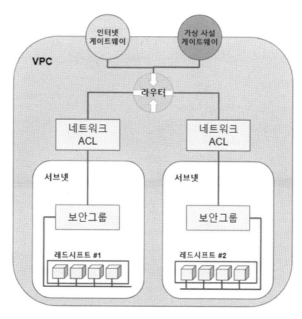

그림 6-8 VPC 보안 그룹과 네트워크 ACL

각 방화벽의 특징을 알아보자.

VPC 보안 그룹

- 인스턴스 또는 클러스터에 적용된다.
- ALLOW 규칙만 설정할 수 있다.
- ALLOW 규칙을 찾을 때까지 보안 그룹의 모든 규칙을 시도한다.
- 기본 설정으로 인바운드 규칙은 공란으로 모든 인바운드 연결을 차단한다(수정 가능).
- 기본 설정으로 아웃바운드 연결은 모두 허용한다(수정 가능).
- 인바운드 규칙으로 허용된 세션은 아웃바운드 연결도 함께 허용한다.
- 보안 그룹 내 트래픽은 모두 허용한다.

유형 ⓘ	프로토콜 ⓘ	포트 범위 ⓘ	소스 ⓘ	설명 ⓘ
Redshift	TCP	5439	98.247.168.100/32	Learn Redshift
Redshift	TCP	5439	172.58.41.76/32	Hotspot
모든 트래픽	모두	모두	sg-2208f14f	

그림 6-9 VPC 보안 그룹 인바운드 규칙 설정 화면

네트워크 ACL

- 서브넷에 적용된다.
- ALLOW와 DENY 규칙 설정이 가능하다
- 규칙 번호(Rule #)의 내림차순으로 규칙을 시도한다.
- 기본 규칙은 모든 인바운드와 아웃바운드 연결을 허용한다(수정 불가).
- 사용자 정의 규칙으로 인바운드와 아웃바운드 연결을 차단할 수 있다(수정 가능).

Rule #	Type	Protocol	Port Range	Source	Allow / Deny
100	모두 트래픽	모두	모두	0.0.0.0/0	ALLOW
*	모두 트래픽	모두	모두	0.0.0.0/0	DENY

그림 6-10 네트워크 ACL 인바운드 규칙 설정 화면

사실 네트워크 ACL은 VPC 보안 그룹보다 높은 단계의 보안 구성이라 네트워크 전문 관리자가 아니면 네트워크 ACL을 직접 수정할 필요는 없을 것이다. 레드시프트 관리자는 레드시프트 클러스터 전용 VPC 보안 그룹을 생성하고 접속을 허용할 IP 대역을 설정한 다음 VPC 보안 그룹을 레드시프트 웹 관리 콘솔에서 클러스터에 적용하는 작업을 담당하게 된다.

지금까지 레드시프트를 구성하는 네트워크와 시스템 보안을 살펴보았다. 레드시프트 클러스터가 어떠한 방식으로 외부의 침입으로부터 보호되는지, 안전한 클라이언트 접속 환경을 준비하기 위해선 어떠한 구성이 필요한지 지금까지 학습한 내용을 토대로 레드시프트 클러스터를 생성하기 전에 고민해 보자.

데이터베이스 정보 누출은 외부에서 침입하는 해킹을 떠올릴 수 있지만 데이터베이스 상에서도 발생 가능하다. 이미 VPC에 접근 권한이 있는 주체는 언제든지 레드시프트에 접속을 시도할 수 있기 때문이다. 레드시프트 클러스터에 연결을 시도하는 클라이언트의 진위를 확인하는 사용자 인증 절차를 알아보자.

6.2 사용자 인증

레드시프트는 데이터베이스 사용자 계정과 AWS IAM 사용자로 인증할 수 있다. 이 책에서 레드시프트 사용자는 데이터베이스에 직접 생성한 사용자를 의미한다.

노트 AWS IAM 사용자 계정으로 레드시프트 임시 계정을 생성하고, 레드시프트 클러스터에 로그인 가능하도록 설정할 수 있으나 설정 과정이 복잡하므로 필요한 경우 다음 자료를 참고하자.

https://docs.aws.amazon.com/ko_kr/redshift/latest/mgmt/generating-user-credentials.html

사용자 생성

레드시프트 사용자는 다음과 같이 생성할 수 있다.

```
CREATE USER 사용자명 PASSWORD '<사용자암호>';
```

사용자 생성에 사용할 수 있는 파라미터를 알아보자.

PASSWORD

암호를 입력한다. 암호는 최소 8글자와 대문자, 소문자, 숫자를 포함해야 한다.

SYSLOG ACCESS UNRESTRICTED

4장과 5장에서 시스템 테이블을 사용해 쿼리를 조회하고 프로파일링했었다. 일반 사용자는 본인의 쿼리만 조회할 수 있는데, SYSLOG ACCESS UNRESTRICTED 권한을 부여받으면 다른 사용자의 쿼리 로그를 조회할 수 있다.

CREATEDB

사용자에게 데이터베이스 생성 권한을 부여한다.

CREATEUSER

사용자에게 사용자 생성 권한을 부여한다. CREATEUSER 파라미터로 생성된 사용자는 슈퍼유저가 되고 사실상 클러스터 마스터 사용자와 같은 권한을 갖게 된다. 슈퍼유저는 일반 사용자와 슈퍼유저, 데이터베이스를 생성할 수 있으며 모든 시스템 테이블을 조회할 수 있다.

다음과 같이 CREATEUSER 파라미터로 생성된 사용자는 슈퍼유저가 되는 것을 확인할 수 있다.

```
CREATE USER testuser PASSWORD '<사용자암호>' CREATEUSER;
SELECT * FROM pg_user WHERE usename='testuser';

usename    |usesysid|usecreatedb|usesuper|usecatupd|passwd  |valuntil|useconfig
-----------|--------|-----------|--------|---------|--------|--------|---------
{testuser}|    101|false      |true    |false    |********|        |
```

usesuper 필드가 true로 설정됐다.

IN GROUP

사용자를 사용자 그룹에 추가한다. 다음과 같이 하나 이상의 그룹에 추가할 수 있다.

```
CREATE USER testuser PASSWORD '<사용자암호>' IN GROUP 'testgroup1', 'testgroup2';
```

VALID UNTIL

사용자 암호에 유효기간을 설정한다. 2019-01-01로 설정하면 2019-01-02 0시부터 로그인이 차단된다. 주의할 점은 사용자 암호를 변경한다고 자동으로 유효기간이 갱신되지 않는다. 암호를 변경하면서 유효기간을 같이 변경해야 한다.

```
ALTER USER testuser PASSWORD '<사용자암호>' VALID UNTIL '2020-01-01';
```

CONNECTION LIMIT

사용자의 최대 동시 커넥션 수를 설정한다. 참고로 커넥션은 WLM에서 설정한 컨커런시 제한과는 다르다. 커넥션은 쿼리 실행 유무를 떠나 클라이언트가 클러스터에 맺고 있는 접속을 의미한다. 쿼리가 완료돼도 클라이언트가 커넥션을 종료하지 않으면 클라이언트와 클러스터 커넥션은 그대로 유지된다. 사용자 불찰로 너무 많은 커넥션을 동시에 맺거나 커넥션을 정상 종료하지 않으면 클러스터에서 오픈 커넥션이 쌓이면서 불필요한 자원이 낭비되므로 문제가 될 수 있다. 커넥션 제한을 설정하지 않으면 커넥션 제한이 없어지는데, 프로덕션 환경이라면 사용자마다 적절한 제한을 둬야한다. 클러스터 최대 유지 가능 커넥션 수는 500이지만 100 이하로 유지하는 것을 권장한다. 현재 열려있는 커넥션은 STV_SESSIONS 테이블에서 조회 가능하다. 다음과 같이 사용자의 커넥션 제한을 설정할 수 있다.

```
ALTER USER testuser PASSWORD '<사용자암호>' CONNECTION LIMIT 10;
```

참고로 슈퍼유저는 커넥션이 제한되지 않는다.

그룹 생성

사용자 그룹을 생성해 보자.

```
CREATE GROUP 그룹명;
```

USER 파라미터로 그룹에 추가할 사용자 리스트를 제공할 수 있다.

```
CREATE GROUP 그룹명 [USER 사용자명, 사용자명, ...];
```

사용자 인증 보안

사용자 인증(로그인)을 시도할 때 다음과 같은 보안 문제가 발생할 수 있다.

- **무선 인터넷 연결을 통한 암호 노출**

  카페나 백화점 등 공공 무선 인터넷이 암호화돼 있지 않은 경우, 누구나 패킷 분석을 통해 클라이언트가 네트워크 상으로 전송하는 패킷을 스누핑Snooping할 수 있다. 무선 인터넷이 암호화된 연결인지 확인하고 그렇지 않다면 해당 무선 인터넷은 사용하지 않기를 권장한다.

- **데이터베이스 연결을 통한 암호 노출**

  레드시프트는 기본 설정으로 SSL 암호화된 연결이 비활성화돼 있다. 암호화되지 않은 연결은 앞서 설명한 스누핑 또는 6장, '레드시프트 보안' 'SSL'에 설명되는 MITM 해킹을 통해 로그인 정보와 쿼리가 노출될 수 있다. SSL 연결을 암호화하면 해커가 패킷을 가로채도 로그인 정보와 쿼리를 추출하지 못한다.

- **쿼리 편집기에 암호가 남아있는 상태에서 화면 노출**

  DBeaver, SQLWorkbench/J, Notepad 같은 편집기를 사용하면서 사용자 암호를 함께 저장하는 경우가 있다. 이런 경우 누군가 모니터를 염탐해 암호를 가로챌 수 있으며 해커의 크래킹Cracking 활동으로 사용자 PC에 접근해 화면을 캡쳐할 수 있다. 암호를 편집기나 코드에 저장하는 것은 최대한 피해야 하지만 꼭 필요하다면 다음과 같이 암호를 암호화해 저장할 수 있다.

```
# Python3
# pip를 통해 cryptography 패키지가 설치돼 있어야 한다.
from cryptography.fernet import Fernet
```

```
# 암호 인코딩과 디코딩에 사용할 패스코드를 생성한다. 패스코드는 분실되지 않게 안전한 장소에 저장한다.
Fernet.generate_key()
>'HKSt6Vmqta5Mp8zrbpDOEwSdclMzzgUaIBA9fE4NYOc='
FERNET = Fernet('HKSt6Vmqta5Mp8zrbpDOEwSdclMzzgUaIBA9fE4NYOc=')

# 사용자 암호를 암호화한다.
FERNET.encrypt(b'user_password')
> b'gAAAAABdGTx37e68lHukUybMBh04Al0-mIrhim8Ymn_sDNqBSy7Rv8TbnjEQBHA6EfMWsiKjcutv
X5IAtbfN8cE4VcycYoInuA=='

# 암호화된 암호는 사용자에게 공유하여 앞서 생성한 패스 코드를 가지고 있는 사용자 또는 애플리케이션에서만 복
호화할 수 있다.
FERNET.decrypt(b'gAAAAABdGTx37e68lHuUybMBh04Al0-mIrhim8Ymn_sDNqBSy7Rv8TbnjEQBHA6
EfMWsiKjcutvX5IAtbfN8cE4VcycYoInuA==').decode()
> 'user_password'
```

- **GitHub과 같은 퍼블릭 리포지토리를 통한 암호 노출**

  SQL, Python, Java와 같은 애플리케이션 코드에 사용자 암호를 저장한 상태에서 GitHub 같은 퍼블릭 리포지토리에 저장해 암호가 전 세계에 공개되는 사례가 있었다. 어리석은 실수이지만 형상 관리 도구를 사용하다 보면 쉽게 범할 수 있는 실수이기도 하다. 퍼블릭 리포지토리에 코드를 저장할 때는 반드시 암호를 제거하자. 퍼블릭 리포지토리는 동네 해커 뿐만 아니라 전 세계 모든 해커에게 암호가 노출되기 때문에 암호를 암호화해 저장해도 위험할 수 있다.

- **쿼리 로그를 통한 암호 노출(사용자 생성 쿼리)**

  CREATE USER 쿼리는 레드시프트 쿼리 로그에 기록되는데 PASSWORD 파라미터도 함께 기록된다. 슈퍼유저 사용자는 쿼리 로그를 조회해 모든 사용자의 암호를 조회할 수 있다. 암호가 쿼리 로그에 기록되는 것을 방지하기 위해 레드시프트에서 암호를 md5 해시로 암호화해 입력한다. '[암호][사용자명]'을 md5 함수로 암호화하고 암호화된 텍스트 앞에 md5를 붙여 입력한다.

```
SELECT md5('Password1' || 'testuser');
> 928c613cd0ff32654af4768ac974d4b1
CREATE USER testuser PASSWORD 'md5928c613cd0ff32654af4768ac974d4b1';
```

위 예제처럼 레드시프트의 md5 함수로 해시 값을 생성하면 CREATE USER 쿼리에 직접 텍스트 암호를 입력하는 것보다 안전할 수 있으나, 첫 번째 실행한 md5 쿼리 역시 쿼리 로그에 남아 암호가 노출될 수 있다. 저자는 레드시프트의 md5 함수보다 간단한 파이썬이나 자바 프로그램으로 md5 해시 값을 생성하는 것을 선호한다.

```
# python2 또는 python3
>>> import hashlib
>>> hashlib.md5(b'Password1testuser').hexdigest()
'928c613cd0ff32654af4768ac974d4b1'
```

사용자 암호를 암호화하여 쿼리 로그 뿐만 아니라 해킹을 통해 사용자 생성 쿼리가 노출되는 사태에 대비할 수 있다.

6.3 사용자 권한

GRANT 쿼리로 사용자 또는 그룹에 데이터베이스 오브젝트(테이블, 뷰, 데이터베이스, 스키마, 함수) 접근 권한을 부여할 수 있다.

테이블 권한

사용자에게 테이블 권한을 부여하는 기본 문법은 다음과 같다.

```
GRANT [ SELECT | INSERT | UPDATE | DELETE | REFERENCES | ALL ]
ON [ 테이블명 | ALL TABLES IN SCHEMA 스키마명 ]
TO [ 사용자명 | GROUP 그룹명 | PUBLIC ];
```

사용자에게 테이블 권한을 부여하는 예제다.

```
GRANT SELECT, INSERT, UPDATE, DELETE ON dev.seoul_public_bicycle_usage TO testuser;
GRANT ALL ON dev.seoul_public_bicycle_usage TO testuser;
GRANT ALL ON ALL TABLES IN SCHEMA dev TO testuser;
```

스키마 권한

스키마는 오브젝트(테이블, 뷰, 함수, 프로시저)의 그룹으로 같은 이름의 오브젝트가 하나 이상의 스키마에 존재할 때 오브젝트를 구분하는 데 사용하는 네임스페이스이다. 사용자에게 스키마 권한을 부여하는 기본 문법은 다음과 같다.

```
GRANT [ CREATE | USAGE | ALL ]
ON SCHEMA [스키마명]
TO [사용자명 | GROUP 그룹명 | PUBLIC];
```

사용자에게 스키마 권한을 부여하는 예제다.

```
GRANT CREATE, USAGE ON SCHEMA dev TO testuser;
```

CREATE는 스키마에 오브젝트 생성 및 편집 권한을 부여한다. 즉 테이블, 함수, 뷰, 프로시저를 생성하고 속성을 변경할 수 있는 권한을 부여한다. USAGE는 스키마의 오브젝트 접근 권한을 부여한다. 사용자가 오브젝트 조회 권한이 있어도 스키마 접근 권한이 없으면 오브젝트를 조회할 수 없으므로 사용자에게 스키마 접근 권한을 부여하는 것을 잊지 말자.

데이터베이스 권한

데이터베이스는 하나 이상의 스키마를 관리한다. 사용자에게 데이터베이스 권한을 부여하는 기본 문법은 다음과 같다.

```
GRANT [ CREATE | TEMPORARY | TEMP | ALL ]
ON DATABASE [데이터베이스명]
TO [ 사용자명 | GROUP 그룹명 | PUBLIC ];
```

사용자에게 데이터베이스 권한을 부여하는 예제다.

```
GRANT CREATE, TEMP ON DATABASE learn TO testuser;
```

CREATE는 스키마 생성 권한을, TEMP는 임시 테이블 생성 권한을 부여한다.

함수 권한

사용자에게 함수Function 권한을 부여하는 기본 문법은 다음과 같다.

```
GRANT EXECUTE
ON [ FUNCTION 함수명(파라미터 데이터 타입, …) | ALL FUNCTIONS IN SCHEMA 스키마명) ]
TO [ 사용자명 | GROUP 그룹명 | PUBLIC ];
```

사용자에게 함수 권한을 부여하는 예제다.

```
GRANT EXECUTE ON FUNCTION abs(numeric) TO testuser;
GRANT EXECUTE ON ALL FUNCTIONS IN SCHEMA dev to testuser;
```

UDF 언어 권한

사용자 정의 함수[UDF] 생성 시 사용자가 사용할 수 있는 프로그래밍 언어를 설정할 수
있다.

```
GRANT USAGE
ON LANGUAGE [언어명, … ]
TO [ 사용자명 | GROUP 그룹명 | PUBLIC ];
```

다음은 UDF 언어를 설정하는 예제다.

```
GRANT USAGE ON LANGUAGE plpythonu TO testuser;
```

언어명에는 파이썬 UDF는 plpythonu를 SQL UDF는 sql을 입력한다.

권환 회수

사용자에게 부여했던 권한을 회수할 때는 REVOKE 쿼리를 사용한다.

```
REVOKE SELECT, INSERT, UPDATE, DELETE ON dev.seoul_public_bicycle_usage FROM  testuser;
REVOKE CREATE, USAGE ON SCHEMA dev FROM testuser;
REVOKE CREATE, TEMP ON DATABASE learn FROM testuser;
```

6.4 데이터 보안

데이터베이스 암호화

레드시프트 클러스터를 생성하거나 수정하는 화면에 데이터베이스 암호화 설정이 있
다. 데이터베이스를 암호화하여 레드시프트에 저장되는 모든 데이터 블록, 메타데이터,

클러스터에서 생성되는 스냅샷을 암호화할 수 있다. 클러스터에 신용카드 정보나 구매 이력 등의 중요한 데이터가 보관되는 경우 데이터베이스 암호화를 사용할 수 있으며, 한국의 경우 카드 결제는 PG^{Payment Gateway} 사의 결제망을 통해 이뤄지지만 해외의 경우 Visa, MasterCard 등의 카드 업체에서 결제를 직접 처리하는데, 이들 카드사에서 PCI-DSS등의 보안 표준을 강요하고 카드 정보를 저장하는 서버나 데이터베이스에 특정 보안 규약을 지키도록 강요한다. 레드시프트도 예외일 수는 없으며 데이터베이스 암호화가 필요한 경우 AWS KMS^{Key Management Service}를 통해 비교적 간편하게 데이터 암호화가 가능하다. 데이터 암호화에 사용되는 키는 KMS에서 생성한 키를 사용하거나 사용자가 직접 관리하는 키를 KMS에 등록해 사용할 수 있다.

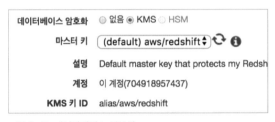

그림 6-11 데이터베이스 암호화

설정을 완료하면 클러스터는 새로운 클러스터로 데이터를 복사하면서 암호화하는 과정을 거치는데 콘솔 화면에서는 resizing이라고 보여진다. 이 과정에서 클러스터 접속이 끊길 수 있다.

그림 6-12 클러스터 상태

KMS는 1만 건의 요청에 약 30원의 비용이 발생하고 암호화와 복호화^{Encrypt & Decrypt} 요청 모두 KMS 요청으로 분류된다.

270

S3 데이터 암호화

레드시프트 ETL 작업의 임시 데이터 저장에는 주로 S3가 많이 사용된다. 데이터를 S3에 적재하고 S3로 추출하는 것이 다른 시스템보다 빠르며 저렴하고 간편하기 때문이다. 만약 S3를 통해 레드시프트를 오가는 데이터에 중요한 데이터가 포함된다면 S3 데이터를 암호화할 필요가 있다.

S3 데이터 암호화에는 두 가지 방식이 지원된다. 비교적 간단하게 설정할 수 있는 서버 사이드 암호화^{Server Side Encryption, SSE} 방식과 사용자 또는 클라이언트에서 직접 데이터를 암호화하는 클라이언트 사이드 암호화^{Client Side Encryption, CSE} 방식이 있다. SSE 방식부터 알아보자.

SSE

SSE에 사용되는 키는 다음과 같이 제공할 수 있다.

- SSE-S3: S3에서 관리하는 키 사용
- SSE-KMS: AWS KMS 서비스에서 관리하는 키 사용

> ⓘ 주의 사용자 관리 키를 사용해 S3 오브젝트를 암호화/복호화하는 SSE-C 방식이 있지만 레드시프트에서 제공하지 않는다.

COPY 쿼리는 S3 오브젝트를 조회하면서 자동으로 SSE-S3 또는 SSE-KMS 방식을 구분하고 데이터를 적재하기 때문에 사용자가 추가적으로 파라미터를 입력할 필요는 없다.

UNLOAD 쿼리는 기본적으로 SSE-S3 방식을 사용하며 SSE-S3는 추가 비용이 발생하지 않는다. SSE-KMS를 사용하려면 AWS KMS 서비스에서 제공되는 키 ID를 UNLOAD의 KMS_KEY_ID 파라미터로 입력하면 된다.

```
UNLOAD ('
  SELECT date, hour, rental_place_num, usage_count
  FROM data.seoul_public_bicycle_usage
```

```
  WHERE date = ''2017-01-01''
')
TO 's3://s3-learn-redshift/backup/seoul_public_bicycle_usage/20170101/'
IAM_ROLE 'arn:aws:iam::<AWS 계정 ID>:role/LearnRedshiftRole'
DELIMITER AS '\007' NULL AS '\005'
ALLOWOVERWRITE GZIP ESCAPE ADDQUOTES
KMS_KEY_ID '097eaad0-1f98-47ca-9dc5-01e5bf505ee4';
```

SSE-KMS 방식을 사용하는 경우 KMS 서비스 관련 비용이 추가된다.

CSE

레드시프트는 사용자 관리 키를 사용하는 SSE-C 방식을 지원하지 않는다. 사용자 관리 키를 사용하려면 클라이언트에서 데이터를 암호화하는 CSE 방식을 사용할 수 있다. COPY 쿼리에는 ENCRYPTED MASTER_SYMMETRIC_KEY 파라미터로 Base64 인코딩된 AES-256 프라이빗 키를 제공해 사용자가 암호화한 데이터를 적재할 수 있다. UNLOAD의 경우에도 마찬가지로 ENCRYPTED MASTER_SYMMETRIC_KEY 파라미터로 사용자 관리 키를 제공하면 레드시프트 클러스터가 직접 데이터를 암호화해 S3에 저장한다.

```
COPY data.seoul_public_bicycle_usage (date, hour, rental_place_num, usage_count)
FROM 's3://s3-learn-redshift/backup/seoul_public_bicycle_usage/20170101/'
IAM_ROLE 'arn:aws:iam::<AWS 계정 ID>:role/LearnRedshiftRole'
FORMAT DELIMITER '\007' NULL AS '\005'
GZIP CSV FILLRECORD EMPTYASNULL ACCEPTINVCHARS
ENCRYPTED MASTER_SYMMETRIC_KEY '<사용자_마스터_키>';

UNLOAD ('
  SELECT date, hour, rental_place_num, usage_count
  FROM data.seoul_public_bicycle_usage
  WHERE date = ''2017-01-01''
')
TO 's3://s3-learn-redshift/backup/seoul_public_bicycle_usage/20170101/'
IAM_ROLE 'arn:aws:iam::<AWS 계정 ID>:role/LearnRedshiftRole'
DELIMITER AS '\007' NULL AS '\005'
```

```
ALLOWOVERWRITE GZIP ESCAPE ADDQUOTES
ENCRYPTED MASTER_SYMMETRIC_KEY '<사용자_마스터_키>';
```

 자바나 Go 등의 언어로 프로그램을 작성해서 S3 데이터를 암호화하려면 AWS SDK를 사용할 수 있다. 자세한 방법은 다음 AWS 문서를 참고하자.

https://docs.aws.amazon.com/ko_kr/AmazonS3/latest/dev/UsingClientSideEncryption.html

레드시프트에 여러 출처의 데이터를 적재하다 보면 데이터 형식이 다양해져 일부 데이터는 암호화된 상태로 유입되고 일부는 그렇지 않은 경우가 발생할 수 있다. S3 데이터 암호화에 일관성을 유지하려면 S3 버킷에 다음과 같은 정책을 설정해 S3 데이터 암호화를 강요할 수 있다.

```
{
  "Version": "2012-10-17",
  "Id": "PutObjPolicy",
  "Statement": [
    {
      "Sid": "DenyIncorrectEncryptionHeader",
      "Effect": "Deny",
      "Principal": "*",
      "Action": "s3:PutObject",
      "Resource": "arn:aws:s3:::[버킷명]/*",
      "Condition": {
        "StringNotEquals": {
          "s3:x-amz-server-side-encryption": "AES256"
        }
      }
    },
    {
      "Sid": "DenyUnEncryptedObjectUploads",
      "Effect": "Deny",
      "Principal": "*",
      "Action": "s3:PutObject",
      "Resource": "arn:aws:s3:::[버킷명]/*",
```

```
      "Condition": {
        "Null": {
          "s3:x-amz-server-side-encryption": "true"
        }
      }
    }
  ]
}
```

6.5 SSL

SSL^Secure Sockets Layer은 레드시프트 클라이언트와 클러스터 간 전송되는 데이터를 암호화하고 접속하는 대상의 진위를 확인하는 네트워크 프로토콜이다. EC2와 같은 VPC 네트워크 안에서 이뤄지는 연결이 아니라면 해커가 데이터를 훔쳐갈 가능성은 항상 존재한다. 무선 네트워크로 전송되는 데이터는 간단한 패킷 분석 툴로도 훔쳐볼 수 있으며 (Sniffing 해킹 기술), 유선 네트워크로 전송되는 데이터도 DNS 서버나 라우팅 테이블을 위조해서 데이터를 훔쳐볼 수 있다(Spoofing 해킹 기술). 클라이언트가 VPN을 이용한 사무실, 카페 등의 환경에서 연결할 경우 보안 수준이 낮으므로 더욱 위험하다. 이런 경우 클라이언트와 클러스터 간 통신하는 데이터를 텍스트가 아닌 암호화된 데이터로 전송하면 해커가 데이터 패킷을 훔쳐본다 해도 무용지물이 된다. SSL 연결은 웹 브라우저, 데이터베이스, 애플리케이션 등 안전한 서버와 클라이언트 연결이 필요한 모든 곳에서 사용되므로 SSL 연결을 이해하면 많은 방면에 도움이 될 것이다.

정리를 하면 SSL 연결은 다음과 같은 목적을 가진다.

- 클라이언트와 클러스터 간 진위 확인

- 데이터 암호화

- 암호화에 필요한 키 공유와 키의 진위 확인

- 암호화에 사용될 알고리즘(Cipher suites) 공유

274

SSL 연결

SSL 연결 절차를 알아보자.

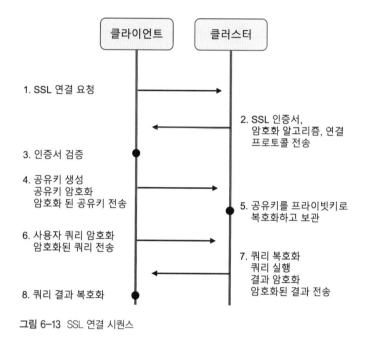

그림 6-13 SSL 연결 시퀀스

1. 클라이언트는 클러스터에 SSL 연결을 요청한다. 요청에는 클라이언트가 사용할
   수 있는 암호화 알고리즘과 연결 프로토콜(SSL/TLS)을 포함한다.

2. 클러스터는 요청된 암호화 알고리즘과 연결 프로토콜을 지원하지 않으면 연결을
   거부한다. 지원하면 통신에 사용할 암호화 알고리즘과 연결 프로토콜, SSL 인증
   서를 클라이언트에게 전송한다.

3. 클라이언트는 전달받은 SSL 인증서의 진위를 확인한다.

4. 클라이언트는 공유 키를 생성하고 전달받은 클러스터 퍼블릭 키로 공유 키를 암
   호화하여 클러스터에 전송한다.

5. 클러스터는 전달받은 공유 키를 클러스터 프라이빗 키로 복호화하고 안전한 곳
   에 저장한다.

이 시점부터 클라이언트와 클러스터는 공유 키로 데이터를 암호화 또는 복호화한다. 공유 키는 클라이언트와 클러스터에게만 공개된 상태이므로 해커가 공유 키를 가로챌 수 없다. 공유키로 암호화하는 데이터는 통신 헤더, DB 메타데이터, 쿼리와 쿼리 결과 등 클라이언트와 클러스터 사이에 전달되는 모든 데이터를 포함한다.

클라이언트와 클러스터 양측이 모두 합의 악수를 해야 데이터 전송을 시작한다는 의미에서 Handshake 기법으로도 불린다. 이러한 접속 기법은 데이터베이스, 웹, 이메일, 결제, VoIP 등 네트워크 보안이 필요한 모든 곳에서 사용된다.

대칭 키, 비대칭 키
SSL 절차에 다양한 키가 등장하는데, 키를 사용해 암호화된 데이터를 전달하는 방식에는 대칭Symmetric과 비대칭Asymmetric 방식이 있다.

대칭 방식
암호화와 복호화에 같은 키를 사용하기 때문에 쌍방 통신에 주로 사용된다. 위 SSL 연결 절차에서 4번과 5번에서 클라이언트와 클러스터 간 데이터를 전송할 때 사용된 공유 키는 이러한 대칭 방식을 의미한다. 여기서 관건은 대칭 키를 안전하게 공유하는 방식인데, 만약 통신하는 클라이언트와 클러스터가 사무실 바로 옆자리의 직장 동료라면 종이에 대칭 키를 적어 작은 봉투에 담아 공유해도 된다. 무선 인터넷 암호를 공유할 때 많이 사용해본 방식일 것이다. 하지만 클라이언트와 클러스터가 옆 건물 혹은 지구 반대편에 있다면 이러한 원시적인 방법은 키의 노출 가능성이 매우 크므로, 비대칭 키 방식을 이용해 대칭 키를 공유할 수 있다.

비대칭 방식
암호화와 복호화에 다른 키를 사용한다. 암호화에는 퍼블릭 키를 사용하고 복호화에는 프라이빗 키를 사용하는데, 주로 단 방향 통신에 사용된다. 예를 들어 B에서 A로 데이터를 전송하는 상황에서는 A는 퍼블릭 키와 프라이빗 키를 생성하고 B에게 퍼블릭 키를 공유한다. 프라이빗 키는 A만 조회할 수 있는 안전한 곳에 보관한다. B는 퍼블릭 키로 데이터를 암호화하고 A에게 전달하면 A는 프라이빗 키로 데이터를 복호화할 수 있다. 퍼블릭 키는 이름 그대로 누구에게나 공개돼도 상관없는데, 암호화된 데이터는 A만 복호화할 수 있기 때문이다. 위 SSL 연결 절차에서 2번과 4번, 5번에 사용된 퍼블릭 키와 프라이빗 키는 이러한 비대칭 방식을 의미한다.

SSL 인증서

SSL 인증서에는 클러스터 도메인 명과 IP 주소 등의 클러스터 정보와 인증서 유효기간, 인증서 서명 기관의 퍼블릭 키와 같은 인증서 정보가 담겨 있다. 레드시프트는 인증서를 CA^{Certificate Authorities, 공인인증기관} 기관에 요청해 서명한다. 클라이언트는 신뢰할 수 있는 CA 기관에서 서명한 인증서만 수용한다.

잠시 생각해 보면 SSL 인증서는 누구나 쉽게 생성하고 서명할 수 있다. 저자도 맥OS에서 다음과 같이 위조된 AWS 인증서를 만들 수 있었다.

```
# 프라이빗 키 생성
$ openssl genrsa -des3 -passout pass:x -out server.pass.key 2048
Generating RSA private key, 2048 bit long modulus
$ openssl rsa -passin pass:x -in server.pass.key -out server.key
writing RSA key
# CSR 생성
$ openssl req -new -key server.key -out server.csr
You are about to be asked to enter information that will be incorporated
into your certificate request.
What you are about to enter is what is called a Distinguished Name or a DN.
There are quite a few fields but you can leave some blank
For some fields there will be a default value,
If you enter '.', the field will be left blank.
-----
Country Name (2 letter code) [AU]:US
State or Province Name (full name) [Some-State]:Washington
Locality Name (eg, city) []:Seattle
Organization Name (eg, company) [Internet Widgits Pty Ltd]:Amazon
Organizational Unit Name (eg, section) []:Redshift
Common Name (e.g. server FQDN or YOUR name) []:redshift.amazon.com
Email Address []:fake@redshift.amazon.com
Please enter the following 'extra' attributes
to be sent with your certificate request
A challenge password []:
```

```
An optional company name []:
```

```
# 본인 서명 인증서 생성
openssl x509 -req -sha256 -days 365 -in server.csr -signkey server.key -out server.crt
```

CSR^{Certificate Signing Request, 인증서 서명 요청서}을 생성한 후 저자가 인증서를 직접 서명했다. 다음 과 같이 인증서를 조회해 보면 fake@redshift.amazon.com 이메일 주소가 아니었다면 실제 AWS 인증서와 분별하기가 힘들다.

```
$ openssl x509 -in server.crt -text
Certificate:
    Data:
        Version: 1 (0x0)
        Serial Number:
            8a:04:74:07:48:b6:ac:58
    Signature Algorithm: sha256WithRSAEncryption
        Issuer: C=US, ST=Washington, L=Seattle, O=Amazon, OU=Redshift, CN=redshift.
amazon.com/emailAddress=fake@redshift.amazon.com
        Validity
            Not Before: Apr  2 17:40:27 2019 GMT
            Not After : Apr  1 17:40:27 2020 GMT
        Subject: C=US, ST=Washington, L=Seattle, O=Amazon, OU=Redshift, CN=redshift.
amazon.com/emailAddress=fake@redshift.amazon.com
        Subject Public Key Info:
            Public Key Algorithm: rsaEncryption
                Public-Key: (2048 bit)
                Modulus:
                    ...
                Exponent: 65537 (0x10001)
    Signature Algorithm: sha256WithRSAEncryption
        ...
-----BEGIN CERTIFICATE-----
...
-----END CERTIFICATE-----
```

다음은 AWS에서 제공하는 인증서이다.

```
# https://s3.amazonaws.com/redshift-downloads/redshift-ca-bundle.crt
$ openssl x509 -in ./redshift-ca-bundle.crt -text
Certificate:
    Data:
        Version: 3 (0x2)
        Serial Number:
            b3:c7:3c:37:23:93:de:fd
    Signature Algorithm: sha1WithRSAEncryption
        Issuer: C=US, ST=Washington, L=Seattle, O=Amazon.com, OU=CM/
emailAddress=cookie-monster-core@amazon.com
        Validity
            Not Before: Nov  2 23:24:47 2012 GMT
            Not After : Nov  1 23:24:47 2018 GMT
        Subject: C=US, ST=Washington, L=Seattle, O=Amazon.com, OU=CM/
emailAddress=cookie-monster-core@amazon.com
        Subject Public Key Info:
            Public Key Algorithm: rsaEncryption
                Public-Key: (1024 bit)
                Modulus:
                    ...
                Exponent: 65537 (0x10001)
        X509v3 extensions:
            X509v3 Subject Key Identifier:
                13:92:94:69:64:8C:52:69:7E:E8:C6:50:89:AE:C3:8E:67:E3:BC:B8
            X509v3 Authority Key Identifier:
                keyid:13:92:94:69:64:8C:52:69:7E:E8:C6:50:89:AE:C3:8E:67:E3:BC:B8
                DirName:/C=US/ST=Washington/L=Seattle/O=Amazon.com/OU=CM/
emailAddress=cookie-monster-core@amazon.com
                serial:B3:C7:3C:37:23:93:DE:FD

            X509v3 Basic Constraints:
                CA:TRUE
    Signature Algorithm: sha1WithRSAEncryption
        ...
-----BEGIN CERTIFICATE-----
...
-----END CERTIFICATE-----
```

저자가 생성한 인증서와 크게 다르지 않다. 이러한 인증서 위조를 막기 위해 Symantec, Thawte, Comodo 등 신뢰된 CA 기관 중 하나를 선정해서 인증서에 서명을 받는다. 레드시프트의 경우 AWS 사설 CA 기관인 AWS ACM에서 인증서에 서명을 받는다. 서명 과정은 비대칭 키 방식을 사용하지만 앞서 설명한 암호화 절차와는 조금 다르다. 먼저 인증서를 CA 기관에서 관리하는 프라이빗 키를 사용해 서명하고, 인증서의 진위를 확인할 수 있는 CA 기관의 퍼블릭 키를 클라이언트에게 제공한다. 클라이언트는 신뢰된 CA 기관의 퍼블릭 키만 보관하고 CA 기관의 프라이빗 키로 서명된 인증서의 진위를 확인할 수 있다. 인증서는 CA 기관의 프라이빗 키로 서명됐으므로 해당 CA 기관이 아니면 인증서를 동일하게 서명할 수 없으므로 해커가 서명한 인증서는 클라이언트의 인증서 검사에서 실패할 것이다. 이렇듯 CA 프라이빗 키의 보안은 매우 중요하다. 웹 서핑을 하다 보면 가끔 신뢰할 수 없는 CA 기관에서 서명한 인증서나 본인 서명된 인증서를 볼 수 있다. 신뢰할 수 없는 CA 기관일수록 CA 프라이빗 키가 노출되는 사례가 있었다. 신뢰할 수 없는 CA에서 서명 받은 인증서를 사용하는 웹사이트에서 신용카드나 개인 정보를 제공해서는 절대 안된다.

노트

2017년부터 구글, 마이크로소프트, 애플, 모질라 등 주요 업체들은 WoSign, StartCom의 인증서를 영구 차단했다. 해당 업체들의 프라이빗 키 관리의 부실함이 확인됐기 때문이다.

https://www.dailysecu.com/?mod=news&act=articleView&idxno=22757

AWS에서 제공하는 인증서는 AWS사설 CA기관인 ACM(AWS Certificate Manager) 서비스를 통해 서명된다.

그렇다면 해커들이 인증서를 위조할 필요도 없이 클러스터에서 동봉하는 인증서를 그대로 사용할 수 있지 않을까? 해커가 클러스터와 사용자 중간에 개입해 클러스터 행세를 하는 것을 MITM^Man-in-the-Middle 공격이라 한다. MITM 공격이 그리 간단하지는 않다. 먼저 해커의 IP주소는 앞서 살펴본 네트워크 방화벽에 막혀있어 클러스터와의 접속이 차단될 것이다. 클러스터 접속이 차단된 해커는 클라이언트와 접속을 시도할 수 있지만, 인증서에 담겨있는 클러스터 IP와 도메인 명이 해커 주소와 다르므로 클라이언트는 SSL 연결 시퀀스 중 3번 단계에서 연결을 취소할 것이다.

해커는 레드시프트 클러스터로 위조된 인증서를 직접 CA 기관에 서명을 신청할 수 있지만, 신뢰된 CA 기관일수록 인증서를 서명하는 절차와 조건이 까다롭다.

Trust Store

트러스트 스토어^{Trust Store}는 클라이언트가 신뢰하는 인증서 또는 CA 기관의 퍼블릭 키를 미리 보관하는 장소다. CA 기관의 퍼블릭 키는 인증서 형태로 제공되는데 CA 루트 인증서^{Root Certificate}가 이에 해당된다. 클라이언트는 연결 대상이 보내는 모든 인증서를 받아들일 필요 없이 트러스트 스토어에 등록된 인증서만 허용할 수 있다.

트러스트 스토어는 보통 Java TrustStore를 의미하지만 운영체제에서 관리하거나 애플리케이션 자체적으로 관리하는 경우도 있다. 구글 크롬 웹 브라우저는 운영체제 트러스트 스토어를 사용하고 DBeaver와 같은 자바 기반 소프트웨어는 주로 Java TrustStore를 사용한다. 레드시프트의 경우 ODBC 1.3.7와 JDBC 1.2.7(2017.8월) 이전 버전에는 사용자가 직접 Java Trust Store에 레드시프트 인증서를 등록해야 했지만 이후 버전부터 드라이버 자체에 서명된 인증서를 포함해 추가 설정 없이 간편하게 SSL 접속이 가능해졌다.

지금까지 레드시프트에서 사용하는 SSL 연결이 어떻게 사용자 연결과 데이터를 보호하는지 알아봤다. 다소 복잡하게 느껴질 수도 있으나 실제 레드시프트에 SSL 연결을 사용하는 방법은 매우 간단하다. SSL 연결을 위한 클러스터 설정부터 알아보자.

클러스터 설정

레드시프트 클러스터는 기본적으로 SSL 연결을 지원하지만 선택적이다. 가능하면 사용자에게 SSL 연결을 강요하는 게 좋다. 파라미터 그룹에서 require_ssl 파라미터를 기억할 것이다. 기본 설정은 false이지만 true로 변경해 SSL 이외의 연결을 거부할 수 있다.

그림 6-14 SSL 설정

require_ssl 설정 변경 후 클러스터를 재시작한다.

클라이언트 설정

DBeaver 클라이언트에서 SSL 접속을 설정해 보자. Learn-redshift 클러스터의 커넥션 편집 화면을 열고, Connection Settings → Network → SSL 설정 메뉴를 선택하면 그림 6-14와 같은 화면을 볼 수 있다.

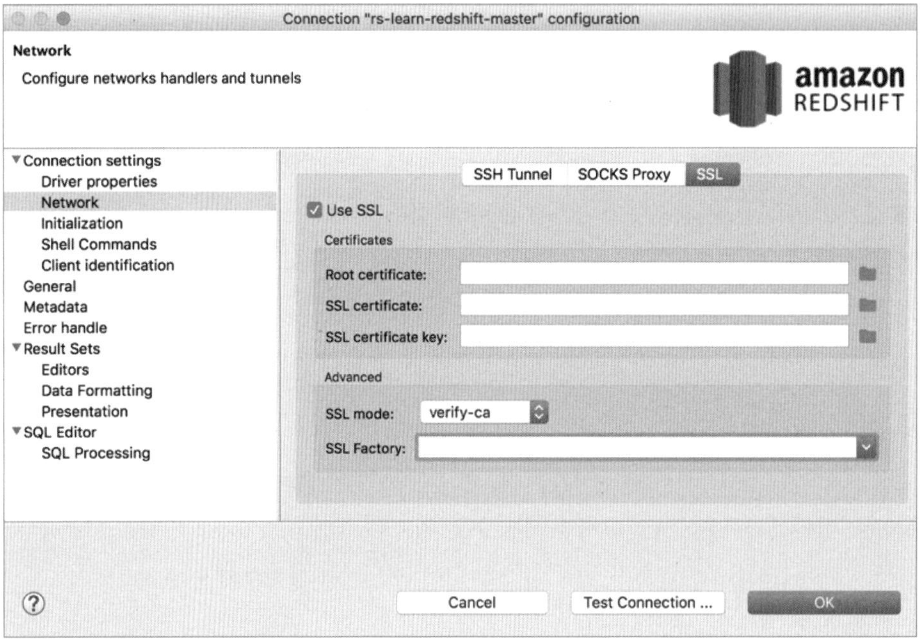

그림 6-15 DBeaver SSL 설정화면

Use SSL 옵션을 선택하고 SSL mode는 verify-ca를 설정하고, Test Connection을 클릭하자. 큰 어려움 없이 연결 성공 메시지를 볼 수 있을 것이다. 앞서 설명한 것처럼 JDBC 드라이버에 서명된 인증서가 포함돼 인증서 경로를 입력하거나, Java 트러스트 스토어에 인증서를 등록하지 않아도 된다.

SSL 모드는 클러스터 접속 시 연결을 암호화할지, 클러스터 진위를 확인할지 등의 옵션을 제공해준다. 실습에 사용하는 DBeaver뿐만 아니라 SQL Workbench, JDBC, ODBC 모두 같은 SSL 모드를 제공해주는데, 다음과 같은 모드가 있다.

SSL 모드	설명
disable	SSL 접속을 사용하지 않는다.
allow	클러스터가 SSL 접속을 강요하면 SSL 접속을 사용하고, 강요하지 않으면 사용하지 않는다.
prefer or require	클러스터가 SSL 접속을 강요하든 안하든 항상 SSL 접속을 사용한다.
verify-ca	SSL 접속을 사용하고 클러스터 인증서를 확인한다(기본설정). (ODBC 1.3.7와 JDBC 1.2.7 버전부터 기본설정은 verify-ca이며 이전 버전은 disabled를 사용한다)
verify-full	SSL 접속을 사용하고 클러스터 인증서를 확인한다. 추가로 클러스터 주소를 확인한다(SSL 인증서에 등록된 레드시프트 주소와 접속에 시도하려면 주소를 비교하기 때문에, AWS Route 53 또는 DNS에 등록된 에일리어스를 사용하면 접속에 실패한다).

ODBC 1.3.7와 JDBC 1.2.7 이전의 드라이버에는 SSL 인증서를 포함하지 않아 드라이버 설정 시 인증서 경로를 입력해야 한다. 레드시프트 JDBC/ODBC 드라이버는 버전이 꾸준히 배포되며 중요한 버그 픽스와 보안 패치, 기능 추가가 배포된다. 드라이버 버전은 항상 최신 버전을 사용하길 권장하기에 오래된 드라이버 버전의 SSL 접속 방법은 설명하지 않겠다. 드라이버 배포 이력은 다음 링크에서 확인할 수 있다.

JDBC: https://s3.amazonaws.com/redshift-downloads/drivers/Amazon+Redshift+JDBC+Release+Notes.pdf

ODBC: https://s3.amazonaws.com/redshift-downloads/drivers/Amazon+Redshift+ODBC+Release+Notes.pdf

6.6 정리

레드시프트 보안은 클러스터의 초기 구성 단계에선 필요하지 않을 수 있다. 하지만 레드시프트 클러스터의 규모가 커지고 사용자가 늘어나다 보면 보안의 필요성이 하나 둘 생기게 되며 사용자가 직접 보안 설정을 요구하거나 보안 팀으로부터 보안 설정이 강요될 수 있다. 보안은 미리 예방하는 게 좋다. 레드시프트 클러스터를 생성하고 프로덕션으로 사용하기 전에 6장에서 학습한 내용을 바탕으로 반드시 네트워크 전문가나 AWS Well-Architected 지원 서비스 도움을 받아 보안에 확실한 대비를 할 수 있기 바란다.

7

레드시프트 스펙트럼 사용하기

7장에서는 레드시프트 스펙트럼을 사용해 S3 데이터 레이크에서 데이터를 조회하는 방법을 알아본다.

7.1 레드시프트 Spectrum

레드시프트 Spectrum(이하 스펙트럼)은 다른 데이터 웨어하우스 제품에서 볼 수 없는 AWS 특징을 가장 잘 살린 기능이다. 스펙트럼을 사용해 S3에 있는 데이터를 적재 과정 없이 직접 쿼리를 수행할 수 있다. Avro, CSV, Grok, Ion, JSON, ORC, Parquet, RCFFile, RegexSerde, SequenceFile, TextFile, TSV 등의 S3 파일 포맷을 지원한다. 스펙트럼은 데이터 적재 과정을 줄이는 장점도 있지만, 무엇보다 클러스터 스토리지 확장성을 컴퓨팅 자원 확장성에서 독립시킨다는 장점이 있다. 데이터가 매년 페타 바이트 단위로 늘어나는 요즘 데이터 증가율은 컴퓨팅 자원 수요를 훨씬 앞선다. S3 스토리지는 무한 확장성을 보장하기 때문에 스펙트럼을 활용할 경우 요구되는 컴퓨팅 자원에 맞춰 클러스터를 확장할 수 있다.

데이터를 조회하는 I/O 성능은 느려질 수 있지만, 저장 공간이 큰 DS 노드 대신, 성능에 더 집중된 DC 노드로 클러스터를 구성해 느려진 데이터 조회 성능을 높은 쿼리 수행 능력과 캐시 메모리로 보완할 수 있다.

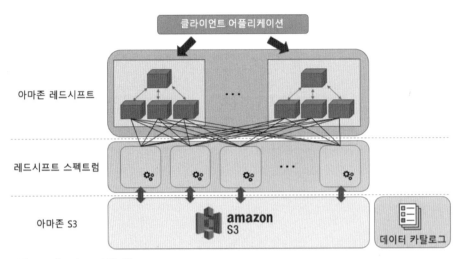

그림 7-1 레드시프트 스펙트럼

S3를 직접 조회함에도 불구하고 EMR 하이브나 아마존 아테나와는 달리 레드시프트에서 수행하는 쿼리를 수정 없이 사용할 수 있으며, 동일한 BI툴을 사용해 레드시프트의 엔드포인트에 연결해 사용할 수 있다. 게다가 스토리지와 컴퓨팅을 분리할 수 있기 때문에 S3에 데이터 레이크를 구성하고 필요한 만큼 레드시프트 클러스터를 설정해 레드시프트의 약점으로 지목되는 동시성 문제를 해결함과 동시에 고가용성을 제공할 수 있게 된다.

레드시프트 스펙트럼은 사용한 만큼 과금되는 방식으로 실행한 쿼리에 대하여 실제 스캔한 데이터 만큼만 과금된다. 그렇기 때문에 사용자가 S3 데이터를 어떻게 디자인하는가에 따라 조회하는 데이터량을 획기적으로 줄여 스펙트럼 비용을 절감하고 쿼리의 성능 또한 향상시킬 수 있다. 예를 들어 데이터를 날짜로 파티셔닝을 한다면, 조회하고자 하는 날짜 외의 데이터는 스캔하지 않고 오직 해당 파티션만 가지고 조회하게 된다. 그렇게 되면 테이블의 모든 데이터를 스캔하지 않고, 특정 파티션 데이터만 조회해 데이터 스캔 작업을 크게 줄일 수 있다. 또한 Parquet와 같은 컬럼 기반 데이터 포맷을 사용한다면, 쿼리에서 전체 레코드를 조회하지 않고 필요한 컬럼만 가지고 오기 때문에 그만큼 스캔하는 데이터를 줄일 수 있다. 마지막으로 레드시프트에서 지원하는 압축 방식을 S3 데이터에서 사용하고 있다면, 압축되어 있는 데이터의 상태로 스캔하기 때문에 스캔하는 데이터 크기가 줄어들게 된다. 스캔하는 데이터 크기가 줄어들면 스펙트럼 사용 요금이 줄어들고, S3에서 레드시프트 클러스터 사이의 네트워크 트래픽도 줄어든다. 또한 가공해야 하는 데이터 크기가 줄어들기 때문에 성능에도 큰 효과를 볼 수 있을 것이다.

7.2 스펙트럼 구성하기

이제 레드시프트 스펙트럼을 설정하고 사용하는 방법을 알아보자. 7장에서는 예제를 사용해 실제로 외부 테이블을 생성하고 S3 데이터를 직접 조회해 레드시프트 스펙트럼을 이해할 수 있도록 했다.

IAM 역할 설정하기

스펙트럼을 사용하기 위해서는 가장 먼저 레드시프트에서 사용하는 IAM 역할에 S3 데이터를 조회할 수 있는 권한을 부여해야 한다. IAM 관리 콘솔에서 아래와 같은 두가지의 권한을 부여해 새 역할을 생성하자.

- AmazonS3ReadOnlyAccess: 해당 IAM 역할을 가진 서비스가 S3 버킷에 접근해 파일을 읽을 수 있는 권한을 가진다.

- AmazonAthenaFullAccess: 아마존 아테나 서비스가 가지는 모든 권한을 의미한다. 여기에는 아마존 글루 데이터 카탈로그를 사용할 때 필요한 권한과 S3, SNS, CloudWatch의 권한들이 포함된다. 자세한 내용은 아래 그림 7-2를 참조한다.

Athena	모든 액세스	모든 리소스
CloudWatch	**제한:** 읽기, 쓰기	모든 리소스
Glue	**제한:** 읽기, 쓰기	모든 리소스
S3	**제한:** 목록, 읽기, 쓰기	여러 개를 실행할 수 있습니다
SNS	**제한:** 목록, 읽기	모든 리소스

그림 7-2 AmazonAthenaFullAccess 정책 권한

해당 IAM 역할 생성이 완료되면, 실습을 위해 IAM 역할 ARN을 복사한다.

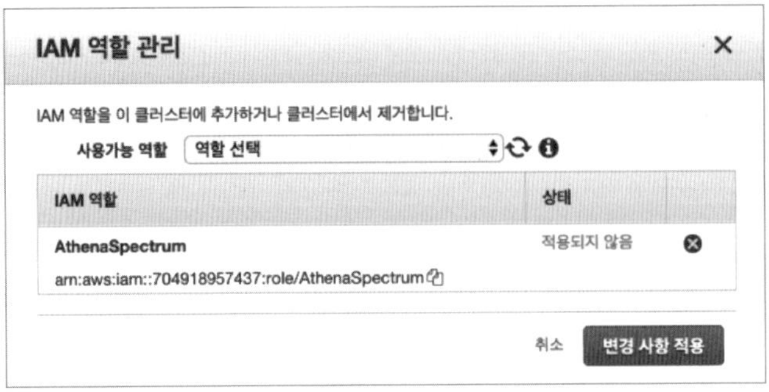

그림 7-3 레드시프트 스펙트럼 역할 할당하기

이제 레드시프트 관리 콘솔에서 실습 클러스터를 선택하고 **IAM 역할 관리** 버튼을 클릭하면 IAM 역할 관리 화면이 보인다. 생성한 IAM 역할을 **사용가능 역할** 드롭다운 메뉴에서 선택하고 **변경 사항 적용** 버튼을 클릭해 클러스터에 추가한다.

이제 레드시프트 스펙트럼을 사용하기 위한 모든 준비는 끝났다. 실습으로 3장에서 생성한 서울 특별시 공공자전거 이용정보 데이터와 S3 버킷을 사용할 계획이다. 스펙트럼은 레드시프트 클러스터와 같은 리전에 생성된 S3 버킷만 사용할 수 있다. S3 버킷의 리전은 S3 웹 콘솔에서 확인할 수 있으며, AWS CLI를 사용해서도 쉽게 확인할 수 있다.

```
aws s3api get-bucket-location --bucket s3-learn-redshift
```

AWS CLI 설치와 설정은 부록을 참고하자.

스펙트럼을 위한 데이터를 생성할 때는 몇 가지 고려할 사항들이 있다.

- 스펙트럼은 파일이 아닌 폴더를 기준으로 작동한다. 폴더가 선택되고 폴더의 모든 파일이 테이블 데이터로 간주되기 때문에 파일의 열과 데이터 유형이 동일해야 한다.

288

- 테이블의 데이터를 여러 파일로 관리하면 병렬 처리가 가능하다. 데이터 파일이 한 시간에 하나씩 생성돼도 한 테이블로 작업할 수 있다. 이러한 방식은 새로운 데이터를 매우 간단하게 추가할 수 있게 한다. 새 데이터 파일을 S3 위치에 추가하면 별도의 데이터 적재 작업 없이 S3에 있는 데이터를 즉시 쿼리를 수행할 수 있다.

- 스펙트럼은 Parquet 또는 ORC 파일 포맷과 같은 컬럼 기반 형식의 파일을 인식하고 쿼리 플래닝에 활용한다.

- 스펙트럼은 압축 파일을 인식한다. 압축된 데이터는 S3에 많은 스토리지 공간을 절약할 뿐 아니라 조회하는 데이터 크기를 줄일 수 있으므로 스펙트럼 비용이 절감된다.

스펙트럼에서 사용하는 스키마와 테이블을 각각 외부 스키마^{External Schema}와 외부 테이블^{External Table}로 부른다.

외부 스키마 생성하기

외부 스키마를 생성해 보자. 외부 스키마에서 S3 데이터 접근하려면 스키마 생성 쿼리에 IAM 역할을 입력해야 한다. 외부 스키마에는 외부 테이블만 생성이 생성할 수 있으며 외부 테이블은 외부 스키마에만 생성할 수 있다. 아래 예제 코드를 사용해서 외부 스키마를 생성해 보자.

```
CREATE EXTERNAL SCHEMA spectrum
FROM DATA CATALOG
DATABASE 'learn'
IAM_ROLE 'arn:aws:iam::0123456789:role/RedshiftSpectrum'
CREATE EXTERNAL DATABASE IF NOT EXISTS
;
```

- 외부 스키마를 생성할 때는 EXTERNAL을 명시해 외부 스키마임을 선언한다.
- FROM 절은 레드시프트 외부 스키마와 연동할 데이터 카탈로그를 명시한다.

DATA CATALOG와 HIVE METASTORE를 지원한다. DATA CATALOG는 AWS에서 제공하는 아마존 글루와 아테나, EMR, 레드시프트 스펙트럼을 통합하는 글루 데이터 카탈로그를 사용한다. HIVE METASTORE는 AWS EMR에 구성된 하이브 메타스토어를 사용한다.

- DATABASE는 연동되는 데이터 카탈로그의 대상 데이터베이스 명을 선언한다.

- IAM_ROLE은 앞서 생성한 IAM 역할 ARN을 사용한다.

- CREATE EXTERNAL DATABASE IF NOT EXISTS 명령어는 데이터 카탈로그에 대상 데이터베이스가 존재하지 않을 때 에러가 발생하지 않고 데이터베이스를 생성하고 외부 스키마를 연동해 주는 옵션이다. HIVE METASTORE에는 사용할 수 없다.

> **팁** 내부 테이블과 외부 테이블을 조인하기 위해서는 스펙트럼 외부 스키마와 내부 스키마가 같은 레드시프트 데이터베이스에 존재해야 한다.

> **팁** 데이터 카탈로그와 하이브 메타스토어는 스키마 개념 없이 테이블을 데이터베이스에 직접 저장한다.

> **노트** 아마존 글루 서비스가 출시되기 전에는 아마존 아테나 데이터 카탈로그를 사용했으나 글루 서비스가 출시된 이후로는 글루 데이터 카탈로그로 통합됐다. 지금은 글루 데이터 카탈로그에 생성되는 테이블은 아테나 서비스에도 동일하게 보인다.

외부 테이블 생성하기

외부 테이블을 생성해 보자. 외부 테이블은 S3에 저장된 데이터를 기준으로 생성되기 때문에 먼저 S3 데이터 포맷을 분석해야 한다. 2장에서 저장한 샘플 데이터를 분석해 보자.

샘플 데이터는 아래 경로에 저장했다고 가정한다.

---

s3://s3-learn-redshift/seoul_public_bicycle_usage/

위의 경로에서 샘플 파일을 텍스트 에디터로 열어보자.

> 📝 **노트**
>
> '대여일자','대여시간','대여소번호','대여소','대여구분코드','성별','연령대코드','이용건수','운동량','탄소량','이동거리(M)','이동시간(분)'
> '2017-01-01','00','230',' 영등포구청역 1번출구','정기','F','~10대',1,31.27,0.39,1680,155
> '2017-01-01','00','315',' 신한은행 안국역지점 옆','정기','F','20대',1,47.32,0.55,2390,15
> '2017-01-01','00','328',' 탑골공원 앞','정기','F','20대',1,57.92,0.52,2250,13
> '2017-01-01','00','175',' 홍연2교옆','정기','F','20대',1,133.29,1.53,6600,43
> ...

샘플 데이터는 다음과 같은 특징이 있다.

- 데이터 포맷은 텍스트로 저장돼 있다.
- 첫 행은 컬럼 헤더를 저장한다.
- ","(쉼표)로 구분돼 있는 CSV 형태를 가지고 있다.
- 각 데이터의 타입을 알 수 있다.

분석한 특징을 바탕으로 다음과 같이 외부 테이블의 DDL을 작성해 보자.

```
CREATE EXTERNAL TABLE spectrum.seoul_public_bicycle_usage
(
  date varchar(10),
  hour varchar(2),
  rental_place_num varchar(30),
  rental_place_name varchar(300),
```

```
    rental_category_code varchar(20),
    gender varchar(2),
    age_code varchar(6),
    usage_count int,
    momentum float,
    carbon_emmision float,
    travel_distance_meter bigint,
    travel_time_min bigint
)
ROW FORMAT DELIMITED
FIELDS TERMINATED BY ','
STORED AS TEXTFILE
LOCATION 's3://s3-learn-redshift/seoul_public_bicycle_usage/'
TABLE PROPERTIES ('skip.header.line.count'='1')
;
```

레드시프트에서 관리되는 내부 테이블과는 다르게 CREATE EXTERNAL TABLE 쿼리를 사용하고 컬럼의 순서는 S3에 저장된 데이터의 컬럼 순서와 동일하게 작성하도록 한다. 데이터는 TEXTFILE 파일 포맷과 ","(쉼표)를 필드 구분자로 사용하도록 설정했다. 데이터 파일의 첫 행에 컬럼 헤더를 포함하고 있기 때문에 첫 행은 제외하도록 TABLE PROPERTIES 설정을 추가했다.

위 DDL 쿼리로 테이블을 생성해 데이터를 조회해 보면 모든 필드에 불필요한 따옴표가 보인다. DDL 구성에 한 가지 빠뜨린 게 있다.

- 모든 필드는 "'"(작은 따옴표)로 텍스트를 감싸고 있다.

외부 테이블 DDL은 COPY 쿼리와 같이 QUOTE AS 파라미터로 포장 문자를 설정할 수 없다. 이러한 경우에는 OpenCSVSerde를 사용해 포장 문자를 설정할 수 있다.

```
CREATE EXTERNAL TABLE spectrum.seoul_public_bicycle_usage (
    date varchar(10),
    hour varchar(2),
    rental_place_num varchar(30),
    rental_place_name varchar(300),
    rental_category_code varchar(20),
```

```
    gender varchar(2),
    age_code varchar(6),
    usage_count int,
    momentum float,
    carbon_emmision float,
    travel_distance_meter bigint,
    travel_time_min bigint
)
ROW FORMAT SERDE 'org.apache.hadoop.hive.serde2.OpenCSVSerde'
WITH SERDEPROPERTIES (
    'separatorChar' = ',',
    'quoteChar' = '\'',
    'escapeChar' = '\\'
)
STORED AS TEXTFILE
LOCATION 's3://s3-learn-redshift/seoul_public_bicycle_usage/'
TABLE PROPERTIES ('skip.header.line.count'='1')
;
```

ROW FORMAT에는 레코드의 서식을 정의한다. SERDE는 Serialize Deserialize 의 줄임말로 레코드의 데이터를 직렬화/역직렬화할 때 사용할 자바 클래스를 선언 한다. 실습에서는 OpenCSVSerde를 사용해 SERDEPROPERTIES에 컬럼 구분자 (separatorChar)와 포장 문자(quoteChar), 제어 문자(escapeChar)를 정의했다.

노트 아마존 레드시프트에서는 CSV Serde 뿐 아니라 아래의 Serde 형식을 지원한다.

- org.apache.hadoop.hive.serde2.OpenCSVSerde
- org.apache.hadoop.hive.serde2.RegexSerDe
- com.amazonaws.glue.serde.GrokSerDe
- org.openx.data.jsonserde.JsonSerDe

주의 외부 테이블은 반드시 외부 스키마에 생성해야 한다. 그렇지 않으면 아래와 같은 에러가 발생한다.

[Amazon](500310) Invalid operation: External table names must be qualified by an external schema;

메타데이터 저장소

데이터 카탈로그

데이터 카탈로그는 S3 데이터 레이크를 구성하는 데 있어 중요한 메타데이터 저장소
이다. 레드시프트 스펙트럼 뿐 아니라 아테나와 EMR의 하이브, 아마존 글루를 모두 통
합해 S3에 있는 데이터를 하나의 메타데이터에서 접근해 사용할 수 있게 한다. 예를 들
어, 레드시프트 스펙트럼에서 생성된 테이블을 아마존 글루에서 관리하고, 아마존 아
테나에서 해당 테이블로 쿼리를 수행할 수 있게 해준다. 그림 7-4를 확인해 보면 앞서
생성한 테이블들을 글루와 아테나 서비스에서도 참조해 데이터를 접근할 수 있음을 볼
수 있다.

그림 7-4 아마존 글루 데이터 카탈로그 화면

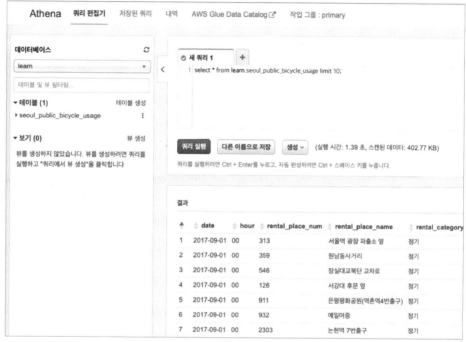

그림 7-5 아마존 아테나에서 쿼리 수행 결과

앞서 언급한 것과 같이 레드시프트 스펙트럼에서 선언한 스키마는 존재하지 않고 데이터베이스 하위에 테이블이 존재하는 것을 확인할 수 있다.

데이터 카탈로그를 사용했을 때는 다음과 같은 제약사항이 있다.

- 데이터베이스는 계정 당 최대 100개까지 생성할 수 있다.
- 테이블은 각 데이터베이스 당 100개까지 생성할 수 있다.
- 테이블당 20,000개의 파티션까지만 생성 가능하다.

하이브 메타스토어

이미 사용자가 EMR을 사용하고 있다면 하이브에서 사용하는 메타 정보를 조회해 바로 레드시프트 스펙트럼에서 테이블 생성 없이 쿼리가 가능하다. 추가적인 동기화 작업 없이 레드시프트에서 하이브의 데이터를 조회할 수 있기 때문에 EMR과 레드시프트를 별도로 운영하고 있었다면 굉장히 효율적인 통합 솔루션이 될 수 있을 것이다.

하이브 메타스토어를 사용하는 스키마를 레드시프트 스펙트럼에 생성할 때는 아래와 같은 쿼리를 사용한다.

```
CREATE EXTERNAL SCHEMA hive_spectrum
FROM HIVE METASTORE
DATABASE 'learn'
URI '<EMR 하이브 메타스토어 주소>' PORT <EMR 하이브 메타스토어 포트>
IAM_ROLE 'arn:aws:iam::0123456789:role/RedshiftSpectrum'
;
```

- FROM HIVE METASTORE를 명시하고 하이브 메타데이터를 사용해 스키마를 생성한다.
- DATABASE는 하이브에서 현재 사용하고 있는 데이터베이스 명과 동일하게 작성해야만 해당 데이터베이스 내의 테이블들을 불러올 수 있다.
- URI 및 PORT에 현재 운영 중인 EMR 클러스터의 하이브 메타스토어의 IP 주소와 포트 번호를 입력한다.
- IAM 역할은 마찬가지로 앞서 생성한 IAM 역할 ARN을 입력한다.

테이블 파티셔닝

스펙트럼에서 파티셔닝은 비용뿐 아니라 성능적인 측면에서도 굉장히 중요한 요소다. 컬럼 기반 데이터 포맷인 ORC나 Parquet를 통해 열 단위로 읽어야 하는 데이터를 줄여준다면, 파티셔닝은 행 단위로 읽어야하는 데이터 크기를 줄여준다. 스펙트럼에서 데이터 크기를 줄인다는 의미는 그만큼 성능을 빠르게 하고 데이터 처리 비용을 줄일 수 있음을 의미한다. 아래 예제의 S3 파티션 디렉토리의 구조를 먼저 살펴보도록 하자.

그림 7-6 S3 파티션 디렉토리 구조

S3 버킷 내에 테이블 명의 폴더가 존재하고, 하위에 각 월별 데이터를 담는 part=로 시작하는 하위 폴더가 존재한다. 이러한 경우에 파티션이 있는 외부 테이블을 생성하게 되면 조건절에 part=〈파티션명〉 검색 조건으로 해당 폴더 내의 데이터만 조회하게끔 유도할 수 있기 때문에 파티션을 사용하는 것이 유리하다.

이제 파티션된 테이블을 생성하는 방법을 알아보자.

```
CREATE EXTERNAL TABLE spectrum.seoul_public_bicycle_usage_partitioned (
  date varchar(10),
  hour varchar(2),
  rental_place_num varchar(30),
  rental_place_name varchar(300),
  rental_category_code varchar(20),
  gender varchar(2),
  age_code varchar(6),
  usage_count int,
  momentum float,
  carbon_emmision float,
  travel_distance_meter bigint,
  travel_time_min bigint
)
PARTITIONED BY (part char(6))
ROW FORMAT SERDE 'org.apache.hadoop.hive.serde2.OpenCSVSerde'
WITH SERDEPROPERTIES (
    'separatorChar' = ',',
    'quoteChar' = '\'',
    'escapeChar' = '\\'
)
STORED AS TEXTFILE
```

```
LOCATION 's3://s3-learn-redshift/seoul_public_bicycle_usage_partitioned/'
TABLE PROPERTIES ('skip.header.line.count'='1')
;
```

앞서 작성한 실습의 테이블 DDL과 유사하다. 그러나 PARTITIONED BY 구문을 추가해 해당 테이블이 파티션된 테이블임을 명시했고 파티션 컬럼 명과 데이터 타입을 지정했다. 파티션된 테이블을 조회해 보면 파티션 값이 결과의 마지막 컬럼으로 조회된다.

이렇게 파티션 테이블을 생성하고 테이블을 쿼리해 보면 아무런 데이터도 조회되지 않을 것이다. 이유는 파티션마다 ALTER TABLE 명령어로 S3 위치를 파티션으로 인지하게끔 해주는 작업이 필요하기 때문이다. 아래에는 한 번의 명령어로 여러 S3 경로를 각 파티션으로 지정해주는 예제 코드다.

```
ALTER TABLE spectrum.seoul_public_bicycle_usage_partitioned ADD
PARTITION (part='2017_1') LOCATION 's3://s3-learn-redshift/seoul_public_bicycle_usage_
partitioned/month=201701/'
PARTITION (part='2017_2') LOCATION 's3://s3-learn-redshift/seoul_public_bicycle_usage_
partitioned/month=201702/'
PARTITION (part='2017_3') LOCATION 's3://s3-learn-redshift/seoul_public_bicycle_usage_
partitioned/month=201703/'
PARTITION (part='2017_4') LOCATION 's3://s3-learn-redshift/seoul_public_bicycle_usage_
partitioned/month=201704/'
PARTITION (part='2017_5') LOCATION 's3://s3-learn-redshift/seoul_public_bicycle_usage_
partitioned/month=201705/'
;
```

ALTER TABLE 명령어를 사용해 원하는 S3 경로를 파티션으로 추가한다. 사용자가 글루 데이터 카탈로그를 사용하고 있다면 예제와 같이 여러 파티션을 한 번의 ALTER TABLE 명령어로 정의할 수 있으며, 최대 100개 파티션을 한 번에 추가할 수 있다.

증분 적재 시 ALTER TABLE 명령어를 통해 파티션을 지정해주면 되지만, 초기 적재와 같이 많은 파티션이 있는 경우, 모든 파티션을 ALTER TABLE 쿼리로 등록하기는 어렵다. 이러한 경우 MSCK REPAIR TABLE 쿼리를 사용해 테이블의 S3 경로의 모든 디렉토리를 자동으로 테이블에 등록할 수 있다. 레드시프트 스펙트럼 자체적으로는 MSCK REPAIR TABLE 쿼리를 지원하지 않지만, 데이터 카탈로그를 사용하는 경우, 아마존 아테나에서 MSCK REPAIR TABLE 쿼리를 수행할 수 있고, 하이브 메타스토어를 사용하는 경우 하이브에서 동일한 쿼리로 파티션을 등록할 수 있다.

```
MSCK REPAIR TABLE learn.seoul_public_bicycle_usage_partitioned;
```

레드시프트 스펙트럼에서는 하이브와 아테나와 같이 생성된 파티션을 확인하는 SHOW PARTITIONS 쿼리를 지원하지 않기 때문에, 시스템 뷰인 SVV_EXTERNAL_PARTITIONS를 조회해 확인할 수 있다.

```
SELECT schemaname, tablename, values, location
  FROM svv_external_partitions
 WHERE tablename = 'seoul_public_bicycle_usage_partitioned';
```

스펙트럼의 파티셔닝 기능을 활용하는 쿼리를 작성하여 비용을 절감하고 성능을 향상하는 두 마리 토끼를 한 번에 잡을 수 있다.

7.3 스펙트럼 쿼리 작성하기

정상적으로 외부 테이블이 생성됐다면 데이터를 레드시프트에서 조회할 수 있어야 한다. 아래 예제들을 수행하면서 스펙트럼 쿼리를 어떻게 사용해야 하는지 살펴보자.

외부 테이블 조회 쿼리 및 비교

먼저 앞서서 생성한 파티션이 없는 spectrum.seoul_public_bicycle_usage 테이블을 조회해 스펙트럼으로 S3 데이터를 활용해 만든 테이블에 데이터가 정상적으로 조회되는지 확인해 보자.

```
SELECT * FROM spectrum.seoul_public_bicycle_usage;
```

이번엔 파티션 테이블과 파티션이 없는 테이블을 대상으로 비교 쿼리를 수행해 볼 예정이다. 파티션을 설정했다면 조건절에 파티션 컬럼을 사용하는 쿼리와 일반 컬럼을 사용하는 쿼리의 데이터 스캔 크기 차이가 얼마나 나는지 궁금할 것이다. 먼저 아래 두 테이블을 조회하는 쿼리를 순차적으로 실행해 보자. 첫 번째 파티션인 2017_1 파티션에는 2017년 1월 1일부터 5월 31일까지의 데이터를 포함하고 있기 때문에 같은 조건에서 데이터를 비교하기 위해 다음과 같은 조건으로 쿼리를 수행했다.

```
-- 파티션 없는 테이블
SELECT * FROM spectrum.seoul_public_bicycle_usage
WHERE date BETWEEN '2017-01-01' AND '2017-05-31';

-- 파티션 테이블
SELECT * FROM spectrum.seoul_public_bicycle_usage_partitioned
WHERE part = '2017_1';
```

파티션 테이블에도 데이터가 성공적으로 조회되는지 확인하자. 두 데이터의 결과는 같아야 한다. 결과 데이터의 정렬 순서는 다를 수 있다.

스캔된 데이터의 크기를 비교해 보자. SVL_S3QUERY_SUMMARY와 SVL_S3QUERY 시스템 뷰를 조회해 스펙트럼에서 실제 스캔된 데이터 크기를 확인할 수 있다. 아래 예제는 SVL_S3QUERY_SUMMARY 테이블을 활용해 최근 수행된 쿼리의 데이터 스캔 크기와 파일 수, 반환된 결과 데이터의 크기를 조회하는 쿼리다.

```
SELECT external_table_name
    , s3_scanned_rows
    , s3_scanned_bytes/1024/1024 AS s3_scanned_mb
    , s3query_returned_rows
    , s3query_returned_bytes/1024/1024 AS s3_scanned_mb
    , files
 FROM svl_s3query_summary
ORDER BY starttime DESC;
```

아래 결과 표를 보면 쿼리들이 스펙트럼을 통해 어떻게 수행되는지 알 수 있다.

	스캔한 로우 건수	스캔한 파일 크기(MB)	반환된 로우 건수	반환된 파일 크기(MB)	스캔한 파일 수
파티션 없는 테이블 전체 조회	4,196,232	393	4,196,232	56	6
파티션 없는 테이블 부분 조회 (date 컬럼 기준 1월부터 5월 데이터)	4,196,232	393	969,051	12	6
파티션 테이블 조회	969,051	90	969,051	12	1

- 파티션이 없는 테이블을 전체 조회하는 것과 부분 조회할 때 반환된 결과의 크기는 다르지만 실제 스캔한 로우 건수, 파일 크기, 스캔한 파일 수는 동일하다. 즉, date 컬럼으로 필터링해 조회한다 해도 전체 테이블을 조회하는 것과 동일한 양을 스캔한다. 이는 성능과 비용적인 관점에서 상당히 비효율적일 수 있다.

- 파티션 없는 테이블 부분 조회와 파티션된 테이블 부분 조회 쿼리는 같은 크기의 결과를 반환한다. 하지만 파티션된 테이블의 파티션 컬럼을 사용해 필터링을 한 경우, 실제 스캔된 데이터 크기가 현저하게 적은 것을 볼 수 있다. 테이블을 파티션한 경우 전체 테이블 데이터를 스캔하는 대신 요청된 파티션의 데이터만 스캔하기 때문에 S3를 통해 조회되는 데이터 크기를 줄일 수 있음을 확인할 수 있을 것이다.

레드시프트 스펙트럼은 테이블 구성과 쿼리에 따라 성능과 비용에서 큰 차이가 발생할 수 있다.

내부 테이블과 외부 테이블의 조인

스펙트럼의 가장 중요한 활용 방안 중 하나는 외부 테이블과 레드시프트 내부 테이블의 조인이다. 같은 레드시프트 데이터베이스에 생성된 테이블을 조인할 수 있다. 권장사항으로는 시간에 따라 데이터가 증가하는 트랜잭션 성의 팩트 테이블들은 스펙트럼에 구성해 파티션을 설정하고, 모든 데이터가 조인에 사용되는 디멘전 테이블은 레드시프트의 내부 테이블로 구성하여 조인 성능을 강화시킬 수 있다. 아래는 실습을 통해 생성한 내부 테이블과 스펙트럼에 구성된 외부 테이블을 조인하는 쿼리 예제다.

```
SELECT district, age_code, count(*) as count
  FROM data.seoul_public_bicycle_rental_place_info r
  JOIN spectrum.seoul_public_bicycle_usage_partitioned u
    ON r.rental_place_num = u.rental_place_num
 WHERE u.age_code is not null
   AND r.district='마포구'
   AND u.part = '2017_1'
 GROUP BY r.district, u.age_code
 ORDER BY count DESC;
```

앞서 설명한 것과 같이 디멘전 테이블인 seoul_public_bicycle_rental_place_info은 data 내부 스키마에 내부 테이블로 구성하고, 팩트 테이블인 seoul_public_bicycle_usage_partitioned 테이블은 spectrum 외부 스키마에 구성해 필요한 파티션만 조회했다. 이와 같이 레드시프트 내에서 내부 외부 테이블을 함께 활용해서 레드시프트를 최적화해 사용할 수 있다.

7.4 스펙트럼 비용

스펙트럼을 사용하면서 고려해야 할 부분 중 가장 중요한 비용에 대해 알아보도록 하자.

레드시프트 클러스터의 사용 요금에서 추가적으로 청구되는 비용으로, 스펙트럼에서 쿼리를 처리하는 중에 스캔한 S3 데이터 사이즈를 기반으로 리전에 상관없이 1테라 바이트 당 5달러의 요금으로 청구된다. 수행되는 쿼리 당 최소 10MB 이상의 데이터를 스캔하는 경우에만 요금이 부과되며, 테이블 생성, 변경, 삭제와 같은 DDL 문이나 에러로 인해 실패한 쿼리에 대해서는 비용이 부과되지 않는다.

추가적으로 글루 데이터 카탈로그 사용 시 추가 비용이 발생할 수 있다. 글루 데이터 카탈로그에는 테이블, 테이블 버전, 파티션, 데이터베이스와 같은 객체가 존재하는데, 기본적으로 카탈로그에 100만 개의 객체까지 무료로 저장할 수 있도록 제공하고 있으며, 100만 개를 초과하는 객체들에 대해 10만 개 당 월별 1달러가 부과된다. 또한 해당 카탈로그에 매월 100만 건의 접근 요청을 무료로 제공하고 있으며, 초과할 경우 추가적인 요청은 100만 건당 월별로 1달러가 청구된다.

예를 들어 지난 달에 100GB의 스펙트럼의 데이터를 조회하고, 데이터 카탈로그에 90만 개의 테이블을 저장했으며, 100만 번의 요청을 수행했다고 가정해 보자.

- 스펙트럼 사용 요금: $0.50
- 카탈로그 저장 요금: $0.00
- 카탈로그 요청 요금: $0.00

이러한 경우 레드시프트 클러스터와 S3에 청구되는 비용을 제외하고, 한 달에 청구되는 요금은 $0.50가 될 것이다. 이렇게 AWS 무료 요금제도(AWS 프리 티어)를 잘 활용하면 많은 비용을 절감할 수 있을 것이다.

7.5 레드시프트 스펙트럼 최적화

앞서 언급했다시피 스펙트럼을 사용하기 위해서는 사전에 준비하고 고려해야 할 부분들이 있다. 이는 성능과 비용에 직접적으로 영향을 주는 요인이므로 항상 유념하여 사용할 수 있도록 하자.

최적화된 데이터 포맷 사용

레드시프트 스펙트럼은 S3에서 Avro, CSV, Grok, Ion, JSON, ORC, Parquet, RCFFile, RegexSerde, SequenceFile, TextFile, TSV 등 다양한 데이터 포맷을 조회할 수 있다.

그 중에서 성능을 향상시키고 비용을 절감하는 가장 좋은 방법은 Parquet나 ORC와 같은 컬럼 형식의 데이터 포맷을 사용하는 것이 좋다. 스펙트럼은 쿼리 당 요금을 청구하고 S3에서 스캔한 데이터의 양에 요금을 부과하기 때문에 컬럼 기반 포맷의 데이터를 사용하면 필요한 열만 선택해 S3에서 레드시프트를 통해 전송되는 데이터의 양을 최소화할 수 있다.

압축 파일 사용

스펙트럼에서 쿼리 반환 속도를 향상시키고 S3 비용을 줄이려면 데이터 파일을 압축하는 것이 좋다. 압축 형식은 Gzip, Snappy, Bzip2를 지원한다. 압축 방식에 관한 자세한 설명은 온라인과 도서 자료가 이미 많지만 저자는 높은 압축률이 필요할 땐 Gzip이나 Bzip2를, 빠른 압축 코덱 성능이 필요하면 Snappy를 사용한다. 압축된 Parquet와 ORC 같은 컬럼 기반 파일을 사용하는 경우 데이터가 컬럼 단위로 압축되기 때문에 컬럼 프로젝션을 정상적으로 수행하게 된다.

대량 병렬 처리를 위한 파일 분할

외부 데이터를 쿼리하기 위해 스펙트럼은 여러 인스턴스를 사용해 병렬로 파일을 검색한다. MPP(대량 병렬 처리)의 이점을 활용하려면 데이터 파일을 각 테이블을 별도 폴더에 저장하고 대용량 파일은 동일한 크기(64MB 이하)의 여러 작은 파일로 분할해 작업 부하를 고르게 분산할 것을 권장한다.

데이터 파티셔닝

앞서 설명한 데이터 파티셔닝은 쿼리 성능을 향상시킬 수 있는 중요한 방법이다. 파티셔닝은 스캔 시간과 데이터 사이즈를 줄일 수 있다. 테이블의 특정 컬럼이 조건절에 자주 사용되는 경우 해당 컬럼을 파티션으로 사용하자.

7.6 정리

7장에서 레드시프트 스펙트럼에 대해 알아봤다. 레드시프트 스펙트럼은 기존의 전통적인 데이터 웨어하우스에서 S3 위에 구성하는 데이터 레이크의 시작이 될 수 있는 첫 디딤돌이 될 것이다. 7장에서는 아마존 아테나, EMR, 그리고 글루 서비스 등을 상세하게 다루지는 않았지만 S3 서비스를 기준으로 데이터 플랫폼 서비스를 구성하다 보면 데이터 레이크 아키텍처를 구성할 수 있게 될 것이다.

부록

부록에서는 본문에서 다루지 못한 레드시프트의 유용한 기능과 서비스, 그리고 2019년 8월을 기준으로 아직 정식 출시되지 않은 기능들을 설명한다. 특히 부록 마지막에는 레드시프트 비용을 절감하는 팁을 정리했으므로 큰 도움이 되길 바란다.

8.1 클러스터 리사이즈

클래식 리사이즈

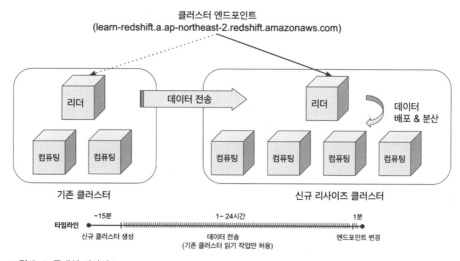

그림 8-1 클래식 리사이즈

레드시프트의 가장 큰 단점 중 하나는 클러스터 노드를 추가하고 삭제하는 데 매우 오랜 시간이 소요된다는 것이다. 저자는 적게는 2시간에서 12시간까지 기다려 본 적도 있었다. 리사이즈 중에는 데이터 조회는 가능하지만 데이터 쓰기 작업은 통제된다. 클러스터 작업량에 따라 클러스터를 늘였다가 줄이고 싶어도 12시간 동안 데이터 적재가 안되면 문제가 되기 때문에 리사이즈 작업을 부담스럽게 생각한 적이 있었다. 클래식 리사이즈 방식이 오래 걸리는 원인은 클러스터 노드 수를 변경하는 방식이 아닌, 새로운 클러스터를 생성하고 기존 클러스터에서 신규 클러스터로 데이터를 복사하는 방식이기 때문이다. 데이터가 복사되는 동안 기존 클러스터의 쓰기 작업은 통제되고, 데이터 복사가 완료될 때까지 신규 클러스터 접근은 통제된다.

스냅샷 리사이즈

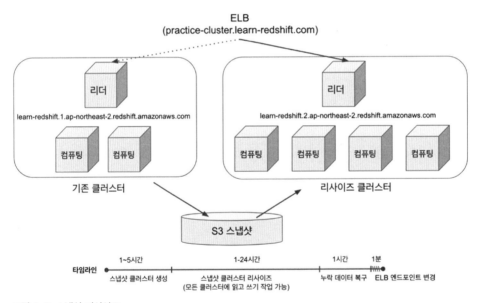

그림 8-2 스냅샷 리사이즈

레드시프트 서비스 중단을 최소화하기 위해 스냅샷을 이용한 리사이즈를 사용할 수 있다. 먼저 스냅샷으로 새 클러스터를 구축하고, 구축이 완료되면 새 클러스터를 원하는 노드 타입과 크기로 리사이즈 한다. 리사이즈가 완료되면 기존 클러스터에 추가된 데이터를 새 클러스터에 적재하고, 클러스터 싱크가 완료되면 클러스터 엔드포인트를 새 클러스터로 변경한다. 기존 클러스터는 서비스 다운 타임이 없다는 장점이 있지만 스냅샷 리사이즈 방식도 적지 않은 시간이 소비되고, 리사이즈 중 누락된 데이터를 복구해야하는 불편함이 있다.

일래스틱 리사이즈

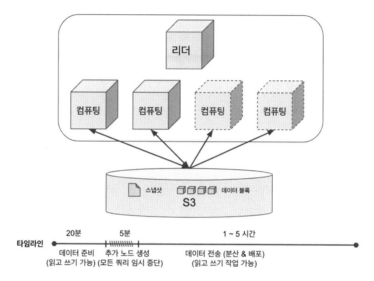

그림 8-3 일래스틱 리사이즈

AWS 레드시프트 팀은 2018 AWS re:Invent를 통해 일래스틱 리사이즈 기술을 발표했다. 일래스틱 리사이즈는 클래식 리사이즈와는 다르게 노드를 클러스터에 추가하고 제거하는 방식이다. 가장 최신 스냅샷과 스냅샷 생성 이후 추가된 증분 데이터를 S3로 복사한다. 그 다음 노드를 추가/제거하면서 5분 정도의 다운 타임(모든 쿼리 임시 중단)이 발생하고, 노드가 준비되면 S3 데이터를 새 노드로 복사하고 필요한 경우 테이블 재분산을 수행한다. S3 데이터를 클러스터에 복구할 때는 핫 블록Hot Block 기술을 사용해 가장 최신 또는 자주 사용되는 블록부터 복사해 노드가 추가된 시점부터 클러스터를 사용할 수 있다.

일래스틱 리사이즈는 새로운 클러스터를 생성하는 대신 노드를 추가하는 방식이기 때문에, 클러스터와 같은 노드 타입만 추가할 수 있다. 배치 작업 또는 사용자 분석 쿼리가 늘어나는 시간 쿼리 처리 속도를 늘리기 위한 클러스터 확장은 일래스틱 리사이즈를, 노드 타입 변경 작업은 클래식 리사이즈를, 클러스터 다운타임 없이 재구성을 하려면 스냅샷 리사이즈 방식을 선택할 수 있다.

8.2 컨커런시 스케일

레드시프트의 가장 큰 단점 중 하나는 제한적인 컨커런시 수이다. 많은 레드시프트 사용자들이 SNS와 블로그를 통해 레드시프트의 컨커런시 제한을 가장 큰 불편 요소로 꼽고 있다. 물론 레드시프트는 클러스터 전체 자원을 활용해 분석 쿼리를 매우 빠르게 처리하는 데 초점이 맞춰져 있지만, 클러스터에서 수용해야 할 사용자 수, 쿼리 수, 데이터 크기가 늘어남에 따라 AWS에서 권장하는 동시 세션 수인 15개 내외의 컨커런시는 빠르게 변화하는 비즈니스에 적합하지 않을 수 있다. 물류 창고가 아무리 높은 기술력으로 재고를 빠르게 처리한다 해도 재고 수용력과 처리량이 제한적이면 물류 사업에 큰 타격을 입는 것과 같은 맥락이다. 레드시프트 개발 팀은 이러한 고객의 불편함을 인지하고 2018 AWS re:Invent를 통해 컨커런시 스케일 기술을 발표했다.

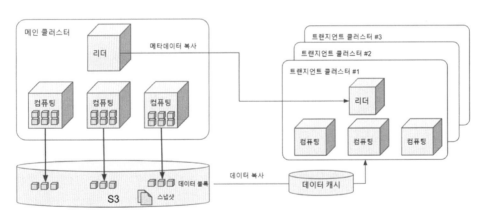

그림 8-4 컨커런시 스케일

컨커런시 스케일은 큐의 슬롯이 부족해 쿼리 대기 시간이 늘어나는 경우 트랜지언트 클러스터Transient cluster를 생성해 쿼리를 실행하고 메인 클러스터 큐에 슬롯 여유분이 생기면 다시 트랜지언트 클러스터를 종료하는 기술이다. 트랜지언트 클러스터는 레드시프트가 자동으로 관리하기 때문에 사용자가 관리할 필요는 없다. 데이터 복사는 일래스틱 리사이즈와 마찬가지로 가장 최신의 자동 스냅샷을 사용하고 스냅샷 생성 이후 변경된 데이터는 S3를 통해 실시간 복사된다. 트랜지언트 클러스터의 빠른 구축을 위해 자주 사용되는 데이터를 저장하는 캐시 레이어를 둔다.

트랜지언트 클러스터에는 조회 용도의 쿼리만 실행할 수 있고 인터리브드 소트키 테이블, 스펙트럼 테이블, 템프 테이블을 조회하는 쿼리는 트랜지언트 클러스터에서 실행되지 않는다.

컨커런시 스케일은 다음과 같이 WLM 설정 창에서 큐 마다 설정할 수 있다.

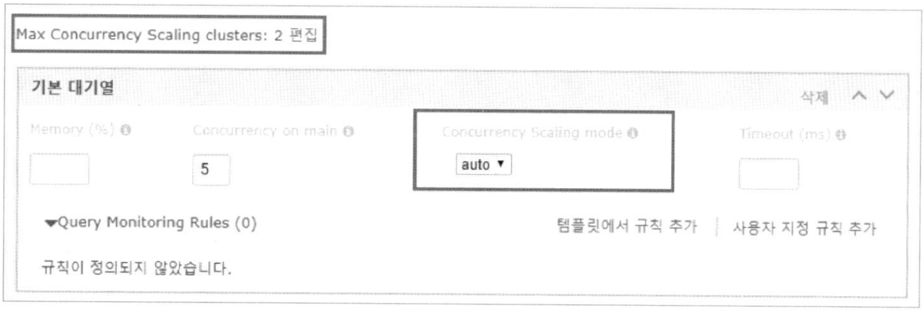

그림 8-5 컨커런시 스케일 설정

아쉽게도 아직 서울 리전에는 컨커런시 스케일이 지원되지 않는다. 2019년 3월 미국과 몇몇 다른 리전에서 서비스를 시작했으니 서울 리전도 곧 지원될 예정이다.

컨커런시 스케일 요금

레드시프트 클러스터는 하루에 최대 1시간 분량의 컨커런시 스케일 크레딧을 무료로 제공한다. 클러스터마다 최대 30시간의 크레딧을 적립할 수 있다. 트랜지언트 클러스터의 생성과 종료 시간 동안은 비용이 부과되지 않는다. 무료 크레딧을 초과하면 트랜지언트 클러스터에서 쿼리를 실행하는 시간 동안 초당 온디맨드 요금이 부과되며, 최소 요금은 1분으로 산정된다. 온디맨드 요금은 클러스터의 노드 유형과 수를 기반으로 과금된다.

8.3 AWS Glue

AWS Glue(이하 글루)는 서버리스로 제공되는 ETL 서비스다. 크게 3가지의 단계로 이뤄지는데 먼저 레드시프트, RDS, S3등의 다양한 데이터 소스에서 메타정보를 수집, 정리, 보강해 공용 데이터 카탈로그를 구축하고, 데이터 카탈로그의 정보를 기반으로 ETL 작업을 생성할 수 있도록 지원하며, 해당 작업을 스케줄해 수행할 수 있도록 제공해준다. AWS Glue를 사용하면 작업이 실행되는 동안 사용한 리소스 비용만 지불하면 된다.

1. 데이터 카탈로그 구축

   데이터 카탈로그란 데이터베이스, 테이블, 스키마, 파티션 같은 메타정보를 저장, 관리하는 공통 저장소다. 이렇게 구축된 정보는 레드시프트 스펙트럼, 아테나, EMR 등 많은 AWS의 에코시스템에서 공통적으로 접근할 수 있어 데이터 레이크를 구축할 때 중요한 역할을 하게 된다. 글루에서는 지능적인 크롤러를 제공함으로써 S3에 저장된 데이터뿐 아니라 각종 데이터 소스에서 데이터를 파악해 특정한 일정에 따라 또는 온디맨드로 데이터 카탈로그에 메타 정보를 저장하게 된다.

2. 데이터 ETL 작업 생성

   데이터 카탈로그에 메타 정보가 수집되게 되면, 글루 데이터 카탈로그에서 원천 데이터와 대상 스키마 정보를 선택해 ETL 작업을 생성할 수 있다. 이때 작성된 ETL 작업은 Apache Spark 코드로 변환되어 정의된다. 또한 개발자들은 생성된 Spark 코드를 직접 수정할 수 있다.

3. 작업 스케줄링

   이전 단계에서 ETL 작업을 생성했으면 해당 작업을 특정시간에 수행하게 하거나 다른 작업 종료 후에 수행되도록 스케줄링을 할 수 있다. 글루는 실패한 작업들을 재시도 할 수 있도록 유연하고 강력한 스케줄러를 제공한다. 이때 발생하는 모든 로그와 알람은 Amazon CloudWatch로 푸시해서 작업들을 모니터링할 수 있도록 구성할 수 있다.

8.4 Amazon Athena

AWS에서 제공하는 Amazon Athena(이하 아테나) 서비스는 데이터베이스나 플랫폼을 사용하지 않고 S3의 데이터를 직접 조회할 수 있는 인터렉티브(또는 Adhoc) 쿼리 서비스다. 페이스북에서 개발한 오픈소스 SQL 쿼리 엔진인 Presto를 기반으로 빠른 성능으로 데이터를 조회할 수 있게 한다. 아테나는 다음 특징들이 있다.

- 성능: 아테나는 쿼리를 병렬로 노드의 메모리만 사용해 수행하므로 쿼리 결과를 수 초내에 받을 수 있다.

- 비용: 오직 수행된 쿼리에 대해서만 비용을 지불하게 돼 있다. 실패하거나 수행되지 못한 쿼리는 비용이 청구되지 않는다. 인프라 비용 역시 청구되지 않기 때문에 쿼리를 수행하지 않는 시간에는 비용이 발생하지 않는다.

- 유연성: 아테나는 CSV, JSON, ORC, Avro, Parquet 등 다양한 데이터 포맷을 지원하고, S3는 데이터 저장소로써 높은 가용성과 내구성을 제공해 준다.

- 서버리스 아키텍처: 인프라가 없는 서비스로, 서버나 데이터베이스를 관리할 필요가 없는 편리함을 제공해 준다.

- 표준 ANSI SQL을 지원한다.

레드시프트 책에서 아테나를 언급한 이유는 아테나는 레드시프트의 대체 제품이 아닌 보완 제품이기 때문이다. 레드시프트는 Adhoc(즉흥적) 쿼리 수행에는 최적화되지 않았지만, 아테나에서 Adhoc 쿼리를 수용할 수 있다. 다만 아테나는 쿼리를 메모리에서 처리하기 때문에 자원을 과도하게 사용하면 쿼리가 실패할 수 있다.

8.5 레드시프트 비용

레드시프트는 두 가지의 과금 모델을 가지고 있다. 한 가지는 온디맨드 요금이고, 다른 하나는 리저브드 인스턴스 요금이다. 이 두 가지의 요금에 대해 알아보고, 어떻게 비용을 줄일 수 있는지 연구해 보자.

온디맨드 요금

가장 기본이 되는 비용 청구 방식으로 간단하게 선 지불 금액 없이 사용한 만큼 비용을 지불하는 방식이다. 레드시프트 클러스터의 노드 타입 및 개수를 기준으로 시간당 발생하는 비용만 지불하게 된다. 온디맨드 요금 제도를 효율적으로 사용하기 위해서는 클러스터가 요구될 때 가동하고 작업을 완료한 후에는 클러스터를 종료해 불필요한 비용이 발생하지 않도록 관리할 수 있다.

노드 유형		vCPU	ECU	메모리	스토리지	I/O	요금
Dense Compute	dc2.large	2	7	15GiB	0.16TB SSD	0.6GB/초	시간당 0.30 USD
	dc2.8xlarge	32	99	244GiB	2.56TB SSD	7.5GB/초	시간당 5.80 USD
Dense Storage	ds2.xlarge	4	14	31GiB	2TB HDD	0.4GB/초	시간당 1.15 USD
	ds2.8xlarge	36	116	244GiB	16TB HDD	3.3GB/초	시간당 9.05 USD

(2019/08/01 서울 리전 기준. 출처: https://aws.amazon.com/redshift/pricing/)

요금표에서 보는 것과 같이 레드시프트에는 크게 컴퓨팅 유형과 스토리지 유형, 두 가지의 노드 유형이 존재한다. 빠른 쿼리 수행을 위해 구성된 컴퓨팅 유형은 스토리지 유형보다 노드당 비용이 30~60% 정도 저렴한 반면에 스토리지 유형은 더 많은 데이터를 처리할 수 있도록 구성돼 있다.

클러스터 내에서 노드 유형을 섞어서 사용할 수 없기 때문에 레드시프트의 사용 목적에 맞게 유형을 선택해야 한다.

목적에 맞게 노드 유형을 선택했다면 이제 large와 8xlarge타입으로 구분되는 각 노드의 성능을 선택해야 한다. 8xlarge를 선택하면 스토리지가 증가하는 것 뿐 아니라 CPU, 메모리까지 증가한다. 따라서, 노드 유형을 선택할 때에는 단순히 데이터 사이즈만 고려할 뿐 아니라 쿼리 수행 능력을 고려해 선택해야 한다.

물론 노드를 추가하면 할수록 더 많은 용량과 큰 병렬성을 갖게 돼 쿼리 수행 능력 또한 좋아진다. 그러므로 작은 노드 수로 시작해서 성능과 데이터 사이즈에 맞게 노드를 추가해 가며 비용을 조절하는 것이 중요하다.

리저브드 인스턴스 요금

리저브드 인스턴스[RI]는 사용하기 전에 예약을 하고 계약 기간 만큼 사용하는 EC2 인스턴스 유형이다. 레드시프트 클러스터의 시스템 설계와 사용량에 관한 계획이 완료된 후 클러스터를 1년 이상 사용할 계획이 있다면 리저브드 인스턴스 구매를 고려해 볼 수 있다. 리저브드 인스턴스로 레드시프트를 구성하면 기존 온디맨드 인스턴스 비용 대비 최대 75%까지 비용을 절감할 수 있게 되기 때문이다.

레드시프트 인스턴스의 선 결제 금액과 기간에 따라 다른 비율의 할인을 받을 수 있다.

선 결제 유형	최소 계약기간	최대 계약기간	선 결제 금액	할인율
선 결제 없음	1년	1년	$0	20%
부분 선 결제	1년	3년	1년에서 3년 비용의 1% ~ 99%를 선 결제할 수 있다. 선 결제 금액이 많을수록 높은 할인율이 적용된다.	1년 기간에 대해 최대 41% 3년 기간에 대해 최대 71%
전체 선 결제	1년	3년	1년에서 3년 비용의 100%를 선 결제	1년 기간에 대해 최대 42% 3년 기간에 대해 최대 75%

레드시프트를 장기간 사용할 계획이 있다면, 반드시 리저브드 인스턴스를 통해 많은 비용을 절감하도록 하자.

레드시프트 비용 절약 방법

레드시프트 비용을 절약할 수 있는 방법을 정리해 보자.

- **리저브드 인스턴스를 최대한 활용한다.**

  리저브드 인스턴스를 최대한 활용해서 시간당 과금되는 인스턴스 비용을 최소화한다.

- **테이블 컬럼에 대해 압축을 적용한다.**

  테이블을 생성할 때 컬럼 데이터 인코딩을 정의해서 데이터를 압축하게 되면 데이터 사이즈를 줄이고 쿼리 성능을 향상시킬 수 있다. 사이즈와 성능은 결국 레드시프트의 노드 수와 직결돼 비용을 절감할 수 있다.

- **불필요한 데이터를 줄인다.**

  레드시프트 클러스터도 사람과 같이 가끔 다이어트가 필요하다. 클러스터의 불필요한 데이터를 주기적으로 정리해서 클러스터 스토리지 점유율을 줄이는 것이 중요하다. 클러스터 스토리지 점유율이 높아지면 클러스터 대기열과 실행 자원 여유분이 충분해도 어쩔 수 없이 클러스터를 확장해야 하는 경우가 발생할 수 있다. 사용하지 않는 데이터를 제거해서 조인 등의 임시 테이블로 인한 디스크 점유율을 줄일 수 있다. 레드시프트 용도에 맞는 데이터 웨어하우스와 마트 테이블 위주로 클러스터를 구성하고 그 외 용도에 맞지 않는 데이터는 제거한다.

- **롱 쿼리를 모니터링하고 튜닝한다.**

  사용자가 실행하는 롱 쿼리를 모니터링하고 최적화를 강요해 불필요하게 클러스터를 확장하는 경우가 발생하지 않도록 한다.

- **테이블 분산 스타일을 최적화한다.**

  데이터를 최대한 분산해 레드시프트 시스템 자원을 100% 활용한다.

- **스펙트럼을 활용한다.**

  스펙트럼을 활용해 스토리지 비용이 비교적 저렴한 S3로 데이터를 옮기고, 레드시프트는 컴퓨팅 자원 수요에만 기반해 클러스터를 구성할 수 있다.

Amazon Redshift
레드시프트 구축부터 성능, 쿼리, 비용 최적화까지 마스터하기

발　행 | 2019년 10월 31일

지은이 | 김 현 준 · 이 성 수

펴낸이 | 권 성 준
편집장 | 황 영 주
편　집 | 이 지 은 · 최 인 영
디자인 | 박 주 란

에이콘출판주식회사
서울특별시 양천구 국회대로 287 (목동)
전화 02-2653-7600, 팩스 02-2653-0433
www.acornpub.co.kr / editor@acornpub.co.kr

한국어판 © 에이콘출판주식회사, 2019, Printed in Korea.
ISBN 979-11-6175-359-1
http://www.acornpub.co.kr/book/amazon-redshift

이 도서의 국립중앙도서관 출판시도서목록(CIP)은 서지정보유통지원시스템 홈페이지(http://seoji.nl.go.kr)와
국가자료공동목록시스템(http://www.nl.go.kr/kolisnet)에서 이용하실 수 있습니다.(CIP제어번호: CIP2019041785)

책값은 뒤표지에 있습니다.